大学生心理健康研究

DAXUESHENG XINLI JIANKANG YANJIU

张龙　梁超　著

图书在版编目（CIP）数据

大学生心理健康研究 / 张龙，梁超著. -- 昆明：云南大学出版社，2021

ISBN 978-7-5482-4420-2

Ⅰ.①大… Ⅱ.①张… ②梁… Ⅲ.①大学生—心理健康—健康教育—研究 Ⅳ.①G444

中国版本图书馆CIP数据核字(2021)第258237号

责任编辑： 石 可

封面设计： 王婳一

大学生心理健康研究

DAXUESHENG XINLI JIANKANG YANJIU

张龙 梁超 著

出版发行： 云南大学出版社
印　　装： 云南荣德印务有限公司
开　　本： 787mm×1092mm 1/16
印　　张： 13
字　　数： 270千
版　　次： 2022年1月第1版
印　　次： 2022年1月第1次印刷
书　　号： ISBN 978-7-5482-4420-2
定　　价： 68.00元

社　　址：昆明市一二一大街182号（云南大学东陆校区英华园内）
邮　　编：650091
发行电话：0871-65033244 65031071
网　　址：http://www.ynup.com
E - mail：market@ynup.com

若发现本书有印装质量问题，请与印厂联系调换，联系电话：0871-65302051。

编者的话

健康是大学生成才的重要因素，合格的人才不仅需要有扎实的文化科学知识，还应有健康的体魄、良好的心理素质和较强的社会适应能力。习近平总书记在全国卫生与健康大会上强调，没有全民健康，就没有全面小康。要把人民健康放在优先发展的战略地位，以普及健康生活、优化健康服务、完善健康保障、建设健康环境、发展健康产业为重点，加快推进健康中国建设，努力全方位、全周期保障人民健康，为实现“两个一百年”奋斗目标、实现中华民族伟大复兴的中国梦打下坚实健康基础。大学时期，是人生知识积累和选择未来发展方向的黄金时期，大学生在这一时期的生理发育趋于成熟，智力和能力迅速发展，在这一时期开展好大学生健康教育，对提高大学生的身心健康水平具有重要意义。

2017 年，教育部印发《普通高等学校健康教育指导纲要》，提出高校健康教育是中小学健康教育的延续和深化，是全民健康教育的重要组成部分。高校健康教育内容主要包括健康生活方式、疾病预防、心理健康、性与生殖健康、安全应急与避险五个方面。2018 年 7 月，中共教育部党组印发《高等学校学生心理健康教育指导纲要》，指出坚持育心与育德相统一，加强人文关怀和心理疏导，规范发展心理健康教育与咨询服务，更好地适应和满足学生心理健康教育服务需求，引导学生正确认识义和利、群和己、成和败、得和失，培育学生自尊自信、理性平和、积极向上的健康心态，促进学生心理健康素质与思想道德素质、科学文化素质协调发展。2020 年 9 月 11 日，国家卫生健康委办公厅发布《探索抑郁症防治特色服务工作方案》，提出医疗卫生机构使用 PHQ－9 量表，开展抑郁症筛查，通过建立微信公众号、App 客户端等形式，为公众提供线上线下抑郁症状况测评及评分说明和诊疗建议等。各个高中及高等院校将抑郁症筛查纳入学生健康体检内容，建立学生心理健康档案，评估学生心理健康状况，对测评结果异常的学生给予重点关注。

为贯彻落实这些重大文件对普通高等院校健康教育提出的工作要求，加强高校心理健康教育，提高高校学生心理健康素养和体质健康水平，本书结合大学生心理测评调查数据，充分考虑大学生的年龄、生活、生理、心理特征等，在吸取该领域先进理论成果的基础上，紧密结合大学生在学习、生活中心理健康的实际情况进行编写。

全书共有七章，第一章、第二章、第四章由张龙副教授进行撰写（约 13 万字），第三章、第七章由梁超副教授进行撰写（约 10 万字），第五章、第六章由梁晋云教授进行撰写

（约 4 万字），统稿由张龙副教授、梁晋云教授、梁超副教授完成。

本书旨在适应高等院校开展健康教育工作的需要，增强大学生的心理健康意识、疾病预防能力和社会适应能力，提高大学生的心理健康水平。本书内容简明扼要，文字通俗易懂，实用性较强，既可作为大学生心理健康教育的辅助教材，又可作为普通高等院校健康教育工作者的参考书，也可以成为关注自身成长和健康的大学生朋友的有益读本。

在本书的编写过程中，我们参阅和引用了一些专家和学者的研究成果，在此表示诚挚的谢意。由于编者水平有限，本书不足之处在所难免，恳请同行和读者批评指正，以便我们不断修订完善。

编　者

2020 年 11 月于春城

目 录

第一章 大学生心理健康概论 ………………………… (1)

第一节 大学生心理健康科学内涵 ………………………… (1)

第二节 大学生心理健康标准 ………………………… (7)

第三节 大学生心理健康现状 ………………………… (12)

第二章 大学生心理与行为特征 ………………………… (21)

第一节 大学生心理特征 ………………………… (21)

第二节 大学生行为特征 ………………………… (28)

第三章 大学生心理咨询与行为治疗 ………………………… (39)

第一节 心理咨询的基础知识 ………………………… (39)

第二节 心理咨询的技巧与方法 ………………………… (44)

第三节 行为治疗的理论与方法 ………………………… (53)

第四章 大学生心理问题的自我缓解与预防 ………………………… (69)

第一节 大学生常见心理矛盾 ………………………… (69)

第二节 大学生心理问题的自我缓解与调适 ………………………… (77)

第三节 时刻做好大学生心理预防工作 ………………………… (94)

第五章 大学生的常见心理障碍与心理健康 ………………………… (108)

第一节 人格、人格障碍与心理健康 ………………………… (108)

第二节 情绪、相关情绪困扰与心理健康 ………………………… (120)

第三节 学习相关问题与心理健康 ………………………… (129)

第四节 压力、压力相关影响与心理健康 ………………………… (141)

第六章　大学生行为矫正与方法……………………………………………（149）
第一节　行为矫正的原理分析……………………………………………（149）
第二节　大学生行为矫正多元化方法探究………………………………（158）

第七章　大学生心理与行为的科学疏导………………………………（175）
第一节　生命教育是大学生心理与行为的重要基础……………………（175）
第二节　校内外心理健康教育资源的有机整合…………………………（182）
第三节　积极心理学视野下的大学生心理健康教育创新………………（192）

参考文献………………………………………………………………（197）

第一章　大学生心理健康概论

第一节　大学生心理健康科学内涵

一、健康的科学内涵

古往今来，人人都希望健康。哲学家洛克指出，没有健康就没有幸福。哲学家叔本华则进一步强调，一个健康的乞丐比患病的国王更幸福。现代有人用数字比喻健康的重要性："健康是 1，其他都是 1 后面的 0，如果你有了健康这个 1，再拥有其他 0，如满意的工作、成功的事业、美好的生活等，它们组合起来就是 100、1 000 或 10 000，如果没有健康这个 1，后面有再多的 0，最终也还是等于 0。"我国著名教育家陶行知曾说过："健康是生活的出发点，也是教育的出发点。"

"健康"一词，最早出现于我国儒家经典著作《周易》和《尚书·洪范》。《易·乾》曰："天行健，君子以自强不息。"《尚书·洪范》云："身其康强，孙子其逢吉。"健康有刚健、无病、安乐之意。

按照传统的观念和习惯的看法健康多限于指生理健康，主要是指躯体发育良好，生理功能正常，而很少考虑心理方面的健康。例如，《现代汉语小词典》（商务印书馆 1980 年版）对健康的解释为："（人体）生理机能正常，没有缺陷和疾病。"《辞海》（缩印本，上海辞书出版社 1980 年版）把健康界定为："人体各器官系统发育良好、功能正常、体质健壮、精力充沛并具有良好劳动效能的状态。"这样的理解是不全面、不完整的。人既是一个生物性的个体，也是一个社会性的个体。人的健康不仅受生物因素的制约，也受心理因素和社会因素的影响。

世界卫生组织（WHO）在 1948 年把健康定义为："健康不仅是没有疾病和虚弱现象，而且是在生理上、心理上、社会上的完好状态。"就是说，健康这一概念的基本内涵应包括生理健康、心理健康和社会适应良好三个方面。1990 年，世界卫生组织再次扩大了健康的内涵："一个人只有在身体、心理、社会和道德四个方面都健康，才算是完全的健康。"2000 年，WHO 又明确指出，只有在躯体、心理、社会适应、道德和生殖五方面都健康才是真正意义上的健康。至此，健康的概念发展到了“五维健康观”。

现代健康的含义是多元的、广泛的，包括生理、心理和社会适应性三个方面，其中社会适应性归根结底取决于生理和心理的状况。心理健康是身体健康的精神支柱，身体健康又是心理健康的物质基础。良好的情绪状态可以使生理功能处于最佳状态，反之则会降低或破坏某种功能而引起疾病。身体状况的改变可能带来相应的心理问题，生理上的缺陷、疾病，特别是痼疾，往往会使人产生烦恼、焦躁、忧虑、抑郁等不良情绪，导致各种不正常的心理状态。作为身心统一体的人，身体和心理是紧密依存的两个方面。

维护健康四大基石：平衡饮食、适量运动、戒烟限酒、心理健康。

2003 年我国的 SARS 疫情、2012 年的中东呼吸综合征（MERS）疫情、2014 年的西非埃博拉病疫情，给世界人民的生命和财产造成了重大损失，也给人们的心理带来了严重的创伤。有研究指出，这些突发公共卫生事件给人们造成的生理损害可能在短时间内恢复，但对人们心理造成的影响却会持续很长时间。2003 年我国 SARS 疫情后便出现了大量急性应激障碍、创伤后应激障碍等疾病的患者，因此，生理健康和心理健康是缺一不可、紧密依存的。

二、心理健康的科学内涵

人类关于健康的定义不断发展与完善，不论健康的概念怎么发展变化，从“二维健康观”开始，定义中始终都包含“心理健康”（mental health）。但关于心理健康，仍旧是一个颇有争议的问题。正如 Kaplan（1965）所指出的：“许多人都试图定义心理健康，但这是一个混合的领域，难以给予准确的定义，它不仅包含知识体系，而且还包含生活方式、价值观和人际关系质量。”

随着人们对心理健康的关注程度日渐提高，世界卫生组织先后数次提出了更加深入全面的心理健康定义和标准（WHO，1986；WHO，1998；WHO，2001a；WHO，2001b；WHO，2004；WHO，2005）。不同学者对心理健康给出了不同的定义，比较有代表性的有以下几种。《简明不列颠百科全书》中的定义是：“心理健康是指个体的心理在本身及环境条件许可的范围内所能达到的最佳功能状态，但不是十全十美的绝对状态。”心理学家英格里希认为，心理健康是一种持续的心理状态，当事者在那种状态下能做出良好的适应，具有生命活力，且能充分发挥其身心潜能。我国学者林崇德认为，心理健康关键在于个体主观体验，核心是自尊，个体主观体验既包括积极和消极的情绪情感，也包括个人生活的各个方面，心理是否健康主要考量两个指标，一为是否有心理疾病，二为是否处于积极向上的心理发展状态（林崇德、李虹、冯瑞琴，2003）。王登峰则认为，心理健康是一种个体的主观幸福感，它基于良好的生理状态及个体与外部环境的和谐相处，心理健康应具备四个条件：良好的心理适应能力、自我接受能力、有理想有追求和保持常新的心态（王登峰、崔红，2003）。黄希庭从健全人格的角度界定心理健康，提出了中国健全人格者的标准：对世界抱开放态度，乐于学习和工作，不断吸取新经验；以正面的眼光看待他人，有良好的人际关系和团队精神；以正面的态度看待自己，能自知、自尊、自我悦纳；以正面的态度看待过去、现在和未来，追求现实而高尚的生活目标；以正面的态度对待困难和挫折，能调控情绪，心境良好。总之，以辩证的态度对待世界、他人、自己、过去、现在和未来、顺境与逆境，是一个自立、自信、自尊、自强、幸福的进取者（黄希庭，2004a，2004b，2004c，2006a，2006b）。有关心理健康的定义还有很多，综合国内外的各种观点，我们可以发现，多数学者认为，心理健康并非仅仅是指没有心理疾病，而是强调个体的内部的心理协调和外部的环境适应，呈现出一种良好积极的心理功能状态。因此，我们将心理健康的定义概括为：心理健康是指个体在良好的心理发展过程中形成的内心的相对平衡状态以及在适应环境过程中表现出的积极功能状态。

对此定义还需要做如下说明。

其一，心理健康是一个动态的概念，它是在心理发展过程中形成的，并且在心理发展过程中不断地发展变化，不存在一成不变的健康状态。比如在不同的年龄阶段，心理健康的具体标准和要求是不同的。我们不能用成年人的标准去要求儿童或青少年。这就好比身体健康一样，不同年龄阶段身体健康的标准也不一样。

其二，人的内心世界总是存在各种矛盾冲突，不同年龄阶段具有不同的心理矛盾，永远不可能达到绝对平衡状态。系统论认为，任何系统都是在“平衡—失衡—再平衡”这样动态的过程之中不断发展的。因此，只要个体能够不断地化解内心矛盾冲突以取得新的平衡，就可以说他的内心达到了相对平衡。只有长期无法克服的、比较严重的心理冲突导致长期心理失衡，才是心理不健康的表现。

其三，人类心理的基本功能是：反映客观事物、发动并调节机体的行为再作用于客观事物，从而能动地适应环境，为机体的生存与发展服务。适应环境有两种方式：一是被动地顺应环境，即通过改变自身从而与环境相协调；二是能动地改造环境，即通过改变某些环境因素从而使之与自身相协调。积极的心理功能是两种适应能力的统一。

最后还需要说明的是，在英文里，mental health 一词兼有“心理健康”与“心理卫生”两种含义，心理卫生是指维护和增进人们心理健康、预防或治疗心理疾病的一切方法和措施。如我们平时所说的心理辅导、心理咨询、心理治疗等都属于心理卫生工作。这两种含义是密切联系的，心理健康是心理卫生的目的，心理卫生是心理健康的手段。

从 20 世纪 90 年代至今，我国政府一直极力关注心理健康教育的发展。中共中央明确要求：“把心理健康教育作为高等学校德育工作的重要组成部分，积极开展青春期卫生教育，通过各种方式对不同年龄层次的学生进行心理健康和指导。”2001 年 3 月，教育部印发了《关于加强普通高等学校大学生心理健康教育工作的意见》，阐明了在高校开展心理健康教育的重要性和紧迫性，对高校开展大学生心理健康教育做出了明确规定。2004 年 8 月，《中共中央国务院关于进一步加强和改进大学生思想政治教育的意见》中指出：开展深入细致的思想政治工作和心理健康教育。2011 年，根据新形势下大学生心理健康教育新任务的要求，教育部发布了《普通高等学校学生心理健康教育工作基本建设标准》，就大学生心理健康教育指导思想、基本原则、主要任务、主动作用、开展的主要途径等内容提出了新的要求，给大学生心理健康教育提供了明确的政策依据。

近年来的《“健康中国 2030”规划纲要》以及国家卫生计生委、中宣部等 22 个部门印发的《关于加强心理健康服务的指导意见》等相关文件对心理健康的强调，将心理健康教育推向了新的高度。2016 年习近平总书记在全国高校思想政治教育工作会议上的讲话强调：“要坚持不懈促进高校和谐稳定，培育理性平和的健康心态，加强人文关怀和心理疏导，把高校建设成为安定团结的模范之地。”2017 年 10 月，习近平总书记在十九大报告中提出：“加强社会心理服务体系建设，培育自尊自信、理性平和、积极向上的社会心态。”习近平总书记的讲话及相关文件精神，为加强心理健康教育提供了重要指导。同年，教育部印发《普通高等学校健康教育指导纲要》，提出高校健康教育是中小学健康教育的延续和深化，是全民健康教育的重要组成部分。高校健康教育内容主要包括健康生活方式、疾病预防、心理健康、性与生殖健康、安全应急与避险五个方面。2018 年 7 月，中共教育部党组印发《高等学校学生心理健康教育指导纲要》，指出坚持育心与育德相统一，加强人文关怀和心理疏导，规范发展心理健康教育与咨询服务，更好地适应和满足学生心理健康教育服务需求，引导学生正确认识义和利、群和己、成和败、得和失，培育学生自尊自信、理性平和、积极向上的健康心态，促进学生心理健康素质与思想道德素质、科学文化素质协调发展。2020 年 9 月 11 日，国家卫生健康委办公厅发布《探索抑郁症防治特色服务工作方案》，提出医疗卫生机构使用 PHQ－9 量表，开展抑郁症筛查，通过建立微信公众号、App 客户端等形式，为公众提供线上线下抑郁症状况测评及评分说明和诊疗建议等。各个高中及高等院校将抑郁症筛查纳入学生健康体检内容，建立学生心理健康档案，评估学生心理健康状况，对测评结果异常的学生给予重点关注。

三、大学生心理健康的科学内涵

大学生是我国经济社会建设、发展的后备主力军和接班人，他们的心理疾患引发了广泛的社会关注。当今社会是瞬息万变、深度变革的时代，尤其是伴随着新媒体技术的普及与应用，社会各界对高校大学生的心理健康问题高度重视，并采取有力的举措进行干预、解决，使高校大学生心理健康管理常态化、制度化、规范化、长效化。

自恢复高考以来，我国高等教育发展迅速，成绩显著。近年来，随着高校的不断扩招，大学生人数猛增，《2019 年全国教育事业发展统计公报》显示：截至 2019 年，全国各类高等教育在学总规模 4 002 万人，高等教育毛入学率 51.6%。全国共有普通高等学校 2 688 所（含独立学院 257 所），比上年增加 25 所，增长 0.94%。其中，本科院校 1 265 所，比上年增加 20 所；高职（专科）院校 1 423 所，比上年增加 5 所。全国共有成人高等学校 268 所，比上年减少 9 所；研究生培养机构 828 个，其中，普通高等学校 593 个，科研机构 235 个。普通高等学校校均规模 11 260 人，其中，本科院校 15 179 人，高职（专科）院校 7 776 人。1949 年及其后若干年我国高等教育在学总规模和毛入学率如图 1－1 所示。

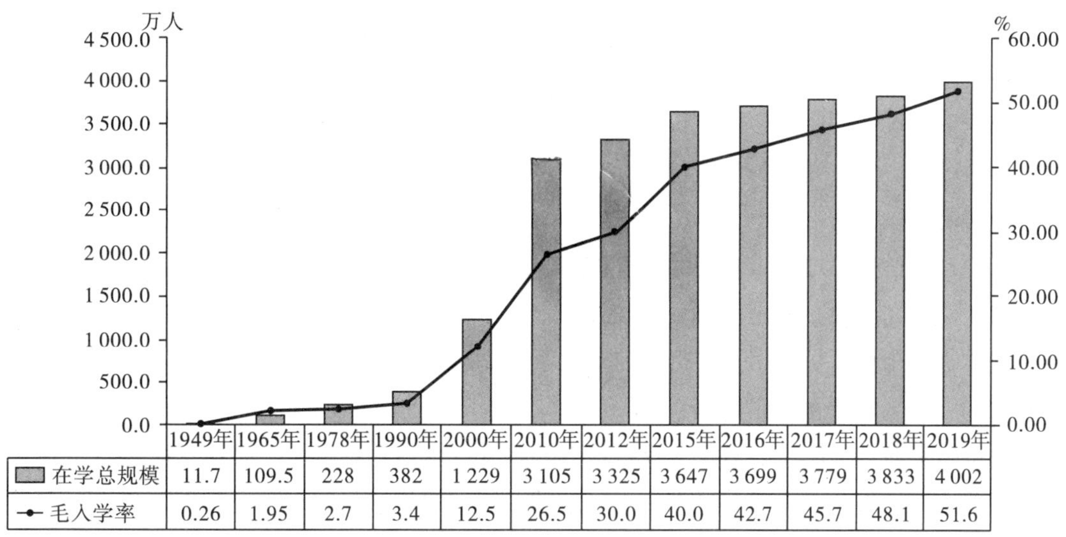

图 1－1　我国高等教育在学总规模和毛入学率

2019 年全国普通本专科招生 914. 90 万人，比上年增加 123. 91 万人，增长 15. 67%；在校生 3 031. 53 万人，比上年增加 200. 49 万人，增长 7. 08%；毕业生 758. 53 万人，比上年增加 5. 22 万人，增长 0. 69%。另有五年制高职转入专科招生 46. 00 万人；专科起点本科招生 31. 75 万人，见表 1－1。

表 1－1　2019 年全国普通本专科学生情况

	毕业生数（人）	招生数（人）	在校生数（人）
普通本专科	7 585 298	9 149 026	30 315 262
其中：本科	3 947 157	4 312 880	17 508 204
专科	3 638 141	4 836 146	12 807 058

大学生的规模急剧扩大，大学生的心理健康问题也有不断涌现。近年来，在网络、报纸等媒介上大学生自杀事件等新闻时有报道，这些事件的背后无一不折射出当前大学生心理健康问题的严重性，这不仅使目前的高等教育面临着严峻挑战，而且也对社会产生不良影响。今天，“以生为本”的高等教育办学理念已在国内得到普遍认同。高等教育坚持以

生为本，要求把学生看作学习和教育的主体，以满足学生成才的一切需要为己任，这是一个办学理念的重大变化。

大学生心理健康，应从两个层面来理解。一是指心理健康状态，即心理健康是一种持续的、积极的心理状态，个体在这种状态下能更好地适应环境、发展自我。具体表现在：个体对内部环境具有安定感，对外部环境能以社会认可的形式去应对，并最大限度地发挥出其身心功能和潜能。表现在行为上，一方面，能为自身带来快乐和成就；另一方面，能为社会所接受。二是指维持心理健康，保持和改善个体对环境的适应，减少问题行为和预防与治疗精神疾病的原则和措施。大学生心理健康的定义可概括为：个体能够适应当前和发展着的环境，具有完善的个性特征；认知、情绪反应、意志行动处于积极的状态，并保持正常的调控能力。

围绕着大学生心理健康开展的教育称为大学生心理健康教育。经过几十年的发展，无论是在学科研究方面，还是在教育实践方面，大学生心理健康教育已经成为具有中国特色的心理学研究领域。尽管相关人员目前对大学生心理健康教育内涵的理解不甚一致，但是对大学生心理健康教育的学科地位达成了基本认识，即心理健康教育属于素质教育的范畴，是实施素质教育的主要途径，旨在培养和提升学生的心理素质。心理素质是以生理条件为基础的，将外在获得的刺激内化成稳定的、基本的、内隐的，具有基础、衍生和发展功能的，并与人的适应行为和创造行为密切联系的心理品质。心理素质的内隐性决定了不能简单地从学生的语言和外显行为来直观地判断其心理素质的状况。课堂教学过程为健全、提升和优化学生心理素质奠定了基础。正因为如此，需要结合心理素质的特点，在心理健康教育课堂教学过程中探索健全、提升和优化心理素质的教学规律和学习规律。

陈家麟认为，心理健康教育应该以组织活动的形式展开，通过活动中互动的形式让学生学习心理学知识，并掌握心理活动调节方法（活动论）；吴汉德认为，心理健康教育与大学生的心理水平、心理成长进程密切相关（过程论）；申荷永认为，心理健康教育应该向教育目标看齐，即提升学生心理健康水平，同时激发学生潜能（价值论）。在心理教育的教育对象方面，卢爱新认为，大学生心理教育也有其侧重的对象，即一些容易出现心理问题的群体，比如贫困生、新生、毕业生等。在心理教育的授课内容上，黄希庭和段鑫星认为，高校心理教育的内容应涉猎广泛，即包涵心理教育的多个方面内容，如大学生经常面临的感情困惑、人际交往问题以及个人情绪、个人抱负和个人思想正确性以及价值观、人生观等问题。针对这些问题进行心理教育，能够引导学生直面人生，答疑解惑。在心理教育的具体实施方式上，胡凯指出了几种有效的方式，如组织相关的活动、开设专业课程、邀请心理专家讲座、建立个人心理档案、开设心理咨询中心、在官网建立专业的心理健康板块等。可见，心理健康教育不仅限于课堂教学一种形式，而是应该从与学生日常生活息息相关的多个方面入手，让心理健康教育走进学生的方方面面。

根据布朗芬布伦纳（Bronfenbrenner，1979）的生态系统理论，学校是个体发展环境系统中的微观系统之一，是大学生直接面对或接触的环境，它在个体的发展中起到“过滤器”的作用。大学作为一个特殊的微环境，为许多原先处于社会经济地位劣势的青少年提供了改变命运的机会，让他们与原先处于优势地位的青少年站在了同一个“起跑线”上。大学可以改变其他系统对个体作用的方向，使个体的发展更加依赖于大学环境本身。

第二节　大学生心理健康标准

一、心理健康的标准

对于心理行为健康与否，不同时代、不同文化、不同学者有着不同的理解，因而没有绝对统一的标准。

（一）马斯洛的标准

美国人本主义心理学家马斯洛（A. H. Maslow）等人提出了心理行为健康的十条标准：

①充分的安全感。

②充分了解自己，并对自己的能力做适当的评估。

③生活的目标切合实际。

④与现实环境保持接触。

⑤能保持人格的完整与和谐。

⑥具有从经验中学习的能力。

⑦能保持良好的人际关系。

⑧适度的情绪表达与控制。

⑨在不违背社会规范的条件下，对个人的基本需要做恰当的满足。

⑩在不违背集体要求的前提下，能做有限度的个性发挥。

（二）奥尔波特的标准

美国人格心理学家奥尔波特（G. W. Allport）提出了心理行为健康的七条标准：

①自我意识广延。

②良好的人际关系。

③情绪上的安全性。

④知觉客观。

⑤具有各种技能，并专注于工作。

⑥现实的自我形象。

⑦内在统一的人生观。

（三）郭念锋的标准

中科院心理研究所的郭念锋教授提出了心理行为健康的十条标准：

①心理行为活动的强度。在遭遇精神打击时，抵抗力低的人反应强烈，易留下后患；而抵抗力强的人，虽有反应，但不强烈，不会致病。

②心理行为活动耐受力。生活工作中长期遇到的慢性精神刺激，耐受力差的人会处在痛苦之中，可能会出现心理异常，个性改变，精神不振，甚至产生躯体疾病；而耐受力强的人虽然也会体验到某种程度的痛苦。但不会在精神上出现严重问题，甚至还会在逆境中取得更大成绩。

③周期节律性。人的心理活动有内在的节律性。如有的人白天工作效率低而晚上效率高，有的人则相反。如果一个人的心理活动的固有节律经常处在紊乱状态，那么就可以说他的心理健康水平下降了。

④意识水平。如果一个人不能专注于某种工作，不能专注于思考问题，思想经常“开小差”或者注意力分散而出现工作上的差错，就要警惕心理健康问题了。

⑤暗示性。易受暗示的人，往往容易因为一些无关因素而引起情绪波动和思维动摇，有时表现为意志力薄弱。不易受暗示的人则相反。

⑥康复能力。康复能力指从创伤刺激中恢复到常态水平的能力。由于每个人的认识能力、经验不同，从打击中恢复过来所需要的时间也会有所不同，恢复的程度也有差别。康复能力高的人恢复得较快，而且不留什么严重痕迹，而康复能力低的人则需要很长时间。

⑦心理行为自控力。情绪的强度、情感的表达、思维的方向和思维过程都是在人的自觉控制下实现的。心理行为健康者的心理活动会十分自如，情感的表达恰如其分，辞令畅通，仪态大方，不过分拘谨，不过分随便。

⑧自信心。一个人是否有恰如其分的自信，是评定其心理健康的一个标准。过分自信者在实际操作中容易因掉以轻心而导致失败，从而产生失落感或抑郁情绪；自卑者则常会畏首畏尾，因害怕失败而焦虑不安。

⑨社会交往。能否正常与人交往，也标志着一个人的心理健康水平。当一个人毫无理由地与亲友和社会中其他成员断绝来往，或者变得十分冷漠时，这就构成了精神病症状。如果过分地进行社会交往，与任何素不相识的人都可以“一见如故”，也可能是一种躁狂状态。

⑩环境适应能力。能否积极适应环境，保持心理平衡，反映着一个人的心理行为健康水平。有的人面对生活环境变化时，感到无能为力，只是忍耐、韬晦，而不做出改变；而当生活环境突然变化时，有的人能很快地采取各种办法去适应，并保持心理平衡。

（四）世界卫生组织的标准

综合上述有关心理行为健康的标准，我们更倾向于世界卫生组织对心理行为健康制定的七条标准：

①智能良好。

②善于协调与控制自己的情感。

③具备良好的意志品质。

④人际关系和谐。

⑤能主动地适应和改造现实环境。

⑥拥有完整和健康的人格。

⑦心理年龄和生理年龄相适应。

二、大学生心理行为健康的标准

大学生是社会中较为特殊的一个群体，年龄一般在 18 ~ 25 岁，正处于青年期，心理活动有这个年龄阶段的特点。根据我国大学生的生理、心理、行为特点，结合社会发展的实际情况，我们在评判大学生心理行为健康水平时通常采用以下标准。

（一）自我评价正确

一个心理健康的人，能体验到自己的价值，既能了解自己，也能接受自己。对自己的能力、性格和优缺点都能做出恰当客观的评价。不会高估自己，提出不切实际的生活目标和理想；同时，也不会贬低自己，为自己在某些方面存在的不足而自责、自怒、自卑。心理健康的人能接受自己，对别人的评价能做出客观的反应，自我认识稳定，并保持积极的生活态度，努力发展自己的潜能。反之，心理不健康的人，不能恰当地认同自己，总存在强烈的心理冲突，对自己总是不满意，缺乏积极的自我态度。总是要求十全十美，而总是无法达到，因此无法保持平衡的心理状态。正确的自我评价，是高校学生心理健康的重要条件。高校学生是在与现实环境和与他人的相互关系中、在自己的实践活动中认识自己的。一个心理健康的高校学生，对于自己的认识应当比较接近现实，尽力做到有自知之明；对于自己的优点感到欣慰但又不至于狂妄自大，对于自己的弱点和错误既不回避也不自暴自弃，而是善于正确地自我接受。

（二）智力正常

智力，是指一个人的认识能力和活动能力所能达到的水平。它是人的观察力、注意力、记忆力、想象力、思维力、创造力及实践活动能力的综合，包括在经验中学习或理解的能力、获得和保持知识的能力、迅速而成功地对新情境做出反应的能力、运用推理有效地解决问题的能力等。智力正常，是高校大学生学习、生活和工作最基本的心理条件，是高校大学生胜任学习任务、适应周围环境变化所需要的心理保证。因此，智力正常是衡量高校学生心理健康的首要标准。一般来说，高校大学生的智力都是正常的，与同龄人相比较而言，其智力总体水平是比较高的，因而衡量高校大学生的智力是否正常，关键看高校大学生的智力是否正常和充分地发挥了效能。高校大学生智力正常且充分发挥效能的标准：有强烈的求知欲和浓厚的探索兴趣；智力结构中的各要素在其认识活动和实践活动中都能积极协调地参与并正常地发挥作用；乐于学习。

（三）人际关系

社会上的人总是处在一定的社会关系之中的，高校大学生同样也是离不开与人交往。和谐的人际关系既是高校学生心理健康不可缺少的条件，也是高校大学生获得心理健康的重要途径。高校学生人际关系和谐的表现：乐于与人交往，既有稳定而广泛的人际关系，又有知心朋友；在交往中保持独立而完整的人格，有自知之明，不卑不亢；能客观评价别人和自己，善于取人之长、补己之短；宽以待人，乐于助人；积极的交往态度多于消极态度；交往的动机端正。

正确理解高校学生心理健康的标准应重视以下几个方面。

一是标准的相对性。事实上高校学生心理健康与不健康也并无明显界限，而是一个连续化的过程，如将正常比作白色，将不正常比作黑色，那么在白色与黑色之间存在着一个巨大的缓冲区域——灰色区，世间大多数人的心理状态都处在这一区域内。这也说明，对多数学生群体而言，在人生的发展过程中面临心理问题是正常的，不必大惊小怪，应积极加以自我调整。

二是整体协调性。把握心理健康的标准，应以心理活动为本，考察其内外关系的整体协调性。从个性角度看，每个人都有自己长期形成的稳定的个性心理，一个人的个性在没有明显的剧烈外部因素影响下是不会轻易发生变化的，否则说明其心理健康状况发生了变化。

三是发展性。事实上，不健康的心理可能是个人发展中不可避免的发展性问题，其症状随着发展而自行消失。

（四）情绪健康

情绪健康的主要标志是情绪稳定和心情愉快。情绪健康，是高校学生心理健康的一个重要指标。这是因为情绪在心理变化中起着核心的作用，情绪异常往往是心理疾病的先兆。高校学生的情绪健康内容应包括以下几方面。

第一，愉快情绪多于不愉快情绪，一般表现为乐观开朗、充满热情、富有朝气、满怀自信、善于自得其乐和对生活充满希望。

第二，情绪稳定性好。善于控制和调节自己的情绪，既能克制约束又能适度宣泄而不过分压抑，情绪的表达既符合社会的要求又符合自身的需要，在不同的时间和场合有恰如其分的情绪表达。

第三，情绪反应是由适当的原因引起的，它与环境相适应，反应的强度与引起这种情绪的情境相符合。

（五）其他行为标准

1. 适应能力强

较强的适应能力是心理健康的重要特征，而一个人不能有效地处理与周围现实环境的关系则是导致心理障碍的重要原因。心理健康的高校学生，应能和社会保持良好的接触，对于社会现状有清晰正确的认识，其思想和行动都能跟得上时代的发展步伐，与社会的要求相符合；而当发现自己的需求和愿望与社会需求发生矛盾时，能够迅速进行自我调节，以求与社会协调一致，而不是逃避现实，更不是妄自尊大和一意孤行，与社会需要背道而驰。

2. 满意的心境

心理健康的高校学生，对自己的学习、生活和人际关系总是有一定程度的满意感，并有较强的适应周围环境的能力，从而获得自尊和自信。虽然他们的聪慧程度不尽相同，但由于没有心理障碍，其聪明才智都能得以充分发挥，从而取得一定的成就，赢得成功的喜悦。这种满意的心境主要来源于较高的精神修养，因而他们无论是出于顺境或逆境，都能积极进取，在拼搏中找到事业的乐趣，发掘出生活中光明的一面。

3. 乐观的生活态度

心理健康的人能珍惜和热爱生活，积极投身于生活，并在生活中尽情享受人生的乐趣，有积极的人生体验。他们不在乎生活事件的渺小，不管是一次朋友聚会，还是独自漫步街头，总能从其中体验到生命的意义。在工作和学习中，他们尽可能地发挥自己的聪明才智，并从学习与工作的成果中获得满足和激励，把学习工作看成是乐趣，而不是负担。心理健康的高校学生能正确地对待学习压力、择业竞争、情感纠葛等，以积极乐观的生活态度对待周围发生的事情，以平常心坦然处之，而不是悲观、抱怨、自暴自弃，能够把一切作为人生的阅历，作为迎接未来艰巨挑战的心理准备。

4. 意志健全

意志，是指人在完成一种有目标的活动时进行选择、决定和执行的心理过程。意志健全者在行动的自觉性、果断性、顽强性和自制能力等方面都表现出较高的水平。意志健全的高校学生在各种活动中，都有自觉的目的性，能及时做出决定并运用切实有效的方法解决所遇到的各种困难，在困难和挫折面前能够采取合理的反应方式，能在行动中控制自己的情绪和言行，而不是行动盲目、优柔寡断、轻率鲁莽、害怕困难、意志薄弱、顽固执拗、言行冲动。

5. 人格完整

人格，在心理学上是指个体比较稳定的心理特征的总和。人格完整，是指有健全统一的人格，即个人的所思、所说、所做都是协调一致的。高校学生人格特征的主要标志：人格结构的各要素完整统一；具有正常的自我意识，不产生自我同一性混乱；以积极进取的人生观作为人格的核心，并以此为中心把自己的需要、愿望、目标和行为统一起来。

第三节　大学生心理健康现状

一、大学生心理健康现状数据分析

心理健康的测量是评价个体心理健康的重要方法，其测量内容包括个体的心理紧张程度、对生活的满意度等。测量方法主要分为人格测量、智商测量、情感测量、心理健康总体水平测量等。对于心理健康测量的工具可分为三类，第一类是心理障碍与心理诊断的测量工具，如 SCL－90（症状自评量表）、SDS（抑郁自评量表）、SAS（焦虑自评量表）等；第二类是对心理健康适应性进行测量的工具，如 PPCT（问题行为早期发现测量）、CBCL（儿童行为量表）等；第三类是与心理发展相关的测量工具，如 EPQ（人格问卷）、UPI（大学生人格问卷）等。

（一）调查对象基本情况

为了解大学生的心理健康发展现状及特点、为高校心理健康教育提供借鉴，本次心理测评共向云南某三所院校 2020 级本专科生进行 180 余场 1.5 万余人次的问卷调查，收回有效问卷 15 092 份，其中 A 院校 9 575 人（占 63.44%），B 院校 4 231 人（占 28.04%），C 院校 1 286 人（占 8.52%）。

A 院校 2020 级本专科生中男生 3 358 人（占 35.07%），女生 6 217 人（占 64.93%），如图 1－2 所示；按学院划分，财会金融学院 1 375 人（占 14.36%），工程学院 1 251 人（占 13.07%），医学院 2 067 人（占 21.59%），人文艺术学院 626 人（占 6.54%），五年制转段 1 188 人（占 12.41%），商学院 592 人（占 6.18%），教育学院 2 476 人（占 25.86%），如图 1－3 所示。

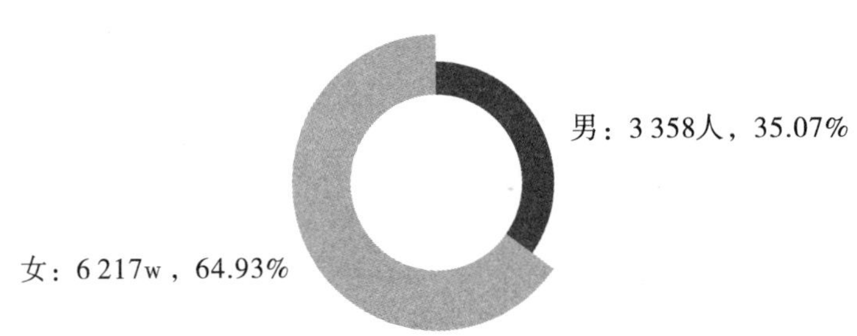

图 1－2　A 院校新生性别分布情况

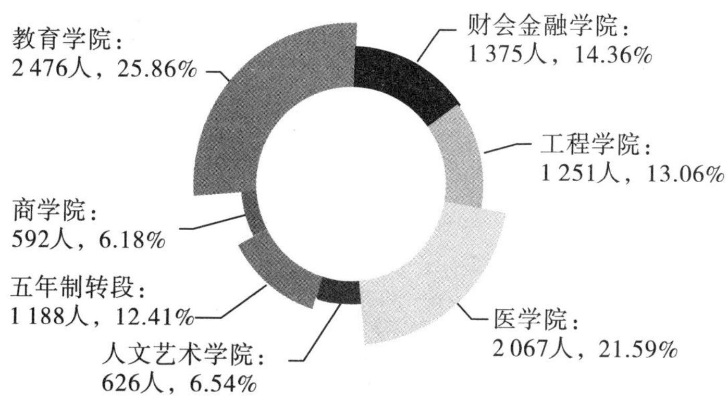

图1－3 A院校新生所属学院分布情况

（二）不同学制新生心理中重程度情况

本次调查所使用的SCL－90症状自评表是世界上最著名的心理健康测试量表之一，20世纪80年代引入我国，并在精神科和心理健康门诊的临床工作中得到广泛应用。该量表是以Derogatis编制的Hopkin's病状清单（HSCL1973）为基础，主要从感觉、情感、思维、意识、行为直到生活习惯、人际关系、饮食睡眠等多种角度，评定一个人是否有某种心理症状及其严重程度如何。通过调查，发现A院校2020级本专科生中心理测评总分，本科生平均分127.15分，为最低，其次是五年制转段学生，平均为137.35，再次是专科学生，平均为146.29，如图1－4所示。

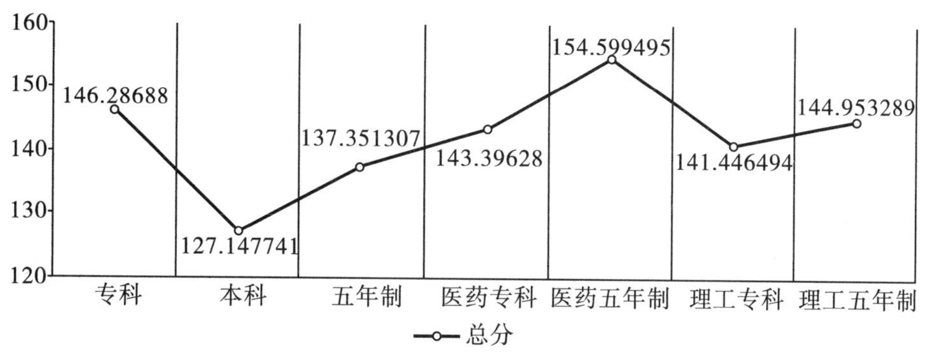

图1－4 A院校新生心理测评总分情况

从调查发现的A院校2020级本专科生中心理测评各维度得分分布情况可知，强迫>人际关系>抑郁>焦虑等，如图1－5所示；

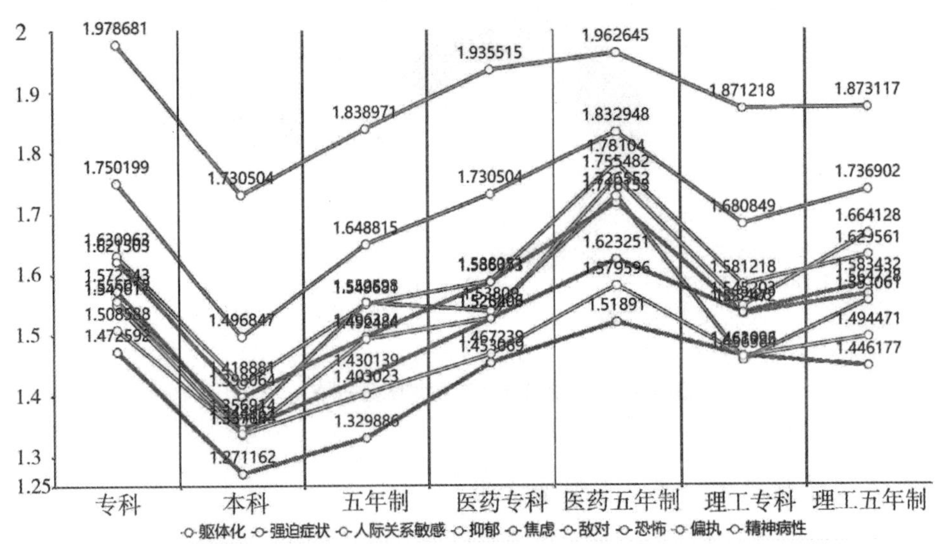

图 1－5　A 院校新生心理测评各维度得分情况

“二八定律”是19世纪末20世纪初意大利经济学家帕累托发现的。他认为，在任何一组东西中，最重要的成员只占其中一小部分，约20%，其余80%尽管是多数，却是次要的，因此又称“二八定律”。从调查发现的A院校2020级本专科生中心理测评各维度得分分布情况可知，强迫症状、人际关系敏感、抑郁、焦虑、其他、恐怖、偏执、精神病性累计占81.5%，其中强迫症状、人际关系敏感占20%，应引起学校及老师的高度关注，如图1－6所示。

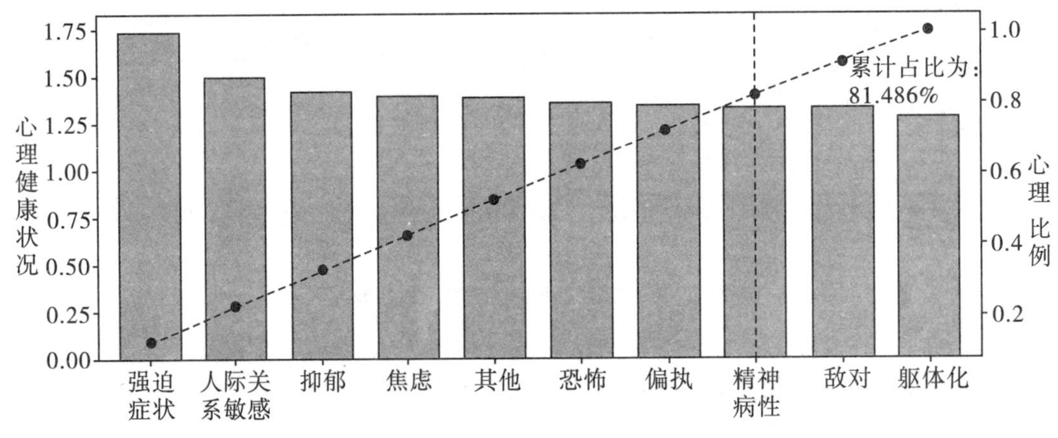

图 1－6　A 院校新生心理测评各维度帕累托分布情况

2020级本专科生中心理测评平均总分，按学院划分，财会金融学院（130.51）<工程学院（135.75）<医学院（136.45）<教育学院（137.00）<五年制转段（137.51）

<艺术与传媒学院（145.41）<商学院（146.80），如图1－7所示。

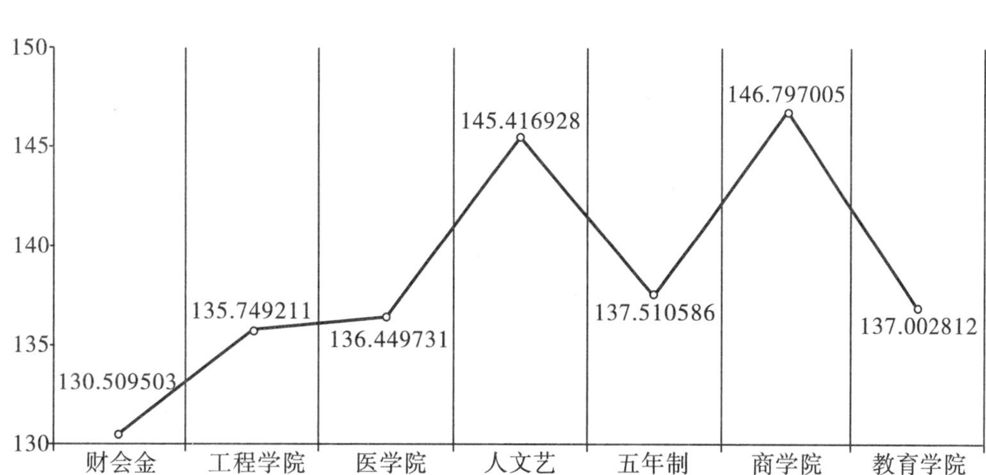

图1－7　A院校新生心理测评总分情况

2020级本专科生中心理测评，按学制划分专科中重程度人数为596人（占13.5%），本科中重程度人数为278人（占6.65%），五年制转段中重程度人数为143人（占11.68%），如图1－8所示。

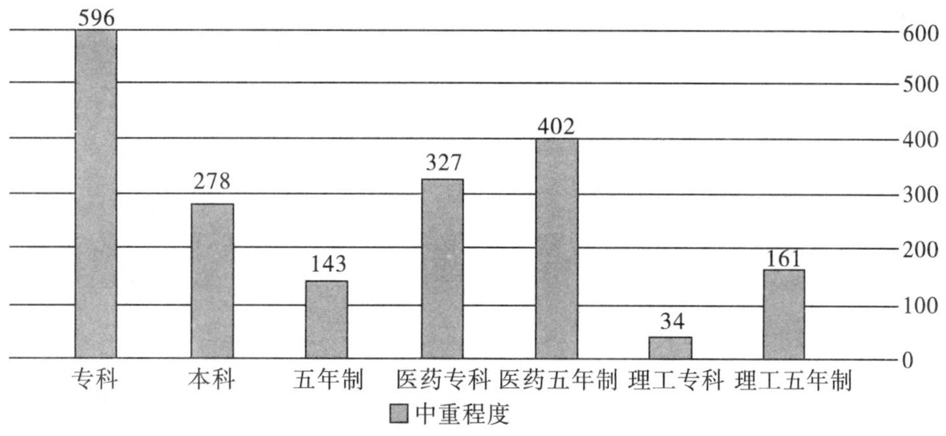

图1－8　A院校不同学制新生心理测评中重程度情况

2020级本专科生中心理测评中重程度，按学院划分，财会金融学院的8.63%（118人）<工程学院的9.23%（117人）<教育学院的9.32%（232人）<医学院的9.92%（221人）<五年制转段的11.73%（144人）<艺术与传媒学院13.79%（88人）<商学院16.14%（97人），如图1－9所示。

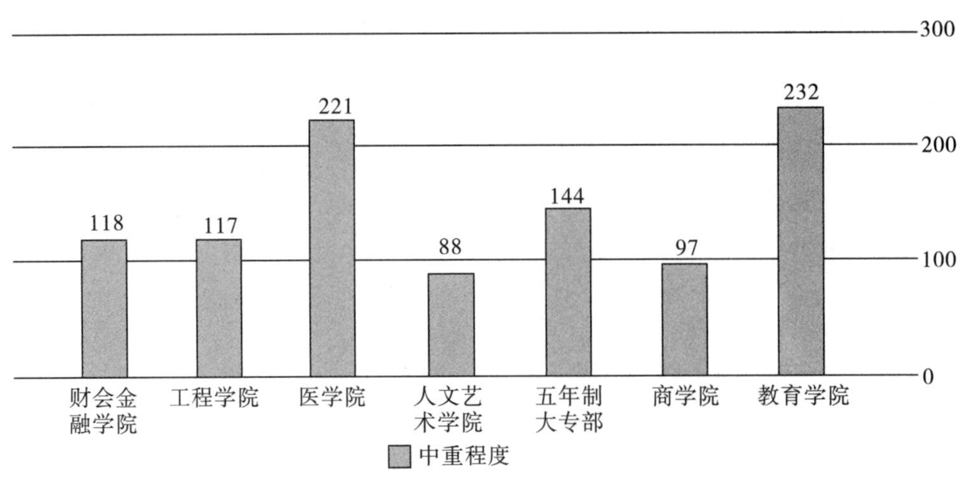

图 1－9　A 院校不同学院新生心理中重程度情况

（三）不同学制新生抑郁中重程度情况

本次调查所使用的 PHQ－9（Patien Health Questionnare）是临床上用于检查抑郁的初步筛查的简易量表。2020 年 9 月 11 日，国家卫生健康委办公厅发布《探索抑郁症防治特色服务工作方案》，提出医疗卫生机构使用 PHQ－9 量表，开展抑郁症筛查，并通过建立微信公众号、App 客户端等形式，为公众提供线上线下抑郁症状况测评及评分说明和诊疗建议等。2020 级本专科生中抑郁筛查按学制划分，专科中度人数为 398 人（占 9.11%），本科中度人数为 244 人（占 6.07%），五年制转段中度人数为 104 人（占 8.75%）；专科重度人数为 191 人（占 4.37%），本科重度人数为 136 人（占 3.39%），五年制转段重度人数为 69 人（占 5.81%），如图 1－10 所示。

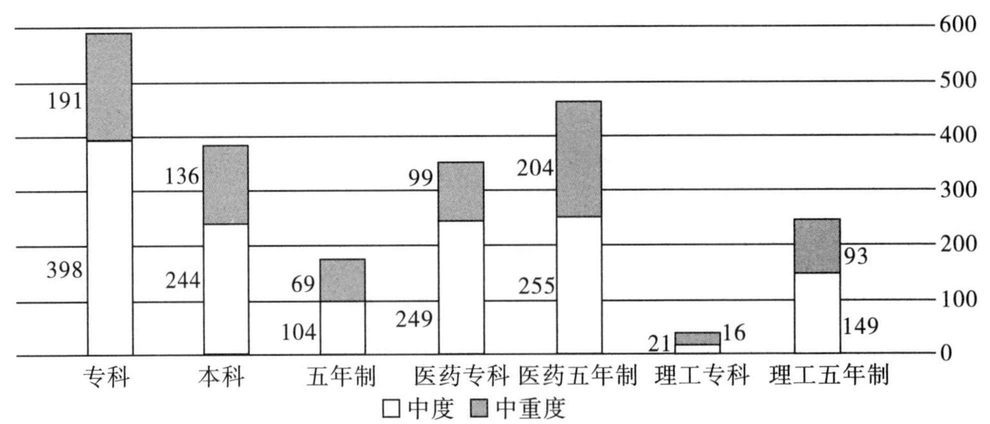

图 1－10　A 院校不同学制新生抑郁中重程度情况

2020 级本专科生中抑郁筛查，按学院划分，中度教育学院的 6.66%（165 人）< 财

会金融学院的 7.49%（103 人）＜工程学院的 7.83%（98 人）＜艺术与传媒学院的 7.83%（49 人）＜医学院的 8.22%（170 人）＜五年制转段的 8.75%（104 人）＜商学院的 9.63%（57 人），见图 1－11。

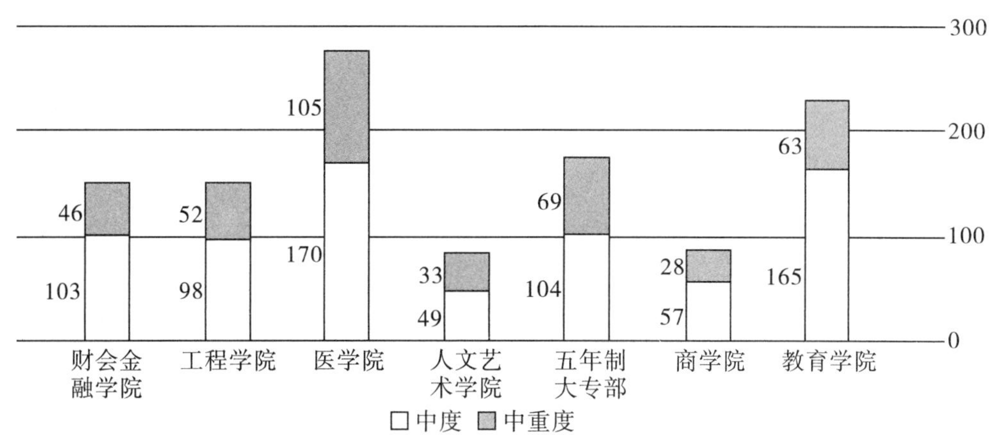

图 1－11　A 院校不同学院新生抑郁中重程度情况

2020 级本专科生中自杀意念调查，按学制划分，超过一半以上时间的专科为 143 人（占 3.27%），本科为 112 人（占 2.79%），五年制转段为 50 人（占 4.21%）；自杀意念几乎每天有的，专科为 59 人（占 1.35%），本科为 51 人（占 1.27%），五年制转段为 16 人（占 1.35%），见图 1－12 所示。

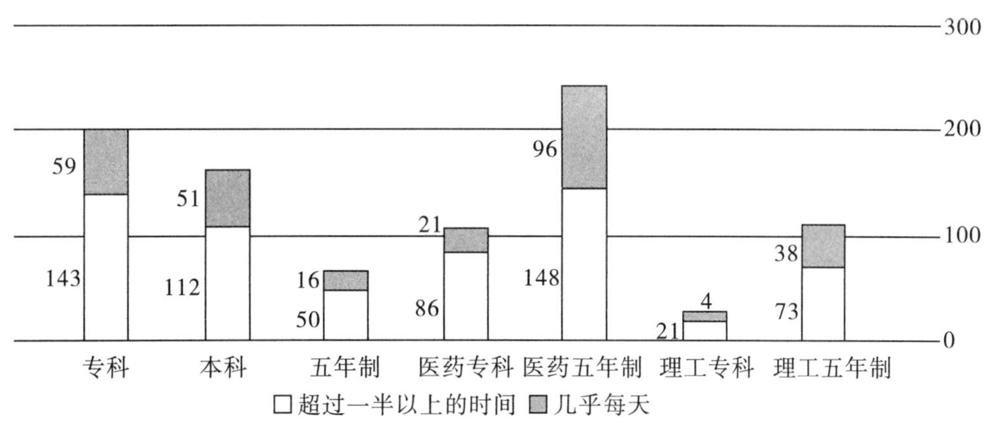

图 1－12　A 院校不同学制新生自杀意念中重程度情况

2020 级本专科生中自杀意念调查，按学院划分，超过一半以上时间的财会金融学院的 2.4%（33 人）＜教育学院的 2.58%（64 人）＜艺术与传媒学院的 3.04%（19 人）＜医学院的 3.39%（70 人）＜工程学院的 3.6%（45 人）＜商学院的 4.05%（24 人）＜五年制转段的4.21%（50人）；自杀意念几乎每天有的，教育学院的0.73%（18人）<商学院的1.01%（6人）<工程学院的1.2%（15人）<五年制转段的1.35%（16人）<财会金融学院的1.38%（19人）<艺术与传媒学院的1.92%（12人）<医学院的1.94%（40人），见图1－13。

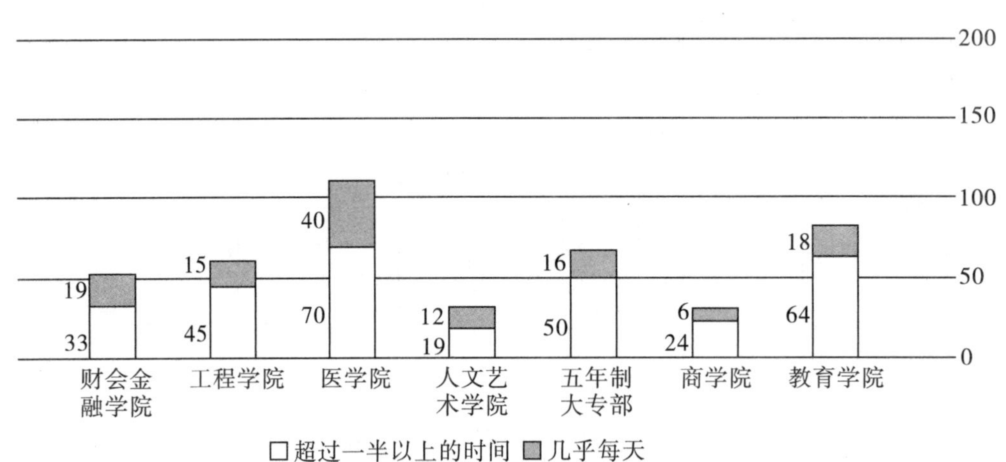

图1－13 A院校不同学院新生自杀意念中重程度情况

本次针对A院校2020级新生的心理测评结果表明，本科、专科、五年制转段新生在心理健康、抑郁筛查、自杀意念方面总体呈上升趋势，学校应当按照有关要求，建立在学校党委领导下的，以学工人员、辅导员和专兼职心理健康教育教师为骨干的，全体教师共同参与的心理健康教育工作机制。通过构建学生心理危机干预工作体系，做到心理困扰早期预防、早期发现、早期诊断、早期应对，避免或减少危机对学校正常工作的影响。协助学生建立良好的社会支持系统，鼓励同学之间互相关爱、互勉互助，形成协调的人际关系。建立健全问题学生心理档案，并根据心理状况及时加以疏导和干预。对面临家庭变故、重大挫折、突发事件或有心理障碍、行为有问题的学生，要及早发现，关心他们，及时为他们提供必要的心理援助，预防意外事件的发生。

为保障大学生心理健康，学校应建立健全大学生心理健康保障机制，建立四级大学生心理健康危机预警网络：

一级预警：学校专业危机干预人员，全面负责学生心理健康教育工作与心理危机防护工作。

二级预警：学生发展部辅导员及学生管理人员，应接受心理健康及心理危机干预培训，及时发现学生异常问题，并及时汇报情况和开展相关工作，并负责与学生家长建立联系。

三级预警：学生干部及学生心理委员。要在学生中普及危机预防和干预的基本措施。充分发挥班级学生干部、学生党员的骨干作用，加强思想和感情上的联系和沟通，一旦发现异常情况，要做到及早发现、及早报告。对于接受干预的危机当事人，要做好跟踪援助工作，帮助当事人顺利度过危机。

四级预警：学生公寓宿舍长。建立自律委员会，充分发挥学生骨干作用，落实宿舍同学晚归夜不归情况，对于酗酒、打架或屡有旷课同学进行汇总上报。对近期发出下列警示讯号的学生，应作为心理危机的重点干预对象及时进行危机评估与干预。

二、大学生心理行为现状分析

（一）大学生心理健康发展的现状及特点

以往研究表明，8.7%的大学生存在比较严重的心理健康问题，中度以上心理障碍的大学生比例甚至高达20%以上。本研究发现，大学生在心理健康各维度得分3分以上的人数比例为0.93%～9.77%，说明大学生整体心理健康水平良好，这与已有研究结果有所差异。推测其原因，可能是因为国家及政府对大学生心理健康日益重视，并出台了一系列政策和文件精神，如2011年制定《普通高等学校学生心理健康教育课程教学基本要求》、2013年开展全国高校心理健康教育示范中心培育建设试点工作，直接推动了高校对学生心理健康教育的关注和落实，如建立新生入学心理健康档案、开设心理健康课程、设置心理健康咨询中心、开展心理健康宣传月活动等，这些有力的措施直接促进了大学生心理健康水平的提高。

研究结果表明，虽然大学生的整体心理健康水平较高，但强迫、人际关系敏感、焦虑和敌对这四个方面的问题较为突出：9.77%的大学生存在中等严重程度的强迫症状，7.33%的大学生存在中等严重程度的人际关系敏感，3.76%的大学生具有中等严重程度的焦虑和敌对症状，这与国内众多研究结论相似。许多研究表明，大学生的心理问题集中在人际关系和情绪方面，如李林英等人的调查显示大学生的焦虑、躯体化检出率最高。樊富珉等人的研究表明强迫、人际关系敏感、抑郁、偏执和敌对是北京大学生的主要心理障碍。罗晓路等人指出，大学生在人际敏感、强迫、偏执方面存在严重心理困惑。推测其原因，可能是由于大学竞争激烈、就业压力增加和人际关系复杂化等，导致大学生人际关系紧张、交往困难，加上独立自主意识的增强、理想与现实的落差，进一步导致大学生情绪焦虑、神经紧张，如13%的大学生认为自己在交友方面困难重重，14%的大学生因为独立面对学业和生活问题感到焦虑烦躁。因此，高校应加强大学生在人际交往、情绪和思维方面的疏导和教育。

（二）大学生心理健康发展的年级差异

研究表明，大学生的心理健康发展存在显著的年龄特点，大一学生心理健康水平最高，大三学生最低，这说明随着年级的增长，大学生的心理健康水平呈现出显著的下降趋势，这与已有研究结果相似。如赵岩、任晓敏等人的研究表明，大三学生比大一存在更多的心理健康问题，王安辉等人的研究显示，军校学生的心理健康水平总体表现出逐步降低的趋势，曾全红的研究发现大一新生入校两年后心理健康水平明显下降。推测其原因，首先，大一学生对大学生活怀有强烈的好奇心、美好的憧憬和期待，加上刚高考结束，学习压力有所减轻，所以心理健康状态良好。其次，进入大三后，高校学生即将进入专业实习或考研复习阶段，学习和工作压力倍增，加上未来职业选择和就业等复杂问题接踵而至，容易导致其心理健康水平降低。然而，亦有研究得出相反结论，指出大一学生的心理问题最突出、心理健康水平最差，这可能是由于大一学生心理落差大、环境适应能力差等原因造成的。

（三）大学生心理健康发展的性别差异

研究结果表明，女生的心理健康水平低于男生，且强迫、焦虑、敌对和恐惧问题明显比男生突出，相对而言，女生的心理健康问题集中在情绪方面，男生集中在思维方面，这与已有研究结论一致，女生的心理健康水平基本低于男生，且忧郁、焦虑和恐惧明显高于男生。究其原因，首先，就业歧视现象仍然一定程度存在，加上社会、学校和家庭对女大学生的角色和成就期待，使其面临多重压力，导致其心理健康水平较低。其次，女大学生本身具有心思比较细腻、敏感、情感脆弱等特点，在面对困境时情绪容易失控。

随着科学技术引领经济发展趋势的增强，社会对高素质人才的需求量日益增加，我国高校人数规模亦急剧扩大，无论是市场竞争，还是人力资源竞争，无不给大学生带来了严峻的就业升职压力与挑战，其心理健康状态容易受到社会环境因素的明显影响。与此同时，大学生面临着人际关系复杂化、环境适应不良、学习生活迷惘、竞争压力大等诸多问题，甚至出现心理疾病、行为问题，导致其休学、辍学和退学。众多研究发现，近几年以来，大学生的心理健康水平逐年下降，存在心理障碍或心理疾病的人数日益增多。可见，关注大学生的心理健康发展与教育，不仅有助于提高大学生的综合素质、促进其未来的成长与发展，而且有利于高校为国家建设持续提供高质量人才队伍、推动我国经济发展。

（四）大学生心理健康发展的专业差异

研究发现，文科专业学生的心理健康状况最差，理学专业其次，艺术学专业学生的心理健康状况良好，这与多数研究存在相似性。已有研究证明，文科类学生的心理健康水平不如理工科学生，推测其原因，主要是由于专业类型的不同，往往导致大学生解决问题的思维方式存在较大差异，文科学生情感丰富、细腻，遇事容易瞻前顾后、缺乏自信，导致情绪紧张、焦虑、敏感和抑郁，故心理健康水平较低。艺术类学生想象力强、社会实践经验丰富，遇事比较独立自主、适应能力强，故心理健康状态比较良好。

第二章　大学生心理与行为特征

第一节　大学生心理特征

一、大学生常见的心理健康问题

当前，大学生心理健康现状很令人担忧，不同程度患有各种心理疾病的大学生的比例相当高。心理问题已经成为影响大学生正常学习、生活的最主要问题之一。一般而言，大学生常见的心理健康问题主要包括以下几类。

（一）适应问题

1. 学校环境的适应问题

现在的大学生大都是独生子女，是家里的“掌上明珠”，而且在过去的几年里，“考上大学”是他们的最大任务，自己只要把学习搞好就行，其他一切生活上的事情都由父母“包办”。但进入大学，意味着他们开始独立生活，对众多的事情需要自己拿主意、做决定，要自己动手解决。这无疑会给每个大学生带来不同程度的困扰。当这种困扰超过大学生的承受限度时，就会产生心理健康问题，出现失眠、注意力不集中、焦躁、神经衰弱等症状。现在日益增多的大学生父母“陪读”现象主要是由环境适应问题导致的。每年因为环境适应问题导致的大学生休学、退学现象也屡见不鲜。

2. 学习内容和学习方法的适应问题

与高中阶段相比，大学阶段的学习内容更加深入和抽象，学习方法以独立思考、自主学习为主。部分大学生进入大学后，一时还不能适应这种转变，仍然沿用高中阶段的学习方法，结果造成学习成绩不理想。这对于刚刚经过高考、自认是优等生、信心十足的大学新生，自然难以接受，从而出现自卑、嫉妒、焦虑等心理问题，严重的还会产生攻击行为。

3. 生活习惯的适应问题

尤其是南方、北方学生换位就学，以宿舍为单位的群体生活等，带来饮食方面的显著差异和生活习惯的不适应等，也会造成部分学生的心理健康问题。此外，大学生活更加自由，基本上不受父母和老师的约束，部分学生由于缺乏自控能力，沾染上了追求享乐、盲目攀比的恶习，这也容易导致心理健康问题。现在有个别大学生为追求享受甚至产生偷盗等违法犯罪行为，值得我们警惕。

（二）人际关系及个性问题

1. 人际交往方面的问题

大学生是个准社会群体，生活在这一群体中的大学生必须独立地进行人际交往。大学生的人际关系涉及师生、同学、亲友等不同层次，但以同学关系尤其是宿舍同学关系最为重要。大多数学生由于学习目标或志趣相同，都能融洽相处。但也有个别学生因为曾遭受过挫折，或自卑等，过于封闭自己，逃避人际交往，产生心理健康问题。还有些学生因为生活习惯不同，与其他同学产生摩擦，如果不能及时、有效地处理，也会造成心理健康问题。还有些学生总是担心自己是不是被老师、同学喜欢，过于重视自己在他人心目中的形象，常常惴惴不安。个别学生比较敏感，或者自尊心过强，老师、同学的稍微带点批评的话就会使其难以承受，产生心理问题。

2. 个性方面的问题

大学生的人格特征在遗传和后天因素的影响下已经初步形成。部分大学生存在一些不良的人格特质，这一方面严重影响着他们的学习、人际关系、社会性活动；另一方面当个体意识到这些不良特质及其后果，但又无力改变时往往会表现出心理防御反应及自我否定，结果导致心理问题。

（三）学习和就业压力问题

对大学生来说，学习是一项重要任务，是实现人生价值的主要途径。当学习成绩没有达到自己的期望值时，就会产生心理压力。这种压力超出个体承受能力时，就会产生心理问题，出现烦恼、抑郁和自卑等情绪。当前，随着高等教育大众化的到来，“宽进严出”成为必然趋势，高考的激烈竞争有所缓和，大学阶段的学习竞争增强，各高校对学生的学习成绩要求提高，学生的学习压力必然增大。在实际的工作中，我们发现因为学习压力过大导致的心理问题占到大学生心理问题总数的30%以上。同时，现在就业竞争加剧，大学生又非常重视工作地区及薪资的高低，有时候还要兼顾家人和恋人。因此，在临近毕业之际，他们往往烦躁不安，甚至悲观绝望，做出一些出人意料的行为。

（四）与性有关的心理问题

1. 性意识的困扰

大学生的性生理已经发育成熟，加上现在媒体发达，各种直接或间接关于性的信息很容易接触到，大学生或多或少都会受到性意识的困扰，出现如性吸引、性幻想、性梦、性压抑等问题。当这些问题超过个体的控制限度时，尤其是在不科学的性观念的误导情况下，就会产生心理问题。

2. 性行为问题

随着人们观念的改变，大学生发生性行为已不再被视为洪水猛兽。如，江苏省疾控中心对全省 8 所高校进行的“江苏大学生性行为发生现状”显示，7.1% 的大学生有过性行为。浙江省“大学生性病、艾滋病关联知识、危险意识、性行为及态度”课题组历时三年的调查发现，该省平均 13.1% 的大学生已经发生过性行为。部分发生过性行为的大学生，因为缺乏科学的性知识，如担心怀孕，或者怀孕流产后担心以后不孕等，造成诸多心理压力，严重的也会导致心理问题。

3. 失恋问题

当今大学校园广泛流传着这样一句话：“不在寂寞中变态，就在寂寞中恋爱。”恋爱已经成为大学校园的一种普遍现象，与之相伴的失恋现象也越来越多。失恋对大多数大学生来说，无疑是一次巨大的打击，会使他们的情绪、自我评估、人际交往、学习和生活规律等受到不同程度的影响，严重的就会造成心理问题，甚至导致心理危机。失恋问题是当前导致大学生自杀事故的一个主要原因。

（四）网络成瘾问题

网络成瘾是随着互联网的普及而广泛出现的一种新型的心理问题。网络成瘾的基本症状：上网时间失控、欲罢不能，可以不吃饭不睡觉，但是不能不上网；患者即使意识到问题的严重性，也仍无法自控。常表现为情绪低落、头昏眼花、双手颤抖、疲乏无力、食欲不振等。

2020 年 9 月中国互联网络信息中心（CNNIC）发布的第 46 次《中国互联网络发展状况统计报告》显示，截至 2020 年 6 月，我国网民规模达 9.40 亿，较 2020 年 3 月增长 3 625 万，互联网普及率达 67.0%，较 2020 年 3 月提升 2.5 个百分点。我国手机网民规模达 9.32 亿，较 2020 年 3 月增长 3 546 万，网民使用手机上网的比例达 99.2%，与 2020 年 3 月基本持平。初中、高中/中专/技校学历的网民群体占比分别为 40.5%、21.5%；受过大学专科及以上教育的网民群体占比为 18.8%，如图 2－1 所示。

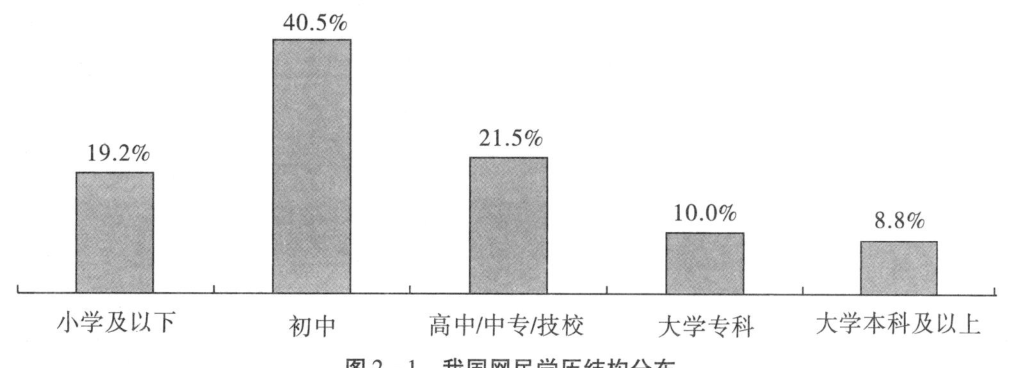

图 2－1　我国网民学历结构分布

部分大学生因为自控能力不强，沉迷于网络上集声、光、电、色于一体的游戏、聊天，个别学生还陷入网络色情的“泥淖”，对网络产生了严重的依赖心理，不仅影响了学业，危害了正常的人际交往，而且往往容易引发一系列的社会问题。

2018 年，我们随机抽取云南省昆明市某应用型本科院校不同专业大一学生 1 100 名，采用李欢欢编制的《大学生网络游戏认知——成瘾量表》开展调研，回收有效卷 1 078 份，有效率 98%，其中男生 481 人（44.6%），女 597 人（55.4%），年龄（19.2 ±1.3）岁。通过调查发现，高职生网络游戏非适应性认知维度平均得分为 14.57 ±6.02，游戏成瘾行为维度平均得分为 9.71 ±3.90，总均分为 24.28 ±9.498，按李欢欢的诊断标准，121 名高职生可初步诊断为网络游戏成瘾，总比率为 11.2%。在躯体化、强迫、人际关系、抑郁、焦虑、敌对、恐怖、偏执精神病性 9 个因子中，高职生心理健康状况与全国常模除精神病性外，其余 8 个因子均有显著差异（$P<0.01$）。此外，网络游戏成瘾组在各因子分上均明显高于非成瘾组，差异具有显著性意义（$P<0.001$），如表 2－1 所示。

表 2－1　某应用型本科院校高职生、网络游戏成瘾组心理健康状况比较

	全国常模	民办高职生（$n=1078$）	t	网络成瘾组（$n=121$）	非成瘾组（$n=957$）	t
躯体化	1.37 ±0.48	1.227 ±0.344	−13.654***	1.433 ±0.567	1.201 ±0.295	4.419***
强迫	1.62 ±0.58	1.696 ±0.494	5.035***	1.987 ±0.722	1.659 ±0.445	4.879***
人际关系	1.65 ±0.61	1.473 ±0.483	−12.059***	1.785 ±0.749	1.433 ±0.422	5.067***
抑郁	1.50 ±0.59	1.307 ±0.393	−16.167***	1.573 ±0.594	1.273 ±0.345	5.44***
焦虑	1.39 ±0.43	1.353 ±0.417	−2.949**	1.642 ±0.649	1.316 ±0.363	5.42***
敌对	1.46 ±0.55	1.306 ±0.412	−12.277***	1.622 ±0.698	1.266 ±0.34	5.522***
恐怖	1.23 ±0.41	1.326 ±0.436	7.268***	1.57 ±0.667	1.296 ±0.387	4.443***
偏执	1.43 ±0.57	1.317 ±0.394	−9.391***	1.566 ±0.597	1.286 ±0.348	5.061***
精神病性	1.29 ±0.42	1.308 ±0.375	1.584	1.578 ±0.638	1.274 ±0.311	5.158***

注：*** 表示 $P<0.001$；** $P<0.01$；* $P<0.05$，下同。

2019 年，我们采用熊婕、陈武等编制的大学生手机成瘾倾向量表（MPATS），量表共包括 16 个条目，涉及 4 个因素：戒断症状、突显行为、社交抚慰和心境改变，将得分≥48 分的被试界定为手机成瘾，整群抽取云南省三所高职院校不同专业大一学生 8 100 名，收回有效问卷 8 072 份，有效率 99.7%，其中男生 3 241 人（40.2%），女生 4 831 人（59.8%），专业包括经济管理类、工程类、医学类、人文艺术类等，年龄（18.7 ±1.2）

岁。根据大学生手机成瘾倾向量表（MPATS）的成瘾标准，符合手机成瘾组的高职生有1 542 人，网络成瘾检出率为19.1%。其中男生496 人（占男生的15.3%），女生1 046 人（占女生的21.7%），男女生检出率有极其显著差异，女生成瘾率高于男生（$X^2=50.578$，$P<0.001$）。成瘾组与非成瘾组在手机成瘾量表上的总分及标准差分别为55.30 ±6.530 和32.12 ±8.847，二者有极其显著差异（$t=116.399$，$P<0.001$）。

从表2 -2 可知，成瘾组与非成瘾组在人格神经质、宜人性、责任心维度上有极其显著差异（$P<0.001$）。具体来说，在神经质成瘾组得分显著高于非成瘾组。在宜人性、责任心上，非成瘾组得分显著高于成瘾组。成瘾组与非成瘾组在攻击总分、愤怒、敌意、躯体攻击、言语攻击上有极其显著差异（$P<0.001$），成瘾组得分显著高于非成瘾组。由此可见，网络成瘾、手机网络成瘾问题应该引起我们足够的重视。

表2 -2 两组高职生大五人格与攻击行为各维度得分比较

	成瘾（n =1542）		非成瘾（n =6530）		t
	M	SD	M	SD	
神经质	20.32	3.229	18.10	3.293	23.926 ***
外倾性	16.99	3.362	16.87	3.508	1.277
开放性	20.93	3.236	20.90	3.267	0.334
宜人性	24.19	2.939	24.79	2.702	-7.272 ***
尽责性	22.44	3.419	24.11	3.470	-17.027 ***
攻击总分	58.45	12.677	45.04	12.392	38.043 ***
愤怒	16.61	4.891	12.04	4.459	33.537 ***
敌意	15.82	3.998	11.65	3.764	38.695 ***
躯体攻击	17.01	5.218	13.82	5.149	21.832 ***
言语攻击	9.00	2.269	7.53	2.407	22.666 ***

二、当代大学生的心理特征

掌握当代大学生心理的总体特征，是进行大学生心理健康教育和日常思想政治教育的前提。当代大学生的心理特征的研究也因而始终是大学生心理健康教育领域的热点问题之一，众多专家在该问题上做了大量工作，取得了丰硕成果。综合已有的研究成果，结合实际工作，我们认为当代大学生心理主要存在着阶段性、矛盾性和可塑性三个主要特征。

（一）大学生心理的阶段性特征

这里的阶段性特征有两方面的含义：一是指大学生正处于人生的青年时期，他们的心理被深深地打上了这个阶段的烙印，具有不同于幼年、中年和老年时期的特征；二是指大学生在就读的不同阶段，在心理特征上有比较明显的变化，即不同年级的学生心理特征有所不同。

1. 社会角色转变的特征

大学生处于“孩子”向“大人”的社会角色转变过程中，他们具有明显区别于人生其他阶段的特征。主要表现在以下几个方面。

第一，充满自信、积极乐观。这主要是因为大学生在心理和生理上都迅速趋于成熟，精力充沛，身体和心理都充满了力量。

第二，主动进取、勇于创新。大学生对未来充满向往和探索的热情，对新鲜事物好奇敏感，厌恶因循守旧，勇于探索和创新。这一时期往往会产生发明创造的欲望和冲动，或者为以后的事业成功打下坚实的知识和心理基础。

第三，情绪强烈、情感丰富。经过千军万马过独木桥般的“高考”，相对于其他同龄群体，大学生有种优越感，他们的爱恨情愁更愿意表达出来，对于内心的需要，他们竭尽全力去争取和满足，而且他们往往以自我为中心和标准，来衡量和要求他人和社会。

正是由于青年大学生具有这些心理特征，才使他们有意愿、有能力去奋斗，使自己的未来充满希望。但是，我们应该辩证地看待这些特征。如果这些特征没有保持在合理的限度内，发展到极端，它们就会走向反面，就容易成为影响大学生身心健康的消极因素。在实际的工作中不难发现，有些大学生遭受挫折打击时，有时甚至只是很小的打击，如考试的失败、恋爱遭拒等，往往就会消极颓废甚至萎靡不振，强烈的自尊也会转化为自卑、自弃。这是高校教育工作者应当注意的。

2. 在校期间的心理状态

不同年级的大学生心理特征也有比较明显的不同，表现出阶段性特征。总体上看，大学生在校期间的心理状态要经历三个不同的时期。

第一，适应期，主要指一年级阶段。处于这一阶段的大学生，要面对的是新的学习和生活环境、新的人际交往圈子、新的学习内容和学习方法。他们对大学生活充满了新鲜感，但又伴随着一些不安。他们因为能进入大学而自豪，但又因为缺乏应对大学生活的人生经验而自卑。他们充满自信。精心规划前程，又伴随着某种程度的迷惘。他们在这一时期的主要注意力在尽快适应大学生活上。

第二，发展期，主要是二、三年级阶段。这时候，大学生已经基本适应了大学生活，进入相对稳定的大学生活时期。他们关注的主要问题是学习和职业生涯规划。

第三，成熟期，主要是四年级。经过几年的大学生活，他们的世界观、人生观和价值观都逐步形成，心理也逐渐成熟。这时候，他们面临毕业和就业的问题。尤其是就业的压力使他们充满了忧虑感。

（二）大学生心理的冲突性特征

当代大学生生活在一个传统价值权威衰落、个人追求多元化的时代，加上大学生本身在各个方面还不成熟，还未形成一个较为稳定的先进的价值观体系，他们对事物的价值判断还不能做到一以贯之，而是充满了变化。这种情况反映在心理上，就是大学生心理充满矛盾和冲突。大学生常见的心理矛盾和冲突主要有以下几个方面。

1. 理想与现实的冲突

大学生承载着社会和家庭的高期望值，成才的意识比较强。但是，他们中一些人往往缺乏实现理想所需的坚持不懈的韧性，不喜欢脚踏实地、一步一个脚印地努力奋斗，而是期望一蹴而就，一鸣惊人。他们也常常以他们的理想来审视学校、社会，对现实中的很多事情看不惯，甚至有时对现实社会中的种种矛盾和问题产生悲观情绪，这就必然容易使他们产生困惑和怀疑的心理。这种矛盾心理表现在低年级大学生身上，就是他们发现大学生活并不是想象中的那么美好，进入大学后面对现实的校园生活有种强烈的失落感；表现在高年级学生身上，就是部分大学生时而勤奋学习，积极进取，时而又安于现状，得过且过，两种截然不同的行为经常相生相存。

2. 情绪和理智的冲突

大学生的情绪非常丰富，变动不居，他们对事物的判断也往往带有情绪化，以个人的好恶作为评判标准。这种情况表现在人际关系上，就是部分大学生过分相信自己的感觉，跟着感觉走，往往造成同学关系的紧张。特别是在挫折面前，他们容易泄气和悲观。这是因为，大学生心理还不成熟，往往从感性认识或直觉经验的方式评价自己及周围的人和事，理智还不发达，理性思考还不成熟，自我控制能力和反思能力不强。

3. 独立与依赖的冲突

大学生具有较强的独立意识，渴望摆脱家庭和老师的约束。但是无论是在经济上，还是在处理人际关系上，他们都还不能独立地解决学习和生活上遇到的问题，摆脱不掉对家庭和老师的依赖。渴望独立但又不得不依赖，这就不可避免地使他们经常陷入独立与依赖的冲突之中。

4. 自尊与自卑的冲突

大学生的自尊心都比较强，渴望有机会展示自己的才华，得到同学的羡慕和老师的认可。但是，在大学校园里，尤其是在一些名校里几乎个个都是中学的“尖子生”，都有自己的优长之处，有些学生进入大学后，蓦然发现自己的优势已经不再是优势，自己在群体中的竞争力并不是那么强，于是往往认为自己缺乏能力和才华，进而产生自卑的心理。这种心理困惑在那些来自农村、家庭贫困的大学生和学习成绩很好、但又没有音体美特长的大学生身上，表现得尤为明显。

（三）大学生心理的可塑性特征

大学生心理的可塑性特征与阶段性特征是紧密联系的。大学生正处于向成年人的转变阶段，他们的各种心理品质还不稳定，心理结构还不够优化，心理素质还没有完全成熟，因而心理可塑性较大，容易发生改变。大学生的心理可塑性突出表现在两个方面。

一方面，趋利避害，完善自己。随着生活空间的扩大，生活经验的积累，各方面知识的增加，大学生的主体意识越来越强，他们开始更全面、客观地审视自己，调整自己的心理状态，完善自己的心理结构，逐步构建起自己独特的价值观念体系，形成特有的人格。他们开始自觉地发展和强化对自身成才有利的优势，克服和弥补对未来发展不利的劣势，不断提升自己在学习、工作和生活中的竞争力。

另一方面，求新求变，适应社会要求。随着大学生社会化程度的不断提高，对社会生活的深入了解，对人生价值的全面感悟，对社会发展走向洞察力的增强，他们开始认真思考如何更好地适应社会问题。近年来，不少大学生在校期间就十分关注本专业乃至相邻专业的就业状况，关注人才市场的动向，有的还自觉地利用课余时间参加各种技能培训班，以适应人才市场的变化，这充分表明了大学生已开始形成与时俱进、求新求变的心理品质和精神状态。与此相关，我们也会看到，一些大学生为谋求到一个理想的职业岗位，在求职材料中“注水”，过度包装自己，甚至伪造经历，以获得用人单位的青睐。他们的这种失信行为固然应当遭到谴责和抵制，但这也从反面折射出大学生的一种普遍心理：为适应社会要求，必须不断地改变自己。从事学生教育和管理的工作者，能够非常深刻地感受到大学生心理的这种变化。也正是这种可塑性的特征，为教育工作者实施有效的教育提供了可能。

第二节　大学生行为特征

一、大学生行为的总体特征

任何行为都是心理活动的外在表现，一个人有什么样的心理活动，就会表现出与之对应的行为。大学生的生理接近或达到成熟，必然进一步促进行为的发展变化。

在大学阶段，随着身高、体重的增长与性的成熟，大学生们不仅从体态上感到自己像个大人了，而且从内心体验上也加强了这种成熟感。在这一意识的支配下，很多行为都体现出独立性；他们向往未来、精力充沛、血气方刚、思维敏捷、充满热情、富有创新精神，出现众多的新需要，尤其是精神方面的需要（丰富多彩的文化生活、自己取得成就、关心政治等），并深信自己的力量，力求处处显示自己的精力和能力，同时他们的智力发达，性意识增强，但是，他们心理的成熟却落后于生理的成熟，特别是在处理异性问题和对待社会问题方面，往往显得束手无策。所以，大学生的行为既具有逐步走向成熟的积极的一面，又具有并未真正成熟而产生的消极的一面，比如，他们的情绪波动甚至偏激，对事物缺乏全面、客观的认识，对此，他们应多接受正面、积极的教育，培养辩证、冷静的思维习惯。

二、与大学生学习生活相关的行为特征

大学生一般在学生宿舍（公寓）过群体生活，规律的作息是他们日常行为的一个显著特征。规律的作息对自己和同寝室的同学都是有益的。大家应该一起合理地安排作息时间，严格地遵守作息制度。在实行一段时间以后，就可以形成以时间为信号的条件反射，使学习和休息比较协调，有节奏。但是，也有不少学生学习、生活毫无规律，白天睡到10点多，晚上躺下后又不能很快入睡，学习时久久不能进入状态。这样不仅不利于身心健康和学业，还会影响同寝室其他人的学习生活，造成同学关系紧张。

（一）大学生行为调查

为了解大学生的心理健康发展现状及特点，为高校心理健康教育提供借鉴，我们组织了一次心理测评，共向云南某三所院校 2019 级本专科在校生完成 1.1 万余人次调研，收回有效问卷10 438 份，其中男生3 931 人（占37.7%），女生6 507 人（占62.3%），如图2－2 所示。

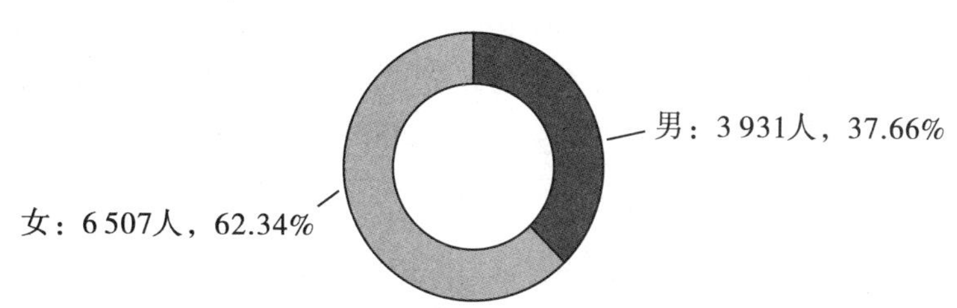

图2－2　调查对象的性别分布情况

1. 体育锻炼情况

体育锻炼对于大学生来说有着重要的意义，但是，现在却呈现出一种两极分化现象：喜欢参加体育锻炼的同学积极性很高，不仅自己经常参加早锻炼，参与各种球类活动，还积极参加学生会、班级组织的各项文体活动；另一些同学则出于各种原因，很少参加体育锻炼和体力劳动，有的人一有时间就泡在网吧里打游戏、聊天。如果在学习之余没有一定的运动量，也不参与有组织的文体活动，对大学生身心发育是很不利的。长期缺乏锻炼，身体的抵抗力下降，反应的灵敏性、四肢的协调性下降，学习效率亦会降低。

本次关于 A 校大学生体育锻炼≥30 分钟的调查显示，每周参加 3 次以上体育锻炼的本科大学生占学生总人数的63.44%，专科大学生占学生总人数的54.47%。从统计数据

中可以看出，有30.77%的本科大学生每周参加1～2次体育锻炼，37.23%的专科大学生每周参加1～2次体育锻炼；5.79%的本科大学生完全不参加体育锻炼，8.31%的专科大学生完全不参加体育锻炼，如图2－3所示，此现象应引起学校的充分关注。

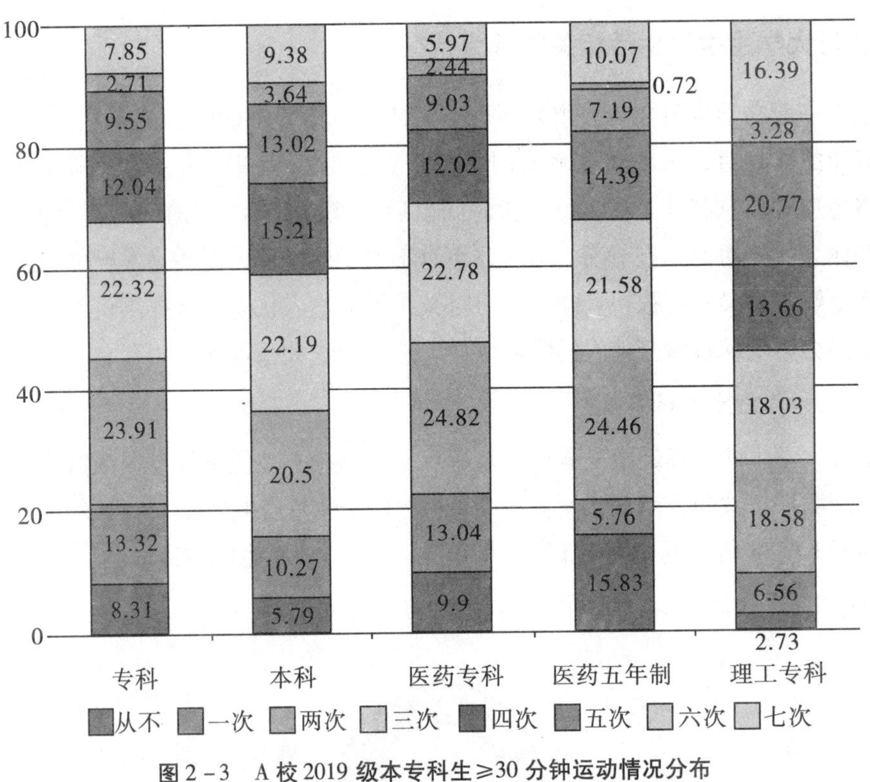

图2－3 A校2019级本专科生≥30分钟运动情况分布

此外，调查还显示大学生参加体育锻炼以增强体质为首要目的，同时也有多元化的特征。排在锻炼目的前三位的分别是增强体质、消遣娱乐和减肥健美，其后是社交、参加比赛和治疗疾病。这一方面反映出大学生对体育锻炼重要意义和作用的认识是清楚的，另一方面显示出大学生参加体育锻炼的目的与学校体育教育的目的是一致的。消遣娱乐排在体育锻炼目的的第二位，显示出对体育本质属性的一种认同与回归。消遣娱乐作为体育的本质属性，在过去若干年的高校体育教学工作中由于种种原因而被忽视、被淡化了，随着我国社会经济文化的发展及高校体育教学改革的深入开展，体育的这种本质属性才逐步得到师生的认同，这是体育观念的一个重大进步。以减肥健美为体育锻炼目的时，男女学生组之间出现非常显著的差异，其中女生为60.16%，男生为20.17%。这一差异表明女生出于对健美身材的追求，在体重、身材和减肥等问题上的关注程度大大高于男生，并且希望通过参加体育锻炼达到减肥和健美的目的。

2. 睡眠时长情况

睡眠是人体的一种主动过程，可以恢复精神和解除疲劳。充足的睡眠、均衡的饮食和适当的运动，是国际社会公认的三项健康标准。世界卫生组织调查发现，27%的人有睡眠问题。为唤起全民对睡眠重要性的认识，国际精神卫生组织主办的全球睡眠和健康计划于2001年发起了一项全球性的活动——将每年的3月21日，即春季的第一天定为“世界睡眠日”。本次关于A校大学生睡眠时长的调查显示，每天睡眠6～7小时的大学生占本科学生总人数的36.96%，占专科学生总人数的38.46%；每天睡眠7～8小时的大学生占本科学生总人数的42.59%，占专科学生总人数的36.22%，如图2-4所示。

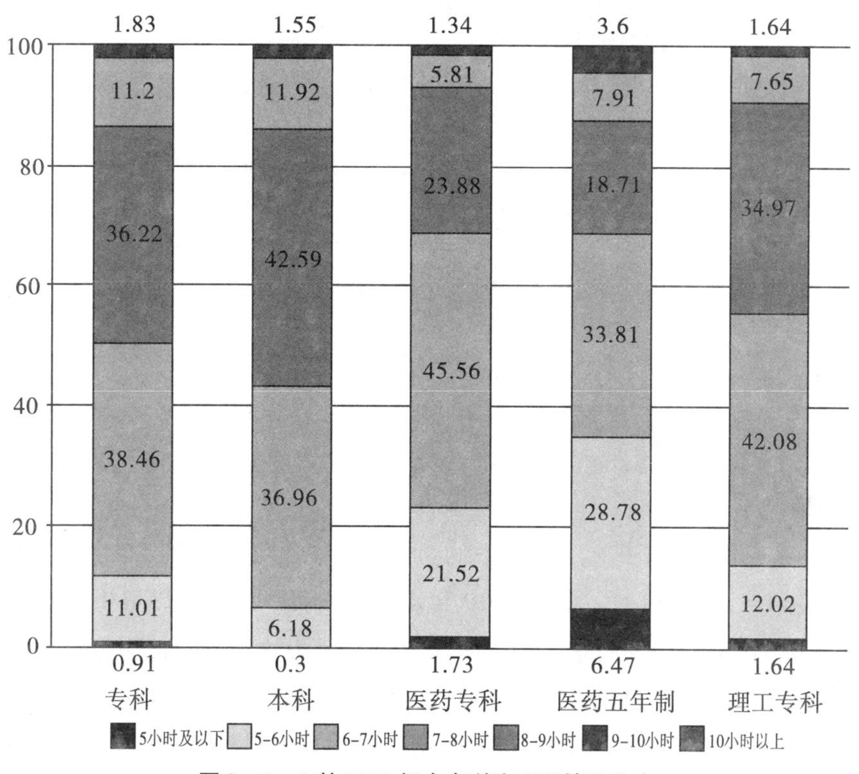

图2-4　A校2019级本专科生睡眠情况分布

“中国睡眠指数报告”描述了一幅“睡城”分布图，北京、广州、西宁、昆明、东莞为失眠城市；上海、南昌、天津、淮南、成都为浅睡城市；南京、武汉、长沙、沈阳、杭州为安眠城市；厦门、郑州、齐齐哈尔、重庆、西安为好梦城市。本次针对A校云南省不同城市籍贯大学生睡眠平均得分的调查显示，来自迪庆藏族自治州、保山市、普洱市、曲靖市等地的大学生平均得分更好，睡眠情况更好，见表2-5。

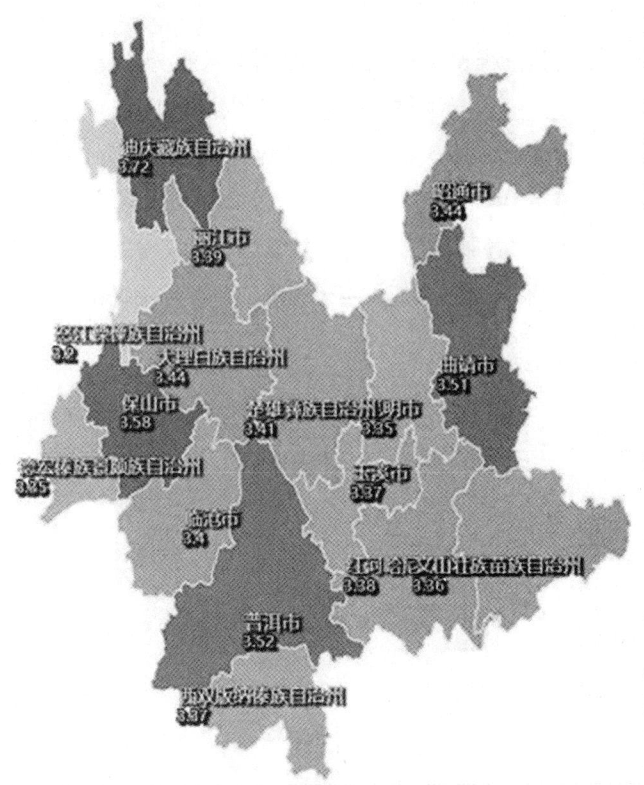

图 2－5　不同籍贯 2019 级本专科生睡眠情况分布

3. 吸烟情况

世界卫生组织指出，全球吸烟者总数约为 13 亿，占世界人口的 1/4 左右，每年有 500 多万人因患吸烟相关疾病死亡。截至 2019 年 12 月 25 日，根据世界卫生组织的预计报告显示：“每年有 800 多万人死于烟草使用，其中 700 多万人因直接使用烟草而亡，剩下约有 120 万人数的非吸烟者因接触二手烟雾而死亡。大多数烟草相关死亡发生在低收入和中等收入国家，这些国家是烟草业的干预和营销措施的集中目标。到 2030 年，全球每年将有超过 800 万人死于吸烟相关疾病。”

烟草燃烧所产生的烟雾是由 7 000 多种化合物所组成的复杂混合物，其中气体占 95%，如一氧化碳、氢化氰、挥发性亚硝胺等；颗粒物占 5%，包括半挥发物及非挥发物，如烟焦油、尼古丁等。这些化合物绝大多数对人体有害，其中至少有 69 种为已知的致癌物，如多环芳烃、亚硝胺等，而尼古丁是引起成瘾的物质。本次关于 A 校大学生吸烟情况的调查显示，经常吸烟的本科大学生占本科学生总人数的 3. 79%，专科大学生占专科学生总人数的 7. 14%；总是吸烟的本科大学生占本科学生总人数的 1. 8%，专科大学生占专科学生总人数的 4. 37%，专科吸烟率 > 本科，见图 2－6。

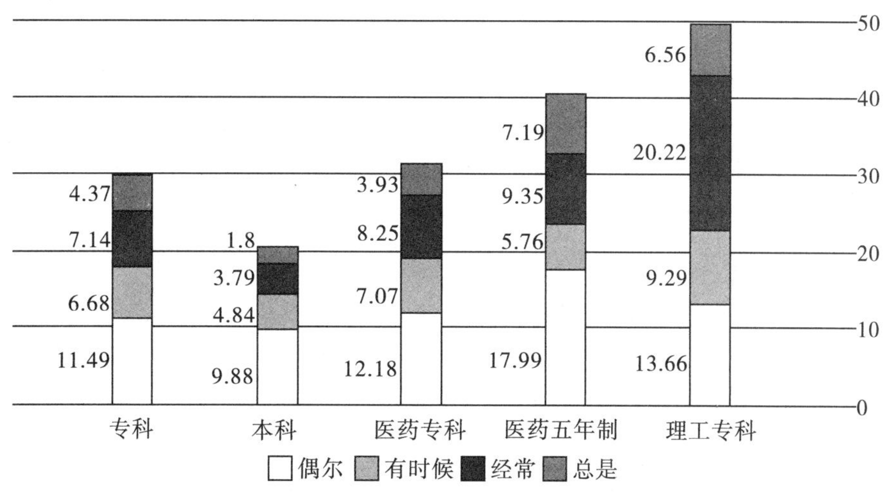

图 2－6　2019 级本专科生吸烟情况分布

本次针对 A 校云南省不同州市籍贯大学生吸烟平均得分的调查显示，迪庆藏族自治州、西双版纳傣族自治州、曲靖市、保山市等地的大学生平均得分更高，吸烟情况更为严重，见图 2－7。

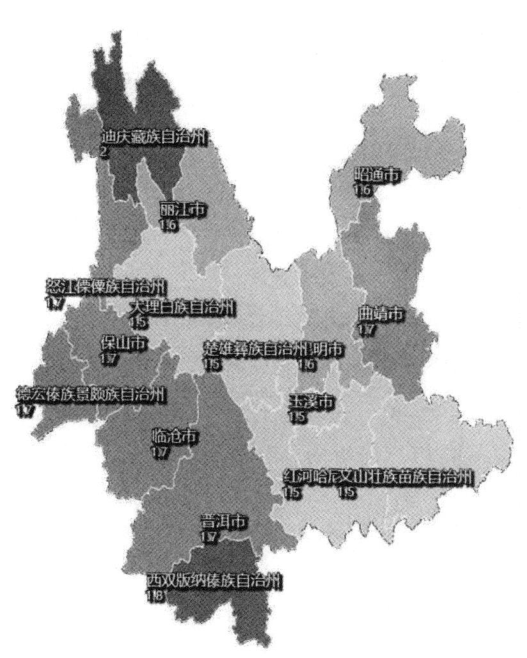

图 2－7　不同籍贯 2019 级本专科生吸烟情况分布

4. 饮酒情况

酒精是多个世纪以来在多种文化中得到广泛使用的具有产生依赖特性的精神活性物

质。有害使用酒精可在社会中造成沉重的疾病、社会和经济负担。有害使用酒精还对其他人造成伤害，比如家庭成员、朋友、同事和陌生人。此外，有害使用酒精对整个社会带来巨大健康、社会和经济负担。

WHO 发布的 2018 年全球饮酒与健康状况报告（《Global status report on alcohol and health 2018》）指出，全世界每年因有害使用酒精导致 300 万例死亡，占所有死亡数的 5.3%。有害使用酒精是导致 200 多种疾病和损伤病症的一个因素。酒精消费在生命相对较早的时期就会导致死亡和残疾。在 20 至 39 岁这一年龄组，所有死亡者中约有 13.5% 因酒精造成。

本次关于 A 校大学生饮酒情况的调查显示，经常饮酒的本科大学生占本科学生总人数的 1.2%，专科大学生占专科学生总人数的 5%；总是饮酒的本科大学生占本科学生总人数的 0.5%，专科大学生占专科学生总人数的 2.06%；专科饮酒率 > 本科，见图 2－8。

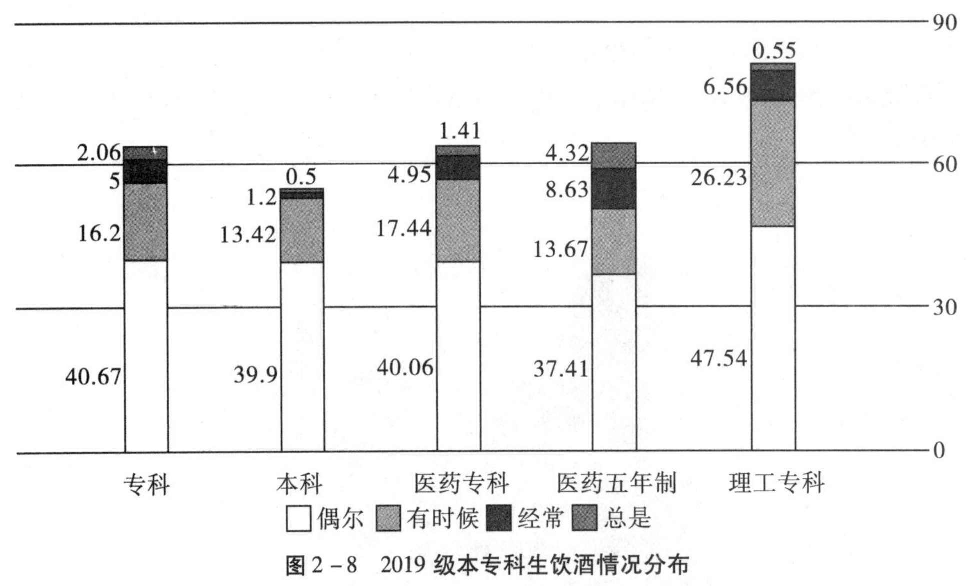

图 2－8　2019 级本专科生饮酒情况分布

本次针对 A 校云南省不同州市籍贯大学生饮酒平均得分的调查显示，西双版纳傣族自治州、德宏傣族景颇族自治州、临沧市、普洱市等地的大学生平均得分更高，饮酒情况更为严重，见图 2－9。

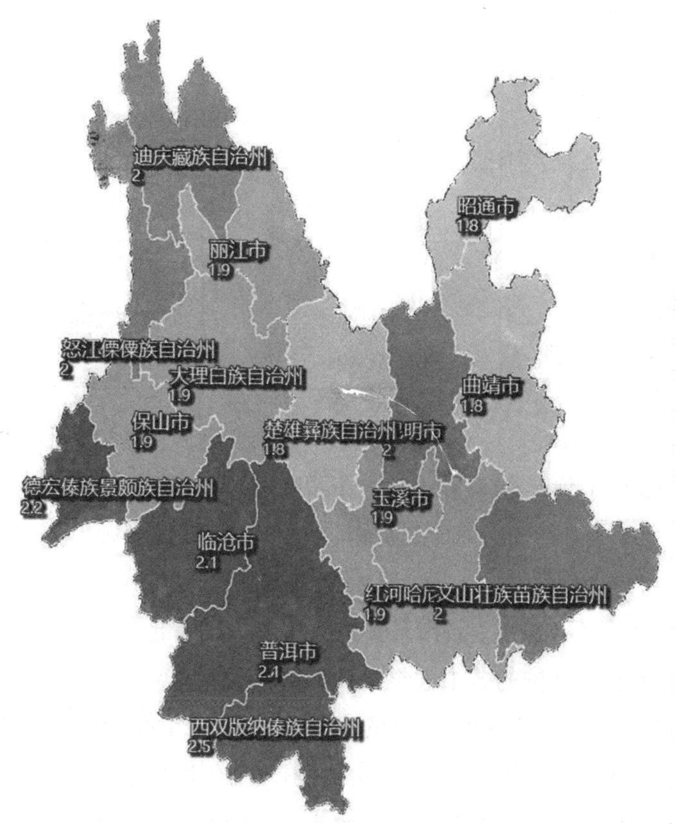

图 2－9　不同籍贯 2019 级本专科生饮酒情况分布

（二）大学生日常生活

饮食行为特征方面，一部分大学生的不良的饮食行为较严重，一些家庭条件比较优裕的学生经常去学校周边那些卫生条件很差的小餐馆吃饭聚餐，肠道疾病和食物中毒事件时有发生。有的同学有酗酒习惯，在毕业年级，聚餐酗酒现象就更严重了。而酗酒不仅造成身体上的损害，更是社会治安的不安定因素。另外，大学生不吃早餐的现象也较常见，尤其是女同学。在饥饿状态下，大脑的神经细胞逐渐走向抑制，上课时就会无精打采，注意力无法集中。更严重的是由空腹造成的饥饿刺激不断地作用于大脑，使人易感疲倦和头痛，易诱发低血糖而虚脱。另外，夜间分泌的胃酸如果得不到食物的中和，会造成胃部不适，长此下去，会引起胃溃疡、贫血等慢性疾病。

本次关于 A 校大学生吃早餐频率情况的调查显示，一般都吃早餐的本科大学生占本科学生总人数的 57. 76%，专科大学生占专科学生总人数的 49. 75%；每天都吃早餐的本科大学生占本科学生总人数的 28. 08%，专科大学生占专科学生总人数的 22. 34%；专科吃早餐频率 < 本科，见图 2－10。

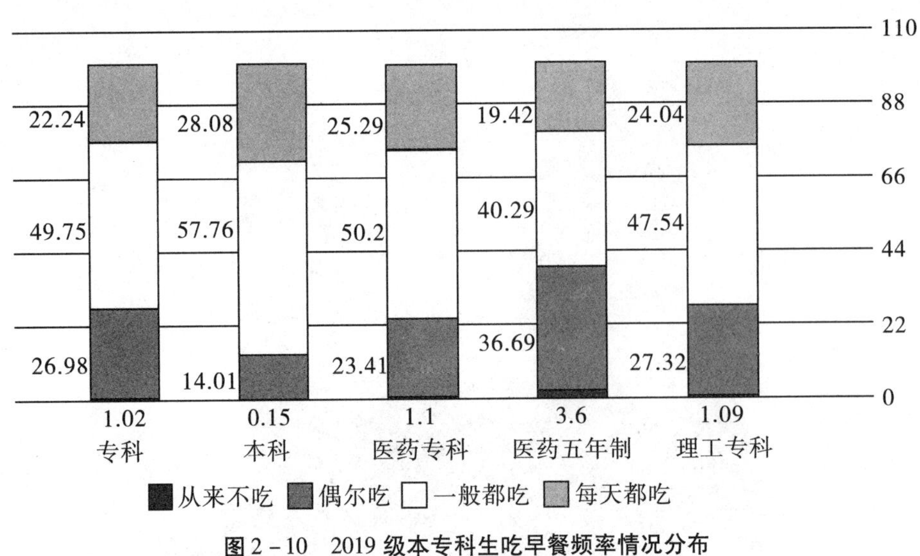

图 2-10　2019 级本专科生吃早餐频率情况分布

大学生所受教育的经历和所处校园环境的特殊性，使得他们成为一个独具特色的消费群体。这里以芜湖市五所高校的若干大学在校本科生为调查对象为例。从物质消费角度分析，基本生活费仍然是大学生消费支出的主体，大学一年级至四年级分别为 33.49%、31.86%、33.54%、28.29%，除了基本伙食消费以外的支出绝大部分在 10% 以内，呈现多元化、均态分布的特征，这表明当下芜湖市大学生的消费水平和质量有了显著提高，消费结构从原来的以“吃”为主的温饱型消费转向以“吃”为主的符号消费、形象消费及情感消费多元存在的发展型消费。从精神消费角度分析。当代大学生拥有的学习辅助设备非常丰富，网络成为大学生生活中不可缺少的一部分，大学生成为网络消费的顾客，据这次调查，30 元以下通信消费所占比例额为 25%，30~60 元的消费比例是 45.6%，而 60~100 元的比例是 19.3%，其中通信费用多在 100 元左右，所占的比例高达 20%，由于大部分大学生都是在异地求学，所以通过电话联系家人和朋友便成了主要途径。另外，大学生的社交活动越来越多，我们的统计数据表明 13.4% 的大学生每年用于交际的费用为 400 元左右，44.9% 的同学每年的人际消费是 400~800 元，55.1% 的同学每年的人际消费是 800~1 200 元。

对大学生的消费结构，目前尚无一致的结论。多数人认为这一结构是不合理的，高消费和浪费严重。表现在除正常的伙食费、书、文具和日用品外，大学生的其他开支比较大，所占的比例也偏高。如外出旅游、社交活动消费（主要用于同学和朋友之间活动请客和送礼等）、文体活动消费（舞会、影视、体育比赛的门票和体育用品等）。另外还有服装费、电话费，男生的烟、酒费，女生的化妆品开销也较大。恋爱消费方面，这里采用定量与定性相结合的研究方法对 200 名在校大学生进行了调查。通过对受访对象用于恋爱方面的数额进行分析，以每月 100 元为第一等级，此后每增加 200 元分别为二、三、四等级。调查发现，与生活费数额基本吻合，81%的同学每月用于恋爱的消费处于100～300元的水平，对比这些同学大部分每月1 000～2 000元的生活费，恋爱消费所占比重还是比较大的。

（三）大学生的消费特点

一般而言，大学生的消费特点可概括如下。

第一，消费的不平衡性。主要表现为大学生来自不同地区、不同家庭，而地域经济发展的不平衡和行业的不平衡，导致家庭收入的不平衡，再者各自家庭结构的不同，决定了大学生消费的不平衡。

第二，消费的多样性。大学生的消费主要涉及生活、学习和文化娱乐三个方面，其构成也呈现出多样化的特点，这一方面受家庭收入水平和生活习惯的影响，其消费层次和消费数量会表现出很大的差异；另一方面则取决于个人需要的多样性，这是由于需求强度的不同和需求层次的多样性而产生的。

第三，消费的主导性。大多数大学生都是在满足生活消费的基础上，尽可能地满足学习消费，再用必要的娱乐消费来调节自己的精神生活。

三、大学生与情感相关的行为的特征

情感是客观事物是否符合人的需要所产生的态度体验，是人脑对二者之间关系的反映。情感作为人类心理活动基本过程的一个方面，它影响着认识、意志活动的进行，也影响着交友、恋爱、人际关系的形成发展，只有当大学生的情感得到良好的发展时，他们的身心才能够全面和谐地发展。高校教学活动是具有多方面教学目标和自身特点的高级、复杂的教学活动，在这一活动过程中，师生双方共同进行着知识、信息的传递、反馈，进行着思想的交流、碰撞，也发生着情感的变化和交流。教师如能充分调动和利用情感的积极因素，必将有利于增强学生的学习积极性，有利于发挥他们的智能水平，也有利于陶冶大学生的情操和增进身心健康。通常情况下，大学生与情感相关的行为特征主要有以下几点。

（一）行为的感情色彩浓，容易激动，具有明显的两极性

大学生进入大学后，崭新的大学校园生活环境令他们激动，对知识的追求、对社会接触范围的扩大、人际关系的拓宽，使他们的情感体验内容变得丰富多彩。他们在学习中获得艰辛与兴奋、喜悦与挫折的感受，在人际交往中品尝友情的滋味，他们对祖国命运的关心中有期待、责任、参与的体验，还有对个人的前途和人生意义的思索。

由于大学时期是人生情感体验最丰富的阶段，是内分泌激素中与情绪兴奋有直接关系的肾上腺激素进入旺盛分泌的阶段，使大学生易兴奋、易激动，情绪体验强烈，常出现“疾风暴雨”式的激情状态。我们经常可以看到，课堂上教师一个生动的例子，立即会引

起学生们热烈的情绪反应。大学生的激情状态具有双重性：积极的方面是他们热情奔放，豪情满怀，勇往直前，可能形成创造惊人业绩的巨大动力，如可以表现出为真理、正义斗争而献身的热忱和壮烈的行动，历史上的五四运动即为典型事例；消极方面则表现为易冲动，不冷静，盲目的狂热，甚至会做出一些蠢事和坏事，如常常为一点小事被激怒、怄气、对抗，甚至出现不理智的行为。

由于大学生辩证逻辑思维发展水平还不高，对待问题易偏激，也由于影响他们情绪的各种社会因素（如学习成绩、师生关系、同学交往、社会工作等）大量出现，致使大学生的情绪、行为易起伏波动，他们会因一时的成功（如获得奖学金）而兴高采烈、兴奋不已，又会因一时的挫折（如考试成绩不好）而垂头丧气、懊恼不休。

（二）渴望理解、珍视友谊

友谊是人与人之间的友好情感，是大学生十分重要的人际关系，它充实着学生们的情感生活，并为他们的学习、生活增添力量。大学生远离家庭，面临独立处理学习、生活中许多问题的局面，需要向他人倾吐自己的内心体验，求得理解和帮助，同时也愿意为朋友分担喜忧，具有强烈的交往动机，希望在相互理解、相互信任的基础上建立起真正的友谊。

大学生选择朋友的标准是多方面的，研究结果表明，主要是德、才和一些性格特征，当然也有少数学生把友谊错误地理解为“哥们儿义气”“为朋友两肋插刀”，因而无原则地为朋友掩饰缺点、错误，还有个别学生把友谊建立在吃喝玩乐上。这些错误偏向当然应该得到纠正。

（三）爱情逐渐成为情感体验的一个方面

爱情是人的高尚的情感，是异性友谊得到进一步发展的一种特殊情感，诚挚的爱情可以塑造和谐完善的人格。大学生的身体发育已经成熟，性意识已觉醒并趋向成熟，期望得到爱情的体验。他们生活在开放、活跃的环境之中，男女同学在一起学习、共同活动，相互交往接触的机会多，为获得异性的爱情提供了有利条件。在这种环境中，大学生的爱情会因不同的动机而蕴含着不同的内容，导致在不同的层次上发展。有的学生出于对未来事业和婚姻问题的严肃考虑，同中意的异性恋爱了，如能把爱情和事业统一起来，很可能成为他们在大学期间学习和生活的推动力量；有的学生是考虑到即将毕业而急于谈恋爱；有的学生尤其是低年级的学生由于受他人谈恋爱的感染而谈恋爱；也有的学生是出于无聊，希望通过谈恋爱来增加一些生活情趣，抚慰自己的心灵。

第三章 大学生心理咨询与行为治疗

第一节 心理咨询的基础知识

一、心理咨询的概念与功能

（一）心理咨询的概念

心理咨询是应用心理学的一个重要分支，指的是专业人员即心理咨询师运用心理学以及相关知识，遵循心理学原则，通过各种技术和方法，帮助求助者解决心理问题。心理咨询所提供的全新环境可以帮助人们认识自己与社会的连接，处理各种关系，逐渐改变与外界不适应的思维、情感和反应方式，并学会与外界相适应的方法，提高工作效率，改善生活品质，以便更好地发挥人的内在潜力，实现自我价值。广义的心理咨询往往还包括心理评估和心理治疗。

西方经济发达国家的大学生心理健康教育起步比较早，已经基本发展成熟，建立起了完善的高校心理健康教育服务制度。1896 年，Lighter Witmer 在美国宾州大学建立了儿童心理健康诊所，1907 年，又创办了具有医院模式的俄勒冈学校。1915 年，格塞尔（A. Cesell）开始关注儿童的智力测试，为儿童分班教学做出了贡献，格赛尔也因此成为美国第一个获得学校心理学家称号的心理学家。美国高校 20 世纪 20 年代开始了心理咨询与健康服务。随后，高校心理咨询获得了美国高等教育委员会的支持，得到了进一步发展。在政府的支持下，相继成立了美国心理学会及国际心理咨询服务协会等，这些学会为高校心理咨询的管理与人员资质提供了认证标准，逐步形成了完善的服务管理制度，促使美国高校心理咨询走向了专业化的方向。英国的心理咨询活动起源于二战后期。1970 年，英国学生咨询学会成立，这标志着学校心理咨询开始为学生服务。在英国政府的支持下，英国心理治疗协会、英国心理咨询及心理治疗学会等成立了，这些机构保障了英国高校心理咨询的规范化，同时对于从事咨询的人员有严格的认证要求，促使英国高校心理咨询逐步形成了职业化的特点。目前国外许多国家的高校几乎都成立了配备专业心理咨询人员的心理健康教育机构。

我国在20世纪80年代初才开始着手进行高校心理咨询工作。1984年浙江湖州师专成立了心理咨询机构，这是我国首个专门为学生服务的咨询机构。第二年，益友咨询中心在上海交通大学成立，这是我国第一个面向大学生的心理咨询机构，与此同时，华东师范大学也成立有关心理健康教育的机构，这在当时产生了较大影响，对我国其他高校成立心理咨询机构起了促进和推动作用。1988年和1991年，我国掀起了两次高校心理咨询的热潮，数年间全国相继有140余所高校成立了心理咨询机构。1990年，中国心理卫生协会大学生心理咨询委员会在北京成立，我国高校心理咨询工作开始正式走向独立化、学科化、多元化。随后，大学生咨委会先后在全国范围内举办了多期有关高校心理咨询的学术报告以及有关的培训班，推动了我国高校心理咨询工作的顺利开展。

心理咨询其实是一个“助人自助”的过程。先由“他助”（来访者求助咨询者），经过“互助”（咨询者与来访者之间相互了解、理解和谅解），最后达到来访者“自助”（自己改变认识和行为）的完整过程。来访者来访并不是为学习某种知识和技能，也不是寻求道德上的教诲。咨询者给予来访者的是一种特殊的帮助，即通过咨询过程使来访者有新的体验，以新的思维方式和角度思考问题，用新的方式去体验和表达思想感情，采取新的行为方式适应环境，并和外界建立和谐的关系。有人说：“心理咨询不是说教，它是聆听；心理咨询不是训斥，它是接纳；心理咨询不是教导，它是引导。”有人将心理咨询称之为“心灵和心灵的对话，感情与感情的交流，智慧对智慧的启迪”。

心理咨询是解决大学生心理问题的重要途径，是高等学校心理咨询机构的基础性工作。心理咨询不同于一般的开导、劝慰和帮助，它是一项专业性很强的工作，是一种职业性的帮助行为，其中涉及很多技术性问题。心理咨询之所以对来访者能够产生积极、有效的作用，关键在于心理咨询为来访者提供了一种与日常生活中其他关系不同的特殊关系。在这种关系中，咨询手段及其所创造的氛围使来访者逐步认清自己所面临的问题和学会以更加积极的方法和态度对待自己、他人和环境。对于心理行为正常的人，心理咨询所提供的新经验可以帮助他们排除成长过程中所遇到的障碍，从而更好地发挥个人潜能；对于有心理问题的人，心理咨询可以帮助他们改变不适应的思维与行为方式，学会新的适应方式。心理咨询是一门使人愉快和成长的学科。这里的成长，是心理学意义上的人格成长，它含有心理成熟、增强自主性和自我完善的意思。

（二）心理咨询的功能

事实上，每个人在不同阶段、不同层面，在遇到不同的事件时，都或多或少或轻或重地存在心理问题。当你感到心情郁闷、焦虑、兴趣下降等不适或异常表现时，不妨果断、大方地走进心理咨询室，接受心理咨询，就像得了感冒看医生一样自然，因为，心理咨询可以为你提供多方面的支持和帮助。

心理咨询可以教会你管理自己的情绪，使你拥有积极稳定的情绪，避免产生各种情绪障碍，如抑郁症、躁狂症、歇斯底里症等；帮助你学会正确认识自我和周围世界，使你拥有完善的认知体系，避免因为错误归因导致种种失败；帮助你恢复爱的能力，使你学会幸福地工作、幸福地生活、幸福地去爱；使你拥有健全的人格，摆脱自卑、自恋、自闭的不良心态，从而更好地投入到学习、工作和生活中去；帮助你摆脱因失业、失恋造成的痛苦，教会你应付生活中种种挫折的方法；矫治各种人格障碍和神经症；为你提供职业指导；帮助你在人生重大问题上正确独立地选择；帮助你度过人生的各个发展阶段。

心理咨询一般具有四个方面的功能：教育功能、发展功能、保健功能和治疗功能。

心理咨询可分为支持性心理咨询、解释性心理咨询和指导性心理咨询。

支持性心理咨询也称非指导性心理咨询，以求助者为中心，运用倾听技术，给予求助者以无条件的积极关注、共情、真诚、尊重和温暖，让求助者在安全、宽松的氛围中自己成长。人本主义就是如此。

解释性心理咨询也称分析性心理咨询，就是通过分析和解释，让求助者对自己的问题产生领悟，如认知疗法和精神分析。

指导性心理咨询则是通过直接的指导，或提建议、布置家庭作业，促使求助者改变行为模式，如行为治疗。

支持、解释（包括分析）、指导和心理治疗是一个连续体。一个求助者来了，首先采用支持性心理咨询。相当一部分求助者在“支持”之下，把心中的苦水倒出来，心情就舒畅了，咨询就结束了。有些求助者觉得这样还不够，就采用解释性心理咨询，帮他分析他的问题，给他一个解释，然后，他满意地走了。有的求助者还会索要方法，就采用指导性心理咨询，给他一些方法。有的求助者得到了方法，但自己不会用，才对他实施心理治疗。

许多咨询师以为，使用了标准化的心理治疗技术，如精神分析、行为疗法和认知疗法，就是心理治疗了。其实不然。用精神分析和认知行为主义的理论进行解释和指导，仍然属于心理咨询。只有出现了移情和反移情、当场示范和演练，才是心理治疗。

移情，就是求助者把生活中的行为模式带到治疗室里来。这时候，治疗师就不用跟他讨论他的模式了，直接看他的“表演”，当场纠正就好了。

从某种意义上讲，支持性心理咨询是治疗性的，因为治疗师用了情，而不只是语言。另外，催眠和暗示是纯粹的心理治疗。同样，NLP、意象对话、心理剧、家庭系统排列和沙盘游戏也是治疗性的。

除此之外，评估也是心理咨询的一项内容。咨询师必须把求助者的问题“概念化”，做出“诊断。”然后，在此基础上确定咨询目标、制订咨询方案。

二、心理咨询的基本原则

心理咨询的原则即心理咨询人员在工作中必须遵守的基本要求，它是咨询工作者在长期的咨询实践中不断认识并逐步积累的经验。国内学者们根据自己对心理咨询工作的理解，提出了许多心理咨询的原则。

（一）保密性原则

保密性原则是心理咨询中最重要的原则。这一原则是指心理咨询人员有责任对来访者的谈话内容予以保密，来访者的名誉和隐私权应受到道义上的维护和法律上的保护，在没有征得来访者同意的前提下，不得将在咨询场合下来访者的言行随意泄露给任何人或机构。在公开案例研究或发表有关文章必须使用特定来访者的个人资料时，必须充分保护来访者的利益和隐私，并使其不至于被他人对号入座。保密是心理咨询中一项最为敏感的问题。因为大部分寻求咨询辅导的心理问题都涉及个人隐私，所以，一般来说必要的保密可以解除来访者的心理顾虑和保护来访者的权益不被侵犯。同时，保密也是心理咨询从业者专业操守的体现，反映了咨询人员对来访者的尊重和必要的投入。除了为来访者考虑之外，保密的另一个目的也是为了保护咨询者的利益。由于太多涉及来访者的隐私，会造成来访者对于咨询者的嫉恨，在这种情况下，咨询者最有效的自我保护形式便是为来访者保守秘密。在这方面，许多国家已经通过立法的形式加以确立。

当然，从另一方面讲，保密也是有限度的，对于某些问题咨询者可以不保密。根据美国心理学家联合会（APA）的条例，以下几种情况属于例外：确信一名未成年人是性虐待或其他虐待行为的受害者；来访者有自杀倾向，或经由一项测验显示来访者有高度危险时；当来访者有强烈伤害他人的倾向时；当法庭要求提供个案资料时等。

（二）尊重、接纳与理解原则

在心理咨询的导入阶段，咨询者最好保持价值中立，对来访者的心理与行为、观点与立场无条件接纳。在咨询过程中则要让来访者意识到咨询者接纳的是来访者本人而不是他的行为。给来访者以充分的尊重，努力与其建立起朋友式的真诚、友好、平等、信赖的关系。耐心倾听，适当提问，用心去理解来访者面临的困扰和感受，真正做到以来访者为中心。让来访者尽情诉说，别关心他诉说的情节而要着力关心他本人当时的感受，接受来访者的各种情绪，尽管有时咨询者对此并不同意。要避免否认、嘲笑、责问、逃避和生气。

（三）自愿原则

心理咨询是建立在咨询者和来访者双方“知情同意”基础上的一种心理援助活动。来访者寻求心理咨询应该是完全出于自愿的，这不仅是对来访者的尊重，也是使心理咨询有效的必要条件。迫于父母、老师、上司、同学、朋友的催促和压力而前来要求心理咨询与治疗者不乏其人，但咨询员往往要为他们付出比一般来访者多出许多的辛苦。既然是自愿前来，当然也可以自愿离去和中止咨询，这是来访者的权利。此所谓“来者不拒，去者不追。”

（四）限定时间和感情的原则

事先对咨询时间予以限定，可以让来访者有一定的安定感，使来访者能够充分珍惜并有效利用时间。

一次两小时不如一次一小时，分两次咨询的效果好，后者可以使来访者在咨询间隔期充分回味会谈或治疗的体验，并将其作为走向适应和成长的“刺激剂”。当然，时间长短的限定也不是绝对的。

另外，咨询关系不能超出咨询室以外。咨询者不要与来访者在咨询室以外亲密接触和交往，不对来访者产生爱憎和依恋，更不能在咨询关系中寻找欲望的满足与实现。来访者过于了解咨询员的内心世界和私生活，也会妨碍来访者的自我袒露。

（五）促进成长的非指示性原则

心理咨询或心理治疗中的非指示性治疗的原则是美国人本主义心理学家罗杰斯提出的。他认为，心理咨询应以咨访双方的真诚关系为基础，这种关系不是一种外部指导或灌输的关系，而是一种启发或促进内部成长的关系。因为人有理解自己而不断趋向成熟，产生积极的建设性变化的巨大潜能，因而心理咨询和心理治疗的任务在于启发和鼓励这种潜能的发挥并促进其成熟或成长，而不是包办代替地进行解释和指导。在心理咨询的过程中，在弄清来访者的存在问题进而寻求解决问题方法的时候，咨询人员不应主观地指示来访者一定要怎样做或一定不怎样做，而是与来访者共同分析、讨论、设想有助于问题解决的各种方案及不同方案可能导致的不同后果，但究竟采取哪一种方案去解决问题，则应由来访者自己进行选择，咨询人员不能替代。

（六）咨询、治疗和预防相结合的原则

心理咨询和心理治疗虽有区别，但两者在本质上是相通的。咨询过程本身就有一定的治疗意义，心理治疗也脱离不开必要的咨询过程。例如，来访者向咨询人员倾诉压抑的情绪，咨询人员帮助来访者寻找心理障碍产生的根源和进行抚慰本身就有疏泄治疗的作用；咨询人员帮助来访者克服焦虑、恐惧、强迫意念等种种心理障碍的过程，也是在进行心理治疗。所以心理咨询中很难排除心理治疗的成分。对待心理疾病也要像对待生理疾病一样以预防为主。在心理咨询过程中，经过咨访双方推心置腹的深入交谈，敏锐的咨询工作者可能会发现来访者受到某些消极的心理暗示产生疑病、恐惧或对他人无根据的猜忌，也有人由于消极厌世而产生轻生的意念。对于这些情况，咨询工作者一定要及时加以开导，帮助来访者解除疑虑和消极意念，鼓起战胜困难的勇气，以积极的态度面对人生。对于一些严重问题（如自杀、对人有伤害等），应采取措施，加以防范。

（七）转介原则

转介原则是指心理咨询者在心理咨询过程中，发现自己能力有限或是某些外来因素阻碍着对来访者的帮助时，咨询者应在征求来访者意见的基础上，主动将来访者介绍给其他适宜的心理咨询者或心理治疗机构。事实上，由于每位心理咨询者的文化水平、价值观念、个性的不同，接受的心理咨询训练程度不同，擅长的心理咨询内容不同，在实际咨询

过程中，遇到来访者要求咨询的内容与咨询者的知识技能不匹配，来访者的价值观与咨询者有明显分歧，来访者的个性与咨询者不协调，或来访者与咨询者有某种私人关系等情况时，最好的做法是把来访者介绍给自己认为能够成功胜任这一任务的心理咨询者或心理治疗机构，以便对其进行进一步的帮助或治疗。

（八）决定延期的原则

心理咨询期间，由于来访者情绪不稳定，原则上应规劝其不要轻易做出诸如退休、调换工作、退学、转学、离婚等重大决定。在咨询结束后，来访者的情绪得以安定、心境得以整理之后做出的决定，往往不容易后悔或反悔的概率较小，就此应在咨询开始时予以告知。

第二节 心理咨询的技巧与方法

一、心理咨询方法的选择

心理咨询方法选择不当会事倍功半，甚至无效，为此，慎重选择就显得很重要。总的原则：因人、因事、因时、因地而宜。

首先，不同的问题应选择不同的方法。例如，社交恐惧症可采用脱敏法；某些看起来缘由不明的心理问题可用心理分析法。其次，对于不同的阶段可采用不同的方法。例如，初次来访，常表现为情绪不稳、心理烦乱，此时重在提供心理支持帮助，情绪稳定后，可实施分析疗法、认知疗法，最后采用行为疗法以改善行为。再次，因为来访者的个性、性别、年龄、文化背景等会影响到对咨询方法的接受程度。应根据不同的来访者实施不同的方法。最后，咨询员本身的个性、价值观、专长和经验等也会影响咨询方法的选择。在现实中，多数咨询员更喜欢采用综合的、折中的方法，以咨询效果作为评价标准。

咨询效果的判断既可依据来访者自己的叙述，也可根据他人的观察和咨询员自己的判断来衡量，尤其是根据来访者的态度和行为来分析，此外还可用心理测量等手段。总之，一般应在综合分析的基础上做出全面评判。

科学认识心理咨询，在校园里咨询工作并非是帮助大学生解决现实的困难，而是通过咨询来促进来访者的自我成长，从而自己去解决问题，即“助人自助”，心理咨询的最高境界是授人以“渔”。

二、常见的心理咨询技巧与方法

心理咨询是一种科学、一种技术，且有一系列方法。针对不同的心理问题，灵活地运用不同的咨询方法，才能取得最好的咨询效果。

（一）支持疗法

支持疗法又称支持性心理疗法，是一种以“支持”为主的特殊心理治疗方法。它通过支持和鼓励，使面临困难而无所适从或情绪低落、消极抑郁者看到光明，恢复自信。通过细听倾诉，使患者内心痛苦、积怨、不满有机会宣泄，从而达到缓解心理压力的目的。通过咨询人员的指导，使因缺乏知识或受不正确观念影响而产生烦恼、忧虑者调整原有的认识观念，培养合理的适应方式。一般而言，支持疗法的治疗原则包含以下几个方面。

1. 提供适当的支持

当一个人受到挫折时。最需要的莫过于他人的安慰、同情与理解。支持疗法就在于给咨询对象提供心理上的支持，帮助咨询对象度过困境。咨询人员在充分了解咨询对象所面临的心理挫折的严重性、自身的性格及自我的成熟性的基础上，给咨询对象以适当的指导。

2. 调整对“挫折”的认识

患有心理障碍的人一般对挫折的承受力低，遇到稍有不顺心的事便产生焦虑、抑郁情绪。咨询人员要通过咨询，使他们认识到：挫折和不幸往往能锻炼人的意志，使人尽快地成熟起来。一个人在社会中生活，要敢于去面对困难，而对挑战，这才是积极的人生态度。

3. 善于利用各种“资源”

当一个人面临心理上的挫折时，往往把自己封闭起来、孤立起来，忘掉可用的资源，而不去充分利用，经常低估自己的潜力，忽略别人可以提供的帮助。心理医生应在这方面予以指导，助其渡过难关。

4. 进行适当方法指导

进行适当方法指导，是指与咨询对象一起分析、寻求应付困难或处理挫折的恰当的方式方法。例如，因考试成绩不好而一味地自责自己智力差、能力低，这是一种逃避责任的适应方式。咨询人员可以帮助咨询对象一道分析导致成绩不好的原因，是由于自己没有用心复习还是由于自己对专业学习没有兴趣呢？指导咨询对象面对成绩不好的现实，端正学习态度、刻苦努力、迎头赶上，才是积极的适应方式。

支持疗法是一种基本的心理疗法，不管施行何种模式心理治疗，支持疗法的原则都宜采用。

（二）心理分析法

心理分析法又名精神分析法，由弗洛伊德创立。精神分析理论认为，心理疾病患者的异常行为表现以及患者所意识到的内心体验仅仅是一种表面现象。其真正原因是患者潜意识中的矛盾冲突、被压抑的情感。心理分析法试图通过咨询双方的交流，把压抑在患者潜意识中的冲突诱发出来，使患者明了症状产生的原因和实质，从而使症状失去存在的意义而消失。通常情况下，心理分析治疗一般采取以下四种方式。

1. 自由联想

所谓自由联想，是指让患者在毫无拘束的情境下，尽情道出心中的一切秘密和一切事情。不管这些想法与主题是否有关、多么零乱、不合逻辑和羞于启口，只要想到就毫无顾忌地说出来。咨询人员从患者所述的词句、事件和想象中，分析其中与疾病有关系的因素，把压抑的动机召回到意识中来。

2. 梦的解析

在自由联想时，患者常会提到做梦的经验。对于精神分析疗法而言，患者所陈述的梦是一项重要的精神分析资料。弗洛伊德认为："梦乃是做梦者潜意识冲突欲望的象征。做梦的人为了避免被他人察觉，所以用象征性的方式以避免焦虑的产生。"也就是说，梦是现实欲望在潜意识中的满足。"日有所思，夜有所梦"就是这个道理。

在梦中所出现的几乎所有物体都有象征。梦是杂乱无章的，毫无理性的。梦的解析就是通过凝缩、置换、视像化和再修饰把原本杂乱无章的东西加工整合为合理的梦境。对梦的解析就是剥去显梦的层层伪装，找到隐梦的真正含义。一般来说，梦的解释是带有非常主观的色彩，所以很多人难以接受，但我们不能就此说梦的解析毫无道理。

传说从前有个秀才在赴京赶考的头一夜做了两个梦。一是梦见在墙头犁地种庄稼，二是梦见在屋里打伞。心想这肯定与此次赶考有关，但左思右想不得其解。其妹见秀才犯愁之状，问之详情后说："这有何难。墙头上种庄稼（中）不上，屋里打伞淋（轮）不着。"秀才闻此解释，更是沮丧，决定弃考。其母知道后说："你的小妹不知圆梦，纯粹胡扯。"应该是："墙上种庄稼（中）得高，屋里打伞漏不了。"秀才闻此言，方破涕为笑。可见，同样的梦境可以因释梦者对其象征意义的不同理解，其解释的结果会截然不同。

3. 阐释

所谓阐释是心理咨询人员根据患者在自由联想、对梦的陈述、移情以及抗拒等过程所得到的一切资料，耐心细致地向患者解释，帮助患者分析各种心理活动，释其疑、宽其心。就精神分析的目的而言，阐释的过程亦就是治疗，因为患者信服咨询人员的阐释，患者心理上的痛苦单凭阐释而不需药物即能解除。

4. 移情

移情即在分析治疗过程中，帮助患者把对亲人的感情移到咨询人员身上，取得患者的信任，从而解决其痛苦。咨询人员通过移情可以了解患者对其亲人或他们的情绪反应，引导他讲出痛苦的经历，揭示移情的意义，使移情成为治疗的推动力。

（三）行为疗法

行为疗法是基于现代行为科学的一种心理治疗方法。行为疗法理论认为，人的行为，不管是正常的或病态的、健康的或异常的，都是由学习获得的。因此，在治疗过程中，可利用条件反射原理，通过奖励或惩罚的强化、设计某些特殊的情境和专门疗程，使患者逐步消除和纠正其异常行为和生理功能，并通过新的学习训练形成正常的行为反应。因此，也有人将行为疗法称为条件反射疗法或学习疗法。

实施行为疗法，一般要经过这样几个阶段：一是了解患者异常行为产生的原因，确定治疗的目标——矫正患者的某种行为；二是向患者说明行为治疗的目的、方法和意义，帮助患者树立信心；三是采取专门的行为治疗技术，并辅之药物治疗；四是根据病情的进展情况，分别给予正强化（如表扬、鼓励、奖赏）和负强化（如批评、疼痛刺激、惩罚）；五是根据病情的转化情况，调整治疗方法以巩固疗效。

1. 条件操作法

条件操作法又称奖励强化法或代换券制度，即当患者出现所期望的心理行为时，马上给予奖励，以增强适应性行为。代换券指的是可以在某一范围内兑换物品的证券，它可以有许多形式，如小红旗、2 分票、购物券等。代换券制度通常用来奖励人们所希望的行为，使这种行为不断强化并逐渐巩固下来，从而帮助患者养成良好的行为习惯。

柯伦伯格曾运用条件操作法（代换券制度）矫正人们乱扔垃圾的不良行为习惯。干预者首先对公园里的游人扔垃圾的情况进行了 8 天的观察。在观察期间，游园者将垃圾扔进垃圾箱的次数一共是 723 人次，没有扔进垃圾箱的次数是 526 人次。然后用条件操作法（代换券制度）进行干预。干预时间也是 8 天。干预者在公园里的垃圾箱附近按程序的规定，对前来扔垃圾的人发给一张证券，持券者用本券可在公园的一个商店里提取汽水、糖果之类的东西，结果游人将垃圾全部扔进了垃圾箱。

此外还有自我调整法（全身松弛法）、模仿法（示范法）、扮演角色法等。行为治疗过程中，要注意进程适当，有及时的奖罚，培养来访者足够的行为动机等。更重要的是要明确患者问题的实质，设计一种切实可行的程度去改变某种不良行为。

2. 人本主义疗法

人本主义心理疗法不是某个学派的杰出领袖所创的，而是由一些具有相同观点的人实践得来的。其中有患者中心疗法、存在主义疗法等。在各派人本主义疗法中，以罗杰斯开创的咨客中心疗法影响最大，是人本主义疗法中的主要代表。

人本主义理论认为，人需要发展并运用他们所具有的天赋、潜能，以便自己发展并达到自我实现。在人的发展过程中，人的基本需要如果遭到挫折，得不到满足，他的自我意识就会发生扭曲，内在的潜能就不能发挥出来，从而会造成心理失衡，严重者还可能导致心理疾病。因此，人本主义疗法强调创造一种良好的环境，形成相互理解、相互信任、相互尊重的气氛，帮助患者进行自我探索，认识自身的价值，并朝着自我实现的目标发展。

咨客中心疗法的创始人罗杰斯认为：人的本质是好的，若在良好的环境下让他的潜能自由发展，将会是健康而富有建设性的。

首先，人的诚实与善良的特性是与生俱来的，而某些“恶”的特性则是由于防御的结果而并非出自本性。对人的本性的理解是咨客中心疗法的理论基础之一。

其次，罗杰斯相信人有自我实现的潜能。他认为人是理性的，能够自立且能对自己负责，有正确的人生取向，因此可以独立自主，进而迈向自我实现。罗杰斯认为自我实现是人类最基本的动机。人是积极主动地自我实现和自我指导的，咨客的自我实现的潜能在与咨询人员建立起良好的关系后，就能得到合理的释放和发挥，这是罗杰斯咨询理论的基本思想。

再次，咨客中心疗法十分重视人的自我概念。罗杰斯指出，人的自我概念，是了解心理异常产生的关键。每个人心中都有两个自我，即理想自我和实现自我。现实自我是别人眼中的自己，理想自我则是个体自以为“应当是”或者“必须是”的自我。对于大多数人来说，如果理想自我与现实自我不和谐，或理想自我过高而难以实现，就往往陷入痛苦，因而导致心理疾病。

咨客中心疗法可分为若干步骤。

第一步，咨客前来求助，这是治疗的前提条件，如果咨客不承认自己需要帮助，咨询和治疗是很难成功的。

第二步，咨询人员向咨客说明治疗方法。咨询人员要向咨客说明，咨询只是提供一个场所或一种氛围，不提供解决问题的答案。但咨询人员会帮助咨客解决问题或找到答案。

第三步，鼓励咨客情感的自由表现。咨询人员必须友善地、诚恳地、热情地接待对方，促使对方对自己情感体验做出自由表达。

第四步，咨询人员要能够接受、认识咨客的消极情感。咨询人员对咨客表述的内容必须做出反应。不论咨客所讲的内容是如何荒诞无绪或滑稽可笑，咨询人员都应能接受对方的态度并加以处理，努力创造一种气氛，使咨客对自己有更清楚的认识。

第五步，咨客积极情绪开始萌动。咨客充分表达出消极情感之后，积极情感开始出现。咨询人员应予以接受，但并不加以表扬或赞许，也不介入道德的评价。咨询人员的任务就是促使咨客自然达到领悟或认知的境地。

第六步，咨客开始接受真实的自我。由于咨询人员给予咨客充分尊重和理解，使咨客有机会重新考虑自己并达到接受真实的自我。咨客的这种心境，为其进一步在新的水平上达到心理调整奠定了良好的基础。

第七步，帮助咨客认清要采取的新的行为和新的决定。咨询人员要协助咨客澄清其可能做出的选择，帮助咨客增强信心和勇气。

第八步，疗效的产生。当咨客已能有所领悟，并开始进行一些积极的尝试时，治疗工作就转向帮助咨客发展其领悟，以求达到较深的层次，并请其扩展其领悟的范围。

第九步，咨客的全面成长。咨客不再惧怕选择，处于积极行动与成长的过程之中，并有较大的信心进行自我指导。此时，咨客的主动性增强，常常主动提出问题与咨询人员共同讨论。

第十步，治疗结束。咨客感到无须再寻求咨询人员的帮助，他自己就能做出正确的选择和判断，治疗关系就此结束。

罗杰斯的咨客中心疗法不太注重治疗技巧，只注重治疗关系。在这种关系下，咨询人员不是以专家、医生的身份出现，不是以咨询人员自己的理论去影响咨客，而是强调要在良好的环境里，让咨客自己的内心世界发生变化。所以，这是咨客中心疗法与其他心理疗法的最大不同之处。

3. 认知疗法

认知心理学认为人的心理行为受人的认知支配，某些人的心理问题主要是由于错误的认知导致的。咨询的关键是通过改变患者对人、对己或对事的看法与态度，来改变所呈现的心理问题。

认知疗法是针对心理分析疗法的缺陷而发展起来的。因为在心理分析治疗时，常看重于心理与行为的潜意识和情感，而这种潜意识和情感往往是咨询人员的主观分析和推测，不容易向患者解释，也不容易被患者接受，更不易作为治疗的着眼点来操作。认知疗法把着眼点放在认知上，不必管看不到、摸不着的潜意识，只要调整、构建患者的非功能性的认知即可，既具体、又明显，易取得患者的理解与协作。

认知疗法常用的治疗技术有以下两种。

一种是改变患者的现实评价。人在药物作用、疲劳、精神警觉的状态下可出现感知歪曲，从而影响现实评价，如“举杯邀明月，对影成三人”，“风声鹤唳，草木皆兵。”在异常认知方式的影响下，同样可以出现现实检验的错误。如偏执病人，把别人的一言一行都认为与自己有关；疑病症病人把躯体的任何不适都认为是严重疾病的象征；抑郁症病人总觉得事事不顺心等。正常人能够区分主观与客观、假设与现实，而抑郁症病人常常将二者混为一谈，把假设当成现实，把主观当做客观。如何使患者的认知达到二者的统一呢？首先，要让病人充分认识到自己认知的局限性；其次，要帮助患者去检讨他所持有的对己、对人以及对事的看法，从中发觉跟患者主诉的问题有密切关系的一些“看法”或“态度”，并协助患者去检讨这些看法或态度与一般现实的差距，指出其认知错误；最后，督促患者去练习更换这些看法或态度，重建功能性的、健康的看法与态度。

另一种是改变信条的技术。人们主要根据自己的价值观念来调节自己的生活方式、社会关系，解释外界事物，评价自我与他人。贝克称价值观念为信条，他认为，如果信条定得太绝对或使用不当，会导致焦虑、恐惧、绝望等症状。认知疗法就在于改变人们的信条，帮助人们建立合理的人生价值观，树立正确的自我意识，正确评价自己和他人，增强对失败的耐受力。

合理情绪疗法是常用的认知疗法之一，它是由心理学家艾利斯创立的。合理情绪疗法的基本理论主要是 ABC 理论，这一理论是建立在艾利斯对人的本性的理解基础上的。艾利斯认为人的情绪是伴随人们的思维而产生的，情绪上或心理上的困扰是由于不合逻辑的思维造成的。他举了这样一个例子：两个人一起在街上闲逛，迎面碰到他们的领导，但对方没有与他们打招呼。这两人中的一人对此事是这样想的“或许他正在思考什么问题，没有注意到我们”，另一人却认为“他没有与我打招呼，是不是他对我有意见，是不是意味着我这次提拔无望”了。两种不同的想法导致了两种不同的情绪反应，前者觉得无所谓，该干什么干什么，而后者则忧心如焚、情绪低落。从这一事例可以看出，人的情绪及行为反应与人对事物的认识有着直接的关系。

不合理的情绪反应在思维上有什么特点呢？韦斯勒经过研究，总结出不合理思维的几个特征。

第一，绝对化要求。是指人们思考问题往往从主观角度出发，不考虑客观事实，通常与“必须”“应该”这些字眼连在一起。比如“我必须获得成功”“生活应该是这样的”等。具有这种思维观念的人极易陷入情绪困扰中，他们认识不到客观事物的发生、发展是有其自身规律的，是不以人的意志为转移的。因此，当某些事物的发生与对事物的绝对化要求相悖时，他们往往接受不了，感到难以适应并陷入困扰。

第二，过分概括化。这是一种以偏概全、以点代面的思维方式的表现，过分概括化表现为对己和对他人两个方面。对己的不合理评价，往往因为自己某件事情的失败，就认为自己是“废物”“一无是处”，常常会导致自责、自卑、自弃的心理及抑郁心情的发生。对他人的不合理评价，往往表现为容不得他人犯半点错误，别人稍有差错就认为这个人“坏透了”，结果导致双方关系的紧张、彼此感情的冷漠。

第三，糟糕至极。持有这种心态的人认为某件事情做错了，就会大祸临头。这将导致个体陷入消极的情绪体验之中，如耻辱、自责、悲观、失望甚至厌世。糟糕至极常常是与人们对自己、对他人及对周围环境的绝对化要求相联系而出现的。一个人在生活中不可能事事顺心，当不顺心的事发生时，我们必须去面对现实，尽可能地去改变现实；在不可能做到时，则要学会在这种状况下生活下去。

合理情绪疗法认为，人们的情绪障碍或心理疾病是由人们的不合理思维方式造成的。因此，帮助患者以合理的思维方式代替不合理的思维方式，以合理的信念代替不合理的信念，显得尤为重要。合理情绪疗法就是通过改变人们的认知模式，来减少或消除患者的情绪障碍或心理疾病。

4. 森田疗法

森田疗法是由日本学者森田正马教授创立的，是一种具有独特哲学色彩和人生理论的认知行为疗法，它具有与精神分析疗法、行为疗法相提并论的地位。森田疗法的诞生与森田本人的经历及体验有关，同时也是他多年不懈地探索、研究、实践的结晶。这种方法主要适用于治疗“神经质”症状、植物神经失调等身心疾病。

首先，森田正马认为，“神经质”症状纯属主观问题，而非客观产物。疑病素质是神经衰弱、强迫观念症、焦虑症、恐惧症等神经症的发病基础。疑病素质表现为思想内向，对自己身心的活动状态及异常都很敏感，容易将正常的心理与生理现象视为异常，总是担心自己的身心健康。这种过分担心自身状况、过分关注自我，便会形成疑病素质。

其次，森田正马认为，精神交互作用促进了“神经质”症状的进一步发展。所谓精神交互作用，就是当身体出现某种感觉偶尔引起对它的集中注意，这种感觉就会变得敏感起来，而这一敏锐的感觉越来越吸引注意并进一步固定于它。感觉与注意的交互作用，使这种感觉变得更加强烈、更加敏感。例如，某人存在疑病因素，把某次胃痛当作异常现象加以特别关注，从而引起了这种感觉的强烈和不安，逐渐形成了抑郁症。

再次，患者的“思想矛盾”也是诱发“神经质”症状的主要因素。“思想矛盾”常常表现为“理应如此”的愿望和“事已如此”的现实之间的矛盾。由于疑病素质的人是“完美主义者”，他们往往在欲求与事实之间形成思想矛盾。这些矛盾加重了患者的心理负担，导致神经症的发生。

森田疗法的着眼点在于陶冶疑病素质，打破精神交互作用，消除思想矛盾。森田认为“顺其自然”是对症状最有效的态度，如果一味地对抗是徒劳的。正如人们从道理上认识到没有鬼，但夜间走过坟地时照样感到恐惧一样，单靠理智上的理解是不行的，只有在感情上实际体验到才能有所改变。患者只要在心理上放弃对症状的抗拒，就会切断精神交互作用，症状就会减轻以至消失。

森田认为“顺其自然”，就是老老实实地接受症状，真正认识到对它抵制、反抗或用任何手段回避、压制都是无济于事的。不要把症状当作自己身心的异物，要视若平常，对其不排斥和抵抗，带着症状从事正常的工作和学习活动。

“有，就让它有!”这就是“顺其自然”的态度。患者要承认现实，不必强求改变。如果见到人就恐惧，就让它恐惧好了；失眠者，不要强求入眠，越是强求越是睡不着；感到痛苦，就让它痛苦好了……不必过多地考虑情绪体验，该干什么就干什么，这样坚持下去，症状反而减轻了。森田本人就是最好的例证。他从小就体弱多病，患有明显的神经质症状，曾多方求医，也无济于事，疾病将他折磨得无可奈何，在万般无奈的情况下，他放弃了一切治疗，拼命地学习和工作。结果出乎意料，以前的病症却不知不觉地消失了，由此他悟出了森田疗法。

5. 催眠暗示疗法

催眠暗示疗法是指通过语言或药物等手段诱导，使患者进入催眠状态，然后，咨询人员借助言语暗示，以消除患者的病理心理和躯体障碍。

催眠暗示疗法是心理医生不断应用重复的、单调的言语或动作对患者的感官进行刺激，诱使其意志状态渐渐进入催眠状态。在催眠状态下，患者的认识判断能力减弱，防御机制降低，情感、意志和行为等心理活动可随心理医生的暗示转换。患者能重新回忆起已经遗忘的经历，畅述内心的秘密。此时，咨询人员的言语刺激、安慰、保证、疏导有不可抗拒的力量，从而获得积极的治疗效果，该方法尤其对心身障碍和神经症疗效较好。

催眠治疗是一项严肃的工作，与巫医、巫术是两码事，不可滥用，一般只有经过专门训练的心理医生和精神科医生在治病需要时，并在患者的自愿配合下才可使用。

暗示疗法产生的历史古老而悠久。麦斯默的催眠表演，引起了人们对其奥妙的探究。夏科、巴甫洛夫、弗洛伊德等对暗示现象都有许多精辟的论述。巴甫洛夫说过："暗示乃是人类最简单、最典型的条件反射。"美国著名心理学家威廉·詹姆斯（William James）于20世纪30年代撰写了《暗示心理学》一书。英国著名心理学家麦独孤对暗示疗法在临床的应用，堪称独步，声誉斐然。在第一次世界大战期间，英国前线战场上流行着一种因炸弹爆炸的震惊而患的心理恐惧症——弹症病，严重者四肢瘫痪，此病使英国当局大伤脑筋。这时，英国著名心理学家麦独孤来到前线，经过分析，他认为这是一种心病，于是他采取了暗示疗法。他用笔在下肢失去知觉的士兵膝盖以下部位画一圆圈，然后以一种无可争辩的口吻说："你的病明天就会好。"第二天，这个士兵下肢果然恢复了知觉。麦独孤用这种办法治好了前线士兵的"弹症病"。

暗示心理治疗可分为他人暗示疗法和自我暗示疗法。

他人暗示是由心理医生对患者施加的暗示。它主要通过心理医生在患者心目中的威望，借助语言或药物暗示患者，从而增加和改善人的心理状态，调节人的生理机能，达到治疗疾病的目的。例如，一位患者自诉头痛难忍，经多方检查未见病因，心理医生给他做了全面的检查，然后告诉他："我这里有一种药专治你这种病。"心理医生给他打了一针，保证三天以后康复。三天后患者果然头痛症状减轻了。其实，心理医生给他打的是葡萄糖水，真正治好病的是语言的暗示作用。

自我暗示是患者自己对自己施加的心理影响的过程。暗示对人的情绪乃至行为有奇妙的影响和调整作用，既可以用来松弛过分紧张的情绪，也可用来激励自己。例如：情绪激动时，通过自我默诵，如"冷静些""不能发火"来抑制自己的情绪；进考场后，暗示自己"不要紧张，我一定能考好"，来保持自己情绪的稳定。不少大学生的床头墙角贴有"镇定""三思而后行"等警句，正是针对自己的弱点，用书面语言提醒自己的办法。自我暗示的作用还具体体现在自我放松训练中。通过自我默想，使意识范围逐渐缩小，排除外界干扰，全身松弛，纠正情绪的失衡状态，使人从烦恼、愤恨、紧张等消极情绪状态中释放出来，达到内心的平静和安宁。

6. 娱乐疗法

娱乐疗法，是通过各种娱乐活动（如看电影、听音乐、下棋、玩牌、参加体育活动等），来陶冶性情、增加身心健康的一种心理治疗方法。娱乐疗法在心理治疗中有着不可忽视的作用。

娱乐疗法历史悠久，中西方都广为流行。我国古代医案中也有不少关于娱乐治疗的记载。例如，清代有一县令，终日愁眉不展、郁郁寡欢、食不知味、寝不安神，渐渐消瘦下去，多方求医却毫无结果。后来听说有一位名医，医道高明，便前往求治。老郎中问明了病情并号过脉象之后一本正经地对他说，你乃"月经不调"。县令听罢，啼笑皆非，遂拂袖而去。以后他逢人便讲这件怪事，每说一回便捧腹大笑一回。没想到过了不久，病竟痊愈了。此时县令才恍然大悟，上门拜谢郎中，郎中这才告诉他："你患的是郁结的心病，要治好你的心病，还有什么比笑更好的心'药'呢!"国外也有娱乐疗法的报道，如英国著名化学家法拉第，由于长期紧张的研究工作，患上了严重的失眠症。他不得不去求医，医生告诉他："一个小丑进城，胜过一打医生。"法拉第对此心领神会，从此经常去看马戏表演，健康状态很快得到改善，失眠也消失了。1999 年 1 月，丹麦、挪威、瑞典、冰岛四国 51 位医师在哥本哈根举行会议，专门讨论幽默对医疗保健的意义，认为幽默引发的大笑，使人的紧张情绪和肌肉放松，减少忧郁不安，同时还能促进血液循环，激发免疫机能，提高对疾病的抗御力。此外，在诊疗中运用幽默，还可减少或消除患者的某些恐惧，使其能更合作地接受诊疗。

实施娱乐疗法，必须注意几个问题。首先，必须本着自愿参加的原则。如果迫使患者参加并不感兴趣甚至厌恶的娱乐活动，只会适得其反，也就失去娱乐疗法本身的意义。其次，必须遵循自然的原则。娱乐本身是一种轻松、自然的活动，其疗效主要通过潜移默化的过程实现的。因此，不应用强硬的、教条的、做作的方式进行，而应使治疗和谐、自然地融合在娱乐之中。再次，要因人而异，由于患者有着不同的经历、个性特点和娱乐爱好，在组织其参加娱乐活动时，必须考虑这些因素，选择比较合适的娱乐方式。

第三节　行为治疗的理论与方法

一、行为疗法概述

行为疗法也叫作行为矫正法，它是生理和心理学家把实验室的研究成果用于矫正人的某些适应不良行为的方法。"行为疗法"（behavior therapy）一词最初是由美国的斯金纳（B. P. Skinner）等人于 1954 年提出的。1958 年艾森克（H. J. Eysenck）在南非医学杂志上发表论文时也用了"行为疗法"一词。20 世纪五六十年代，行为疗法才发展起来。行为疗法是基于现代行为科学的一种非常通用的心理治疗方法，是运用行为主义学派根据实验得出的学习原理治疗心理疾病和障碍的技术。行为疗法把治疗的着眼点放在可以观察的外在行为或可以具体描述的心理状态上。它的基本认识：异常行为与正常行为一样，都是通过学习获得的，人的行为习惯可以通过学习获得，同样也可以通过学习而改变或消失。

按照吉利兰德等（1989）的观点，行为方法的历史和实践可以划分为三种不同的成分：第一种成分是经典或应答条件反射，创始人是巴甫洛夫和霍尔。这种应答性条件反射在治疗中的运用就称为行为治疗，最初是通过华生等人对儿童的动物恐怖脱敏而发展起来的。根据这一原则建立的第一个系统的行为治疗模式是 20 世纪 40 年代末期由沃尔帕提出的，称为交互抑制的系统脱敏法。第二种成分是操作条件反射，它的理论基础是斯金纳的工作。在治疗中的应用称为行为矫正，斯金纳曾把它应用于个体治疗和集体治疗。尽管行为治疗与行为矫正在理论上有明显的区别，但它们在实践中却是紧密相连、难以明确区分的。第三种成分称为认知行为疗法，它代表了两种不同的治疗思想的融合。纯粹的行为技术在它登上心理治疗的舞台时曾希望能包治百病，但仅仅采用应答或操作条件反射技术却并不能解决所有的心理问题。而且，甚至沃尔帕的系统脱敏程序也不是纯粹的行为技术，它也要求患者通过思维过程去修饰引起焦虑的刺激。

在对行为异常的看法中，行为主义认为：适应行为是习得的，不适应行为也是习得的。同样，不适应的行为也可以通过相似的学习过程而被取代。根据这种观点，所有行为异常者中都没有任何病理性变化。行为治疗主要关心当前的行为问题，不像精神分析那样着重于分析潜意识的冲突，追溯致病根源，强调情感宣泄或启发领悟，而是强调通过学习提高患者的自我控制能力，通过控制情绪、行为以及内脏生理活动来矫正异常行为，治愈疾病。

行为疗法的理论来源有四个方面，即经典条件反射原理、操作性条件反射原理、社会学习理论和认知理论。由于认知理论主要与认知行为治疗有关，所以这里不讨论它。

二、行为疗法的理论

（一）经典条件反射原理

经典条件反射（classic conditioning）又叫作应答条件作用或巴甫洛夫条件作用。俄国著名生理学家巴甫洛夫（Z. P. Pavlov）在实验室研究狗的消化过程中，无意间发现了应答性的条件反射作用，即经典条件反射原理。他注意到狗不仅仅是在食物出现时流唾液，而且在与食物出现有关的其他刺激物单独出现时也流唾液。为了证实这一点，巴甫洛夫进一步实验，在给狗食物的同时又给狗一个节拍器的声音刺激，食物和节拍器声音结合几次之后，狗一听到节拍器的声音（未给食物）就会有唾液流出。他发现如果对无条件刺激物——食物的反应能通过无条件刺激物与中性刺激物（节拍器声音）的结合，使狗对中性刺激物也产生相同于对无条件刺激物的反应，就形成了条件反射。此时，中性刺激也可以称为条件刺激。进一步又发现，几乎任何的先天反应如眨眼等都可以与任何刺激如声音、颜色、口令等建立起一种条件反射。但若条件刺激多次出现，而没有无条件刺激的强化，这个条件反射也可以被消退。其基本过程如表 3－1 所示。

表 3－1　经典条件反射原理

反射阶段	反射条件和现象
第一阶段	UCS（食物）→UCR（流唾液）

续　表

反射阶段	反射条件和现象
第二阶段	UCS（食物）+CS（节拍器声音）→UCR（流唾液）
第三阶段	CS（节拍器声音）→UCR（流唾液）
第四阶段	CS（节拍器声音，一直没给食物）→CR（没有流唾液）

注：UCS——无条件刺激，UCR——无条件反射，CS——条件刺激，CR——条件反射。

条件反射是以无条件反射为基础而形成的。一个中性刺激通过与无条件刺激配对，最后能引起原来只有无条件刺激才能引起的反应，这就是初级条件反应的形成。在初级条件反射的基础上又可以引入一个新的中性刺激建立次级条件反射。由于人具有使用概念和语词的能力，可以用概念和语词替代任何具体的刺激物，所以人能够以语词建立极其复杂的条件反射系统。华生曾经认为，经典性条件反射是一切行为的基本单位，意思是一切行为都可以通过分析还原为一个（巴甫洛夫）条件反射。这一看法后来由于操作性条件作用和其他学习形式的发现被推翻了。但经典的条件学习的确是许多行为的获得途径，这一点是毋庸置疑的。遗憾的是，我们很难确认到底哪些种类的不良行为源于经典条件反射，因为许多行为既能通过经典的方式，也能通过操作的方式获得。一般而言，经典条件反射的概念有以下五点。

1. 强化

强化即伴随条件刺激的呈现给予无条件刺激。例如，在经典的条件反射实验即对小阿尔伯特的实验中，白鼠出现（条件刺激）的同时，给予一个强噪声（无条件刺激）。强化是形成条件反射的基本条件。

2. 泛化

泛化指对一个条件刺激形成的条件反应，可以由类似的刺激引起。反过来说，条件反应可以迁移到类似原条件刺激的刺激上。在对小阿尔伯特的实验中，小阿尔伯特对白鼠产生的恐惧反应，也可以由白猫、小兔、狗乃至一块棉花引起。俗话说“一朝被蛇咬，十年怕井绳”，也是泛化的表现。临床症状上许多恐怖症都有泛化情形，如一位妇女可能由一次外出偶然受惊而逐渐演变为害怕一切公共场所（广场恐怖症症状）。因此，泛化可能是许多症状得以维持和发展的原因。

3. 分化

分化是与泛化相对的过程。在泛化发生后，继续进行条件反射训练，但只对特定条件刺激予以强化，对类似刺激不予强化，会导致有机体抑制泛化反应，只对特定条件刺激发生反应，这就是分化。分化意味着有机体逐渐能够分辨刺激物之间的性质差异，分化的形成是选择性强化和消退的结果。

4. 消退

已形成的条件反射由于不再受到强化，反应强度趋于减弱乃至该反应不再出现的情形称作条件反射的消退。消退概念对临床应用有两个潜在的意义：其一，如果一个变态行为得以维持，在个体环境中一定存在使之得以维持的强化条件（因为如果不存在这种条件的话，该变态行为应该已经自行消退）；其二，可以改变环境变量，使之不再包含强化变态行为的条件，促使变态行为消退。但是，消退并非全面、永久性的遗忘。实验表明，如果对已消退的条件反射重新训练的话，所需训练次数要比原来建立该条件反射的次数要少。这一“节省”现象说明，原来的条件作用训练残留了某种永久性的后效，同时也使人想到消退很可能不是一种消极过程。换言之，对一个已发生消退的条件反应来说，原来的条件刺激（它本来是强化物即将出现的信号）现在变成了这样的信号——原来的强化物不会出现！这就导致了对原来反应的抑制。

5. 抗条件作用

如果对一个已形成的条件反应进行这样的操作：一方面撤除原来的强化物，如在白鼠出现后不伴以强噪声（这是前述消退训练的程序）；另一方面，设法使一个不能与原来的条件反应共存的反应与原来的条件刺激建立联系，如让小阿尔伯特吃他喜欢的食物（一种放松的积极的反应）。结果，原来的条件反应会更迅速地被消除（与单纯消退训练比较），这样一种操作程序称为“抗条件作用”（anti conditioning）。抗条件作用就是前面提到的沃尔帕所说的“交互抑制”，它是几种重要的治疗技术如厌恶疗法、系统脱敏训练的理论基础。

巴甫洛夫通过经典条件反射原理不仅揭示了生物正常行为产生的原因，而且也揭示了异常行为产生的原因。他通过条件反射原理将狗训练成每当看见椭圆形时就流唾液，然后把椭圆形逐渐变成圆形，当狗再也不能辨别椭圆形（该流唾液）和圆形（不该流唾液）时，也即狗无所适从时，竟会出现精神紊乱，狂吠、哀鸣并咬坏仪器等实验性的神经症的症状。其他实验研究也表明，伴有强烈的情感和情绪的许多过敏反应，如抑制不住的脾气爆发、内脏的反应等，都可以理解为是习得的条件反应。已有一些行为治疗家提出，对包括神经症和神经病在内的许多人类的适应不良行为都可以用这种方式来理解。

美国著名心理学家、行为主义理论创始人华生（J. B. Watson）在20世纪20年代做过一个实验：他在原来很喜欢小白兔的幼儿背后击锣发出声响，引起恐惧反应。反复数次后，在小白兔与巨响之间建立起条件反射。于是，当小白兔出现时，幼儿就表现出了恐惧、哭闹和不安。而且，儿童的这种恐惧情绪反应扩大到其他带毛动物。由此他认为，我们无论成为什么人，都是后天学习的结果。而且，人类习得的不良行为，也可以通过学习而消除。

（二）操作性条件反射原理

操作性条件反射原理是由美国新行为主义的主要代表人物斯金纳提出的，但有关这一原理的最早论证则是由桑代克在 1911 年做出的。桑代克把猫关在迷箱之中，它们可借助于拉线圈、推动杠杆、转动按钮而逃出来。关在迷箱之中的猫一开始挤、搔门，抓、咬放在迷箱里的东西。把爪子伸出来等，尝试进行多种方法以逃出迷箱。最后，它们偶然发现了打开迷箱的机关（如通过拉线圈打开迷箱的门）。以后，猫的错误行为渐渐减少，而成功的反应得以保存了下来。动物就是这样通过“尝试与错误以及偶然的成功”，学会了如何逃出迷箱。

桑代克由这些资料开始进行研究，后来提出了著名的效果律，即一种行为过程的发生次数受该行为的后果影响而改变。效果律所反映的是人或动物保持或消除先前反应与效果之间的关系。一种行为之后出现了好的效果，这种行为就趋向于保持下来；如果效果不好，则趋向去被消除。这也是斯金纳等人称为强化的一种关系。

斯金纳本人也做过许多实验研究。他研制出一种称为“斯金纳箱”的实验仪器。斯金纳箱是为动物学习实验的自动记录装置。他的一个实验是这样进行的：在斯金纳箱上有个小圆窗，当小窗有某种特殊的光出现时，鸽子去啄它就可使一粒食物送到食盘中。鸽子先是围箱乱转，胡乱地啄这啄那，最后碰巧啄到了有光的小窗，自动装置使食盘中出现了食物。这种对于适宜反应的奖励就是强化。以后，鸽子就更倾向于啄小窗而不去啄别的东西了。但当窗子是暗的时候，不管鸽子怎样啄，食物都不会出现。经过若干次尝试之后，鸽子进一步学会只在这个窗子有光时进行反应。

他的另一个实验是这样进行的：箱内有杠杆和与食物储存器相连接的食物盘。在箱内的白鼠按压杠杆，就有一粒食物丸滚入食物盘，便获得食物。一只饿鼠进入箱内，开始时有点胆怯，经过反复探索，迟早会做出按压杠杆的动作，一粒食物丸落入盘内，若干次后，就形成饿鼠按杆取得食物的条件反射，斯金纳称此为操作性条件反射。虽然许多与情绪反应相联系的行为和习惯可能是应答性条件作用的结果，但人们普遍认为，人类更大范围的行为类型是通过操作性条件反射过程获得的。

斯金纳通过操作性条件反射实验认为，人的大多数行为都是习得的，包括不良行为和心理疾病的症状。斯金纳曾举过一位母亲不知不觉地在孩子身上强化不良行为的实例。有时当母亲正在非常忙的时候，她可能对孩子温和的呼唤或心平气和的要求置之不理。这时，孩子只有提高嗓门，大声喊叫，随后，孩子只有用更大的声音才能引起母亲的反应。这种恶性循环，导致了孩子越来越响的语言行为。实际上，这位母亲的做法就在不知不觉中教会了孩子如何大喊大叫才能引起人的注意。此外，如强迫症、疑病症、癔症的许多异常的补偿症状，都是通过实际的或心理上的满足而获得强化的。

行为治疗家认为，症状就是适应不良的行为和习惯，他们不承认有神经症。正如艾森克所指出的．在症状之下不存在什么潜在的神经症，仅仅是症状本身而已，消除了症状也就消除了不良神经症。该观点认为，心理咨询或心理治疗也是通过强化来矫正不良行为的。1924 年，琼斯（M. E. Jones）对患有动物恐惧症的三岁小孩进行治疗，把他惧怕的动物放在他面前，同时给他喂食，每天一次，两个月后，小孩的恐惧症状消失。说明饥饿时得到食物这个强化物，可使他克服原来学习得来的恐怖行为。

操作性条件反射（operant conditioning）又叫工具性条件反射（instrumental conditioning）。它的关键之处是有机体（动物或人）做出一个特定的行为反应，这个行为反应导致环境发生某种变化，即发生了一个由有机体引起的事件。这个事件对有机体可能是积极的，有适应价值；也可能是消极的，有非适应价值。不管是哪一种，这个事件都会对有机体继后的反应有影响。如果事件具有积极价值的话，有机体会更倾向于做出同样的行为；如果具有消极价值的话，则会抑制该行为。这自然是一种学习，通过这种过程，有机体"知道"了行为与后效的关系，并能根据行为后效来调节行为。

虽然并非如斯金纳设想的那样，一切行为都可以通过操作性条件反射来解释，但的确有无数的行为和经验是通过操作性条件反射获得的。例如，被火烧过一次的儿童再也不会去捉那美丽的蜡烛火苗，饿了却会放声大哭，因为哭叫每次都能带来乳汁；假如生病能带来那么多的关照、安慰并能逃避烦恼的话，你不应该奇怪人们为什么会"泡病号"；既然金钱能买到几乎一切"好东西"，那么千千万万的人为了钞票奔走钻营乃是天下最容易理解的道理了。

既然人们的行为是由行为的后效来塑造的，那么，有意识地设置一些环境条件，使特定的行为产生特定的后效，就可以人为地控制、塑造行为。操作性条件反射的治疗原理就在于此。

操作性条件反射的一些重要概念有强化、惩罚、消退、强化程序等。我们会发现，它们与经典条件反射的概念有一些共同之处，但也有明显区别。

1. 强化

强化是操作性条件反射的核心概念。强化分为正强化和负强化两种。正强化指的是，当个体做出一个行为后，给予一个积极强化物。正强化会增加个体做出该行为的频率。例如，在咨询会谈中，来访者进行自我揭示，咨询者给予点头、微笑等支持反应，来访者会倾向于进一步的自我揭示。负强化指的是，当个体做出一个行为后，出现一个消极强化物撤去的事件，这也会增加该行为的出现频率。例如，当一只不断受到电击（消极强化物）的老鼠偶然碰到一个杠杆时，电击停止，老鼠以后在遇到类似情景时会增加压杠杆的反应。这两种强化的原理不难理解，困难在于如何确定一个强化物的性质，如何判断强化物是积极的还是消极的。有时候，对强化物是积极的还是消极的容易分辨，如那些与有机体的生存直接相关的事物或事件（食物、电击）；但有时候，对强化物的分辨就很困难，如我们很难说被人爱总是一种积极强化物，被一个自己不爱的人爱可能是一件令人相当痛苦的事，所以在治疗中，针对一个对象选定一件合适的强化物是一项需要非常小心、仔细，甚至有时需要一定的想象力的工作。

2. 惩罚

惩罚是和强化相反的概念，它涉及的是行为的消极机制。和强化一样，惩罚也分正性惩罚和负性惩罚。正性惩罚是指，当个体做出一个行为后，出现惩罚物。这以后个体会减少做出该行为的频率。例如，当一个攻击同伴的孩子打人之后，爸爸打他的屁股，这个孩子的打人行为会减少。负性惩罚则是指，当个体做出一个特定行为之后，他所向往的东西就不出现，这也会减少做出该行为的频率。例如，工厂规定迟到三分钟扣除一个月的奖金，就是利用负性惩罚。

3. 消退

操作性条件反射的消退概念与经典条件反射的消退概念很接近。它指的是：在一特定的情形下，如果某人做出以前被强化过的反应，而现在这个反应没有得到通常的强化，那么此人下次遇到类似情形时，就较少可能再做同样的事。换言之，如果通过积极强化使一种反应的出现频率下降，要使这一反应完全消退，就需要进行多次消退训练。如果反应在消退期间不时受到偶然强化，则不仅不会出现消退，反而会使该反应更加牢固。因为这种情况已成为一种特殊的强化程序了。

4. 强化程序

由于消退现象的存在，要使一个行为保持下去，就必须不断进行强化。但如果每次反应后均须予以强化，不仅实际上难以做到，而且这也不一定是最有效的强化办法。强化程序揭示了不同的强化安排的后效，它为强化方式提供了依据。

斯金纳研究了四种强化程序的效果，即固定比率强化程序、变动比率强化程序、固定时距强化程序和变动时距强化程序。

（1）固定比率强化程序

预先确定目标行为的出现次数，当足额次数的行为出现后即给予一次强化。这就是固定比率强化程序。例如，每当鸽子啄十次给一个食物球；计件工资制也是这种强化的例子。

（2）变动比率强化程序

依照一个概率（譬如0.1）给予强化，但强化的次数间隔呈现随机安排。在这种情况下，被试者平均每10次反应受到一次强化，但强化并不是在10次反应后一定出现。这种强化的典型例子是赌博，赌徒们即使一直在输钱，却被“下一次没准会赢”的念头驱使着不愿离开赌桌。研究表明，变动比率强化的行为比每次均强化的行为和固定比率强化的行为更难消退。

（3）固定时距强化程序

不管被试者做出多少次反应，均在一个固定时间后给予依次强化。例如，不管动物作了多少次按压杠杆的反应，均在一分钟后出现一次食物；按月发工资也是这种强化的例子。这种强化的一个后果是被试者在一次强化后反应频率急剧下降，直到下一次强化快出现时反应又迅速上升。

(4）变动时距强化程序

与变动比率强化类似，是按照一个有平均时距但每次时距随机变化的程序进行强化。

一般来说，按反应比率强化的行为出现频率高于按时距强化的行为；而变比率变时距的强化效果又优于定比率定时距的强化效果。但如果是形成一个新的反应，则100%的强化（每次正确反应均给予强化）效率最高。所以，理想的做法：在条件反应形成期采用100%强化（又叫连续强化），在维持期采用断续强化，尤其是变比率变时距强化。

在利用操作原理制定行为矫正方案时，常会结合使用不同的控制手段和强化程序。例如，在消除一个不适应的行为（采用消退或惩罚）的同时强化一个新的适应性行为（采用强化）。在塑造一个新行为时采用连续强化，随后改用断续强化以维持这一行为。多种手段和多种方式可以组合成各种不同的矫正方案。

三、行为治疗的方法

行为疗法体系的治疗技术有数十种，在这里，我们只重点讨论放松训练法、系统脱敏疗法、满灌疗法、厌恶疗法、强化疗法和自我管理法。

（一）放松训练法

放松训练是作为焦虑症的颉颃反应应用于治疗的，特别对消除青少年考试焦虑有特殊的作用。它可帮助克服焦虑、消除疲劳、稳定情绪和振奋精神。这与我国的太极拳、站桩功和坐禅等很相似，不仅有助于全身肌肉放松，造成自我抑制状态，促进血液循环，平稳呼吸，增强个体应付紧张事件的能力，而且在方法上简便易行，经过简单学习便可自行操作，是青少年减轻和消除考试焦虑的好方法。放松训练的方法较多，目前常使用的是1938年由德国心理学者雅可布森（Jacobson）首创的渐进性松弛法。此法可使被试者学会交替收缩或放松自己的骨骼肌群，同时能体验到自身肌肉的紧张和松弛的程度以及有意识地去感受四肢和躯体的松紧、轻重和冷暖的程度，从而取得放松的效果。后经沃尔帕推广使用，现在放松训练已成为行为疗法中最广泛使用的技术之一。它既可单独使用以克服一般的身心紧张和焦虑，又可合并到其他技术如系统脱敏、情绪想象中使用，以治疗有焦虑症状的障碍。我国的气功、印度的瑜伽和日本的坐禅等都能起到类似的作用。一般认为，不论何种放松训练技术都必须包含四种条件：安静的环境；舒适的姿势；心情平静，肌肉放松；精神内守（一般通过重复默念一种声音，一个词或一个短句来实现）。

（二）系统脱敏疗法

所谓系统脱敏就是一步一步逐渐地消除神经症状的反应。当患者面对一种较弱的引起焦虑的刺激时，就让患者产生一种在生理上抑制焦虑的放松状态。当较弱的刺激能够忍受以后，再逐渐增加刺激的强度，到最强的刺激也不能引发焦虑为止。

系统脱敏疗法是20世纪40年代末期由精神病学家约瑟夫·沃尔帕（Joseph Wolpe）创立的。沃尔帕认为，人和动物的肌肉放松状态与焦虑情绪状态，是一种对抗过程，一种状态的出现必然会对另一种状态起抑制作用。沃尔帕曾在南非工作，后来在美国费城的坦普尔大学继续他的实验和研究。他的著作《相互抑制的心理疗法》于1958年出版，该书被认为是阐述系统脱敏疗法的经典性著作。沃尔帕在书中介绍了他运用系统脱敏疗法治疗神经症的临床经验，特别是治疗恐惧症的经验。1961年，沃尔帕报告用系统脱敏疗法治疗39例恐怖症来访者，其中35例有效。之后的20多年里，曾有500例以上的事例证明此法对恐惧症的治疗作用。这种方法也适用于其他以焦虑症为主导的症状。

系统脱敏疗法的治疗原理是抗条件反射（交互抑制）。恐惧症是在个人经验中由于某种外部刺激而引起的情绪紧张。这种刺激与紧张形成了条件反射，因而来访者一想到这种刺激情境就产生了紧张感，为此焦虑不已。消极的办法是来访者回避感到恐惧的对象，这一做法只能加剧对恐惧对象的紧张感；积极的办法是接触恐惧对象，进而消除对恐惧对象的紧张感。沃尔帕对系统脱敏疗法进行了如下的说明：当引起焦虑的刺激存在时，造成一个与焦虑不相容的反应，则能引起焦虑的全部或部分抑制，从而削弱刺激与焦虑之间的联系。也就是说，用放松的方法来减弱来访者对引起焦虑刺激的敏感性，鼓励来访者逐渐接近他所恐惧的事物，直到消除对该刺激物的恐惧感为止。系统脱敏的基本原则是交互抑制，即在引发焦虑的刺激物出现的同时让来访者做出抑制焦虑的反应，这种反应可以削弱，直至最终切断刺激物与焦虑的条件联系。

系统脱敏疗法的具体方法如下。

①深度的肌肉放松训练，要求患者在不良行为反应（焦虑、恐惧）出现时，能适时地运用放松训练进行对抗。

②建立焦虑或恐怖的等级层次，对引起患者不良行为反应（如焦虑、恐惧）的情景刺激作详细的等级划分，并由弱到强按次序排列成表备用。这是进行系统脱敏疗法的依据和主攻方向。

以下是一位蜘蛛恐怖症患者不同的焦虑情景：

情景1——看打印的“蜘蛛”字样的卡片。

情景2——看一幅静止的蜘蛛图画。

情景3——看移动的蜘蛛画面。

情景4——观看园子里距自己5米远的静态蜘蛛。

情景5——观看2米远蜘蛛的运动。

情景6——近看蜘蛛结网。

情景7——让小蜘蛛在戴手套的手上爬行。

情景8——让蜘蛛在裸手上爬行。

情景9——让大蜘蛛在裸手上爬行。

情景 10——拿起大蜘蛛并让它向手臂上爬行。

以上种种情景刺激显然以情景 1 引起病人焦虑程度为最轻微，情景 10 为最严重。通常，要求病人配合将这一等级表设计得尽可能准确和详细一些。

③要求患者在放松的情况下，按某一恐怖或焦虑的等级层次进行脱敏治疗。患者先接触情景 1，令其一边看打印的“蜘蛛”字样的卡片一边进行想象的放松训练，以对抗焦虑。当患者经过反复训练已经不再出现焦虑，或者焦虑程度大大降低时，可进行下一等级的训练，接触情景 2 做同样的放松训练。如此循序渐进。如果在某一等级时焦虑过于强烈，可以退回前一等级重新训练。如果患者顺利通过了所有情景，治疗即告完成。

用系统脱敏疗法除可用实际接触情景外，也可使用图片、幻灯或进行情景想象。

用系统脱敏疗法进行治疗时要掌握以下几点：帮助来访者树立治疗的信心，要求来访者积极配合、坚持治疗；在引起焦虑的刺激出现或存在时，要求来访者不出现回避的行为或意向，这一环节对治疗起关键作用；每次治疗后，要与来访者进行讨论，对正确的行为加以赞扬，以强化来访者的适应性行为。

（三）满灌疗法

满灌疗法又称暴露疗法、冲击疗法和快速脱敏疗法。它是鼓励患者直接接触引起焦虑恐怖的情景，并坚持到紧张感觉消失的一种快速行为疗法。这是一种主要用于治疗恐怖症的行为治疗技术。其治疗原则是让患者较长时间地想象恐怖的观念或置身于严重恐怖的环境，从而达到消退恐惧的目的。1967 年斯坦夫尔和列维斯首先报告一种使患者逐步暴露于恐怖情景来治疗恐怖症的行为疗法，这便是最早使用的暴露疗法，但当时称为爆破疗法。此法与系统脱敏疗法有某些共同之处，如都需要让患者接触恐怖的对象（事物或情景）。但它们之间又有不同之处：在系统脱敏疗法实施过程中，恐怖情景出现时无须采用松弛或其他对抗恐怖的措施；满灌疗法则需要让患者暴露于恐怖情景中的时间较长，如治疗严重的广场恐怖并伴有严重焦虑的患者，每次治疗时间约需 2 小时或更长。系统脱敏疗法一般仅能对较轻的恐怖症有效；而满灌疗法则对较严重的恐怖症患者疗效显著。此外，满灌疗法不仅可用于个别治疗，还可用于集体治疗。例如，对于广场恐怖症，可同时对5～6名患者进行治疗，即同时暴露于恐怖情景中，其疗效与个别应用时相同。

满灌疗法的一般原理：由于恐怖是经过经典和条件作用而学习得来的，因而恐怖行为是一种条件反应。某一事物或情景在一个人身上所引起的恐惧体验，会激发他产生逃避行为，而不管此事物或情景是否真的构成了对他的威胁。这种逃避行为会影响恐惧体验的强弱，从而起着负强化的作用。由此，与其逃避，不如让患者面对。一旦患者毅然正视恐惧，恐惧就会减轻。

满灌疗法的治疗步骤如下。

第一，确立主要治疗目标。要认真找出引起患者恐怖焦虑的事物、人物或场景，以便安排系统的主攻方向。

第二，向患者讲明治疗的意义、目的、方法和注意事项，要求高度配合，树立坚强的信心和决心。尤其要求患者暴露在恐怖情景中不能有丝毫回避意向和行为，且最好取得家属配合。

第三，治疗期间应布置“家庭作业”，不断训练，巩固治疗效果。

第四，咨询者可采用示范法，必要时随患者共同进行治疗训练，鼓励患者建立自信，大胆暴露，促进治疗。

第五，学会肌肉放松训练等方法，在充分做好思想准备的情况下进行满灌治疗。

使用满灌疗法时应注意以下几点。

首先，要向患者说明满灌疗法带来的焦虑是无害的。只有患者体验到严重紧张，面对害怕，并且忍耐1小时以上，恐惧焦虑情绪才会逐渐消失。经过一系列先易后难渐进式的满灌暴露作业后，就会起到控制病情的作用。其次，不允许有回避行为；否则会加重恐怖，导致治疗失败。最后，使用此法，必须对患者的身心状况有深入的了解；否则不仅会影响疗效，而且有可能发生意外。

（四）厌恶疗法

厌恶疗法是一种帮助人们（包括患者）将所要戒除的靶行为（或症状）同某种使人厌恶的或惩罚性的刺激结合起来，通过厌恶性条件作用，从而达到戒除或减少靶行为出现的目的的疗法。这一疗法也是行为治疗中最早和最广泛地被应用的方法之一在临床上多用于戒除吸烟、吸毒、酗酒、各种性行为异常和某些适应不良性行为，也可以用于治疗某些强迫症。但是，厌恶疗法是一种有效但要慎用的技术，一般不主张用于学校儿童这类人群，而是在专门的治疗机构由熟练的专家使用。而且，要求在其他干预措施无效且患者愿意的情况下选用这一疗法。因为使用厌恶刺激有一定危险性和副作用。

厌恶疗法的一般原理：利用回避学习的原理，把令人厌恶的刺激，如电击、催吐、语言责备和想象等，与患者的不良行为相结合，形成一种新的条件反射，以对抗原有的不良行为，进而消除这种不良行为。

厌恶疗法使用于治疗酒瘾、烟瘾、药瘾、性变态、强迫观念、儿童不良习惯和行为矫治等。通过对患者的对抗性条件训练，使其形成一种新的条件行为，以此消除患者的不良行为。一般而言，厌恶疗法的形式有以下三种。

第一，电击等致痛厌恶疗法。使用电击对患者实施厌恶刺激的技术。十分简单方便，也易于控制产生厌恶反应的时间和程度。对患者施加的电击强度要能引起足够的疼痛，但应该是患者能够忍受的。根据患者的治疗进展情况，要随时调节电击强度。既可在治疗室由治疗者实施电击厌恶刺激，也可在家中由患者自己实施电击厌恶刺激。

第二，药物厌恶疗法。恶心、呕吐会使人感到难受和痛苦。把使用呕吐的药物与患者的不良行为联系起来，当患者欲出现或正出现不良行为时服用呕吐的药物，使其产生难受和痛苦的感觉，从厌恶呕吐转变为克服自己的不良行为。例如，使用催吐剂作为厌恶刺激治疗酗酒有较显著的效果。

第三，想象厌恶疗法。由咨询者口头描述某些厌恶情境（或反应）与患者想象中的刺激联系在一起。使患者意识到，如果出现不良行为，那么与之相随的就可能出现自己不情愿出现的问题或难以接受的后果。患者在想象中建立一种对不良行为的厌恶刺激。

厌恶疗法的原理也是抗条件作用。即设法使一个要消除的行为（这一行为受到某种愉快反应的强化）与一种厌恶反应建立联系，从而使行为人放弃或回避问题行为。譬如以戒烟为例，一种用厌恶疗法原理戒烟的程序是，让戒烟者一支接一支地快速吸烟直到恶心，这样香烟的味道最终就与恶心反应建立联系。这一程序称作快速吸烟治疗法，单独使用时只有短期疗效，但如果结合其他行为治疗计划使用则效果较好。引起厌恶反应的刺激通常有电击、化学药物等。另一种程序是不使用显现的物理化学刺激，而运用想象厌恶刺激来代替，这种方法叫“内隐敏感训练。”

另外，使用厌恶疗法时应注意以下两点。

①疗法会给患者带来非常不愉快的体验，咨询者在决定采用此法以前，务必向患者解释清楚，在征得患者的同意后，方可进行治疗。

②在使用厌恶疗法的同时，应努力帮助患者建立辨别性条件反应。

（五）强化疗法

强化疗法又称操作条件反射疗法，它是指系统地应用强化手段去增进某些适应性行为，以减弱或消除某些不适应行为的心理治疗方法。这种方法是建立在操作学习理论的基础之上的。

1. 行为塑造技术

行为塑造是通过强化手段，塑造人的行为，使之逐步接近某种适应性行为模式的强化治疗技术。在行为塑造过程中，多采用正强化的手段，即一旦所需的行为出现，就立即给予强化。这是行为疗法中最常用的技术之一。

2. 渐隐技术

渐隐技术就是通过利用线索改变非适应性行为，建立新的适应性行为的方法。渐隐技术先利用明显线索，帮助形成正确的反应，然后逐渐消退这些线索，使它们达到与自然环境相同的水平，再让行为者利用这些自然线索，做出正确的反应。例如，一个初学钢琴的人在琴键上写上 1，2，3，4，…阿拉伯数字，以帮助他击键正确。在练习过程中，由于手指不断敲击琴键，键上的数字便会慢慢褪去。尽管线索已隐去，但由于学习者已在练习中熟悉了琴键的位置，数字也就不再需要了，即线索隐去了，但行为却仍保留着。

3. 提示技术

提示技术也是一种通过利用线索改变非适应性行为，建立新的适应性行为的方法。它是用提示的方法将来访者的注意导向那些将要被学习的任务及其要求上，以利于学习。如母亲在塑造孩子穿衣服的行为时，张开衣服，等待孩子，让孩子转身，把胳膊伸入袖子，这种辅助就是一种提示。如果母亲希望孩子今天穿上某件特定的衣服，也可以采取这种提示，她这样做，要比口头说“我把你的衣服放到床边上了，你把它穿上。”会更可能达到目的。

4. 正、负强化技术

（1）正强化技术

正强化技术又称阳性强化法，它是一种采用奖励的办法，训练和建立某种良好行为的治疗技术。具有奖赏效用的强化物称之为正强化物，如食物、金钱、性活动、地位、赞扬和同情等。在行为的形成上，正强化技术的效用是非常明显的。例如，当一个孩子想得到他希望得到的东西时，便又哭又叫。这是因为在他过去的经历中，哭叫使他得到了他想得到的东西。如果做母亲的试图改变这种习惯，便可对孩子说：“如果你又哭又叫，你决不会得到这东西；如果你想得到它，就请安安静静地说‘请把这个东西给我’，好吗?”如果这种新的行为受到赞赏，就增加了在以后的情景中，孩子表现出这种新行为的可能性；对新的行为给予持久的赞赏，而不再纵容旧行为，那么孩子的新行为就会取代旧行为。

（2）负强化技术

负强化技术是一种通过取消厌恶刺激，以增强来访者进行某种行为的可能性的行为治疗技术。负强化技术主要用于增加适应性回避行为，如学会戒烟，即由咨询者在一定时间内给来访者不间断地抽烟，一直抽到口干舌燥，来访者对其产生厌恶，只要规定时间未到，照给照抽不误，不得中断。最后，嗜烟者会主动提出少抽直至不抽。

5. 消退技术

消退技术是指停止对某种行为的强化，从而使该行为逐渐消失的一种行为治疗技术。消退疗法的理论假设是：任何行为的产生都是强化的结果，强化能产生一种新的行为反应，不强化就会消退一种已经产生了的旧行为。而注意就是一种强化，许多不良行为是由于受到了注意而加强的。因此，要消除该行为，只要在该行为出现时不再给予注意，就能使之渐趋削弱以致消失。例如，小孩借哭闹的方式引起大人注意，若大人对此不予理会，孩子哭得没意思了，即会停止此行为。

（六）自我管理

自我管理（self management）体现了行为疗法一种倾向上的转变。传统疗法是咨询者唱主角，当事人是被动的、依赖的。而在自我管理这一治疗模式里，当事人在行为改变的各个环节扮演积极、主动的角色，他自己对改变负责任。这是一种当事人参与治疗的模式。实践表明，自我管理治疗有一些优点。这些优点包括：①它提高了当事人的行为动机水平；②直接在生活情景中改变行为；③对一些不易在治疗室里观察和处理的行为进行矫正，尤其是一些在每天生活中都要出现多次的行为。例如，贪吃零食、乱扔东西、秽语习惯等，用自我管理方法可能最为有效。

我们每个人每天都要多次进行行为的自我管理和自我控制，遗憾的是，我们的自我控制经常无效。我们老在对自己说："我不应该抽烟""我不应该嗜酒""我应该把自学时间延长一小时"，但往往仍抽烟不止，贪杯如常，把应该延长的那一小时用在无所事事上，然后再使劲责骂自己是一个不长进、意志薄弱的人。从行为主义观点看，把这些行为欠缺归罪为意志薄弱，不解决任何问题，因为从来没有人告诉我们如何使意志坚强起来。行为主义认为自我控制无效的真正原因在于行为的即时后效与延迟后效之间的矛盾。

马丁和皮尔指出了这一矛盾的四种情况：①轻微的即时强化与严重的延迟惩罚相对立。抽烟的即时后效是享受感，延迟后效是呼吸系统的不适，甚至有肺癌的危险。虽然延迟后果比即时后果的分量重得多，但即时后果对行为的影响要比延迟后果强烈。②轻微的即时强化与更重的延迟强化相对立。一个人可以挣一个钱花一个钱，享受每一次小小的强化；也可以把钱攒起来，买房子和买汽车，享受更有价值然而却是数年之后的强化。对于常有进项然而存折上数目不见增加的人来说，多半是轻微的即时享受战胜了长远的高级享受。③即时惩罚与延迟强化相对立。每天延长一小时学习时间可能是难受的（枯燥感、疲劳感），然而优秀的成绩却可能导致将来的好处（更好的工作，更高的薪水）。④轻微的即时惩罚与更严厉的延迟惩罚相对立。这常是人们推延当做之事的原因。你畏惧疼痛而不去治虫牙，虽然拖延下去后果更严重——可能要拔掉这颗牙，然而还是即时后果占了上风。从这四种情况来看，人们自我控制失败乃是由于追求长远目标的意愿不敌直接后果对行为的影响，行为的自我管理的关键就在于改变这种情况。

威廉斯和洛恩（Williams & Long，1979）提出了一个自我管理行为模型，如表 3－3 所示。该模型是众多自我管理模型之一，它把自我管理技术分成五个操作步骤，即选择目标、监测靶行为、改变环境因素、获取有效结果和巩固收获。

表 3－3　自我管理行为模型

步骤 1：选择目标 A. 一次确定一个靶结果目标。* B. 目标应该： ①重要； ②可测量； ③能够达到； ④积极 C. 靶结果目标的陈述应该包括： ①所希望的表现（或消失）水平； ②预定达到目标的日期

续　表

步骤2：监测靶行为
A. 选择适当的靶过程目标。* B. 在实施行为改变策略前先对靶行为进行基线评估。* C. 开始记录与过程日标有关的行为数据。 ①行为发生后即时记录； ②使用纸笔、腕计数器、跑表等工具记录行为； ③记录行为的频数、持续时间或行为产品数
步骤3：改变环境因素 继续记录靶行为。 A. 一开始要避免肯定会产生不希望的行为的情境。 B. 改造情境。以便： ①使你易于觉察自己正在做什么； ②限制会诱发“坏”行为的刺激； ③使所希望的行为易于出现； ④确定与失调行为不相容的那些替代行为
步骤4：获取有效结果 继续记录靶行为；继续维持环境的改变。 A. 区分行为结果，确定它是具有强化性质还是惩罚性质。 B. 组织强化匹配，* 以使： ①适宜行为及时得到强化； ②容易取得强化标准； ③其他人会支持达到行为目标； ④对通往过程目标的行为制定一个渐进的强化时间表； ⑤强化物既包括外部强化物也包括内部强化物； ⑥强化物有足够的价值或力量使之有效； ⑦按一个程序计划进行强化，以产生最大的激励作用——短期、中期和长期的； ⑧坚持用图表形式精确地、系统地记录行为； ⑨可以以书面形式制订一项行为合同 C. 如强化匹配不能产生希望的行为变化，可使用厌恶性的后果改变行为。 ①承诺并写下该承诺：当不按规定行事时处罚自己（或许与一位支持者签订合同，同意放弃某样对自己已有实际价值的东西）； ②用物理手段诱发痛苦； ③刺激餍妖法。*

续 表

步骤5：巩固收获
继续记录靶行为，继续维持环境因素的改变，维持自然结果。 A. 评价。 建立一个有效的评估—反馈系统，以保证可以对自我管理进行调整重新定义：或改变方向，以达到和维持靶结果目标。 B. 维持自然结果。 ①逐步撤销自我记录活动； ②在自然环境中保持最多的改变； ③维持自然的强化匹配； ④逐步撤销人工强化匹配； ⑤谋求社会支持； ⑥应用自我管理方法于其他方面

资料来源：Gilliland，B. E.，R. K.，Roberts，G. T.，& Bowman，J. T.（1984）. Theories and strategies in counseling and psychotherapy（pp. 162—163）. Englewood Cliffs. NJ：Prentice－Hall.

术语解释（表中有“＊”号者）：①靶结果目标，即对一项行为计划的目标的陈述，要确切指明计划的结果。②靶过程目标，即对计划实施过程中所需要反应（这些反映有助于靶结果目标的实现）的陈述。例如，每天减少若干千卡热量摄入对减肥这一靶结果目标而言即是一个过程目标。③基线评估，即干预措施实施前对行为现状的评估。④强化匹配，即指定和管制强化物或惩罚物，使之与行为反应产生所需要的联系。⑤刺激厌恶疗法，即持续重复一种强化活动直到该活动不再产生强化作用或产生厌恶感。例如，一支接一支抽烟直到看到香烟或闻到烟味就感到厌恶。

按照上述步骤，当事人在咨询师的协助下制订一个详细的行为计划。自我管理的成败关键在于管理计划能否坚持不懈地实施。既然行为者以前经常屈服于行为的即时失效而损害长远利益，很难保证在执行计划过程中不出现类似情况。为了克服这个困难，自我管理常结合运用“行为合同”策略。行为合同策略要求当事人与一位或几位支持者签订一项合同，合同中明确载明各方的义务和责任、执行方式等。例如，当事人应该做什么，完成情况的衡量标准，其他人应该做什么，奖励和惩罚的手段、方式和管理办法。

第四章　大学生心理问题的自我缓解与预防

第一节　大学生常见心理矛盾

一、大学生心理矛盾与冲突

（一）理想与现实的矛盾

大学生朝气蓬勃，富于理想，对自己的未来有较高的期望。但是现实的学习和生活环境可能并不如他们想象的那样，因此他们的期望常常受到主客观条件的制约而一时难以实现。当理想不能成为现实时，就必然产生心理矛盾。

寒窗苦读终于梦想成真，莘莘学子带着成功的喜悦，踏进梦寐以求的大学校园，可以说，他们进入了一个前所未有的辉煌时期，内心充满着激动与自豪，满怀信心地准备度过美好幸福的大学生活。然而，一旦踏入现实生活，新生们立刻会感受到现实与理想的差距，于是备感困惑和失望。这种困惑和失望对新生的打击是巨大的。有的甚至严重到情感上无法接受，使得他们不得不做出是否继续读大学的决定。有些同学因为没有找到理想的大学环境，心灵过早地变得苍老衰颓，或消极悲观，或无所适从，或竭力想超脱这个忙忙碌碌的社会，结果被社会排斥。

1. 矛盾的表现

分析大学新生由于理想与现实的矛盾而产生的失望困惑，主要表现在以下几个方面。

（1）新鲜感与失落感的矛盾

尽管接到录取通知后，大部分大学生都通过各种媒体对心仪的大学早已做了了解，但心里的预期往往还是超出了实际情况。新生在进大学前，一般把大学的一切想象得过于美好，到了学校后，最初体会的新校园、新老师、新同学、新事物等，让每个新生目不暇接，情绪高昂。然而好景不长，新鲜感过去之后，渐渐地他们会发现很多的不如意：一些老师上课平淡乏味，还不如中学老师讲得精彩，有的教学设施陈旧不堪，宿舍没有空调，条件还不及中学等，加之人生地不熟，遇到问题还不能及时得到解决和帮助，于是，失望、困惑油然而生。

（2）轻松预期与残酷现实的矛盾

在中学，一些老师为了鼓励学生高考冲刺，往往会误导学生，说考上大学就可以轻松了，造成很多学生真的把大学学习看得很轻松，再加上刚进大学遇到各种诱人的社会团体、文体娱乐等活动，使不少大学新生从心理到行动都轻视和忽略了学习，有的甚至不思进取，根本没有了学习动力，有的以为考前突击就可顺利过关。事实是，大学的学习完全不同于中学，内容不再局限于课堂，不再有老师家长的监督，学科与专业知识的广度与深度大大增加，学习时间自由，完全是自我安排、自我管理。对这些新的变化，因为没有充分的思想准备，很多学生感到无所适从，不知道该怎么学，学什么，加之又没有掌握正确的学习方法，导致考试成绩不理想，这种挫折是对大学新生最无情的打击，自信心受到严重影响，如果不能及时调整，将会影响之后四年的大学学习。

（3）独立意识强与自理能力差的矛盾

远离了父母的唠叨，终于可以独立自主了，青春年少的大学生表现出了自尊自强、追求自立的内心渴望，同时，也希望得到老师、同学和家人的尊重，他们开始独立地思考问题，少了许多盲从；开始独立地处理事情，少了许多依靠。但是，大部分大学生因在中小学时期一心扑在学习上，自小缺乏自理生活能力的培养，习惯于接受别人的关怀和谦让，也较少关心和体谅他人的心理与适应他人的行为习惯，故而尽管他们的独立愿望很强烈，但一旦碰到生活中的实际困难往往又束手无策，心理上又不自觉地会期待别人的帮助和照顾。若期待落空，免不了产生负面影响，有的甚至还会埋怨学校和家庭。

2. 矛盾的应对

（1）要正视现实，树立信心

适者生存，人只有适应社会才能得以生存，得以发展。大学生应具有清醒的头脑，坚强的意志，对未来充满信心，同时又要实事求是地着眼于现实。在大学里，好比一个班级的同学，从不同的角度看，每个同学都表现出一定的差异性，比如，在学习上会有好中差，家庭经济条件上也有三六九等。由于种种原因，不同大学的办学条件、师资水平、科学研究等都有所差异，而且大学之间在某一方面可能相差甚远，这都属于正常现象。大学生应该在入学后迅速地调整自己的心理状态，接受新的环境，以饱满的热情迎接新的大学生活。

（2）确立学习目标，改进学习方法

大学新生一定要转变观念，摒弃中学老师或家长之前对你的误导宣传，应当认真思考，客观评估自我，明确学习目标。大学学习的最终目标，是要提高大学生的综合素质，让其掌握宽厚的基础知识和扎实的专业知识与技能。要达到这个目标，除了要学好几十门课堂教学的课程外，还要积极投身社会实践、专业实习，还要广泛地参与各种校园文化活动，使自己在心理、身体、文化等多方面的素质得到提高。同时，要积极主动，多向老师和同学请教，探索大学教学规律，制订科学的学习计划，掌握正确的学习方法，根据自己的兴趣养成发现问题、思考问题、研究问题的习惯，变被动学习为主动学习，提高学习的自觉性和自主性。

（3）要加强锻炼，自立自强

大学就是个小社会，会遇到各种各样的问题。大学生从无忧无虑的家里来到相对独立和自立的大学集体中，环境一下发生了很大的变化，而由于惯性使然，大学生的依赖心理不能一下子随着环境的改变立即消失，并还将持续一段时间，这往往影响大学生独立品格的尽快养成。独立是人进入社会必备的基本品格，大学生要想顺利地走向社会，就需在大学里逐步地锻炼为社会人。恩格斯说："人是一切动物中最社会化的动物。"人总是生活在社会中，离开了社会，人就无法生存。这是每个大学生必须要学的一门必修课，即如何社会化。建议同学们树立凡事自理自立的信念，主动学习与成人有关的知识，通过各种活动的积极参与学习和掌握社会交往的技巧，树立正确的人生观、价值观，客观评价自我，正确认识客观世界，包括班级、学校、社会，理性分析社会发展历史，对社会心存敬意，对人生充满希望。积极主动地调整心态，转换角色，适应社会，努力实践，从而不断提高自身的能力和素质，尽快实现由大学生向社会人的转变。

理想不等于现实，理想基于现实而又高于现实。大学生必须面对现实，接受现实，勇敢地投入现实生活的怀抱中去。在现实生活中去扮演角色，磨炼意志，历练情感；在现实生活中战胜困难，积累经验，丰富阅历。每个人的成长都是在各个不同的阶段，战胜困难，实现理想，最终成就自我。大学是个大舞台，是一片任你驰骋的天地，只要你找准目标，坚持不懈，理想一定会实现，你也会健康成长。

（二）独立性与依赖性的矛盾

独立性是指个体欲摆脱监督和支配的一种自我意识倾向。告别了中学时代，摆脱了父母的约束与老师的监督，进入了相对自由和开放的环境，独立意识逐步增强，自我意识的发展产生了一次飞跃。他们认为自己已经长大成人，因而竭力摆脱他人的监督、控制，强烈要求独立自主，自强自立，对传统的家长式教育方式与教育态度非常反感。但是，由于其独立性的不完善和经济的不独立、社会经验的不足，长期形成的对家长和老师的依赖性一时难以摆脱，加上其他主客观因素的制约，他们往往有要求独立的想法而缺乏独立的行为和能力，因此心理上产生了主观上要求独立和客观上不能完全独立的自我意识矛盾。

随着自我意识的增强和社会角色的变化，大学生的成人感迅速增强。同时，大学生活环境也赋予了大学生比以往更多的独立与自由的空间。大学生深感自己已摆脱了家庭的束缚，可以自由自在地生活在"自我设计"的理想世界里，按照自己的意愿独自处理各种问题。他们渴望走向独立生活，强烈要求得到社会的尊重和理解，自信心、自尊心、独立意识都有很大提高。然而，由于种种主客观因素的限制，使得他们在实际生活中表现出独立意识与参与意识强烈，而独立行为和独立能力相对滞后的矛盾。由于缺乏独立生活和独立处理问题的经验与能力，实际上他们的依赖心理并没有明显地减弱。他们尚无法完全依靠自己的力量来处理好生活中一系列复杂的问题，他们还得在经济等方面依靠家庭，他们还得受到校纪校规的约束，在思想和学业方面还得接受教师的指导、教育，特别是今后的就职与择业，更是离不开学校、家庭的指导安排，事实上，他们仍处于一靠家庭、二靠学校的状况。这主要是因为，大学生在经济上仍未独立，家长过于“包办代替”的影响，使得大学生在学习和生活上形成了习惯性依赖心理。

很多大学生的依赖心理尤其明显，其主要表现在：一是自理能力差，不能很快适应大学生活，生活无规律，花钱无计划。二是学习上过分依赖老师，缺乏自主意识、自学能力。例如，很多大学生很难适应大学的学习规律，一方面该看的书都没有看，另一方面又为不知该干什么而苦恼。学习上有着很大的盲目性、被动性。三是离开了家长的照顾，遇事不知如何处理，一筹莫展。大学生活远不像中学时代那样单纯，加之，失去了家长和教师的“临场指导”，很多大学新生常常会感到无助、失落，缺乏信心，甚至萎靡不振。大学新生的依赖心理会影响到他们自信心的确立，影响他们真正走向独立。因此，大学生们常感到自己还不能实现“真正的独立”，这种依赖性与迅速发展的独立意识之间产生了一种现实的矛盾冲突。

（三）渴望友谊与心理自闭的矛盾

大学生来到新的环境，远离父母和熟悉的中学同学，非常需要新的友谊来补偿。同时，面对全新的环境、全新的学习和生活方式，他们更加需要老师、朋友的支持与帮助。他们的内心深处渴望友谊，呼唤理解，迫切希望在学习和生活中交到新朋友，寻觅知音。但由于交往缺乏主动性，缺乏交往的技能，加之新同学来自不同地区，文化背景各异，同学之间难以敞开心扉交换内心的感受，自然产生了孤独感。还有一些同学是独生子女，以往在家中是家庭的中心，养尊处优的习惯使其较难与同学沟通。也有个别同学因为种种原因，以自我封闭的方式进行消极防卫。凡此种种，导致渴望友谊与自我封闭的心理矛盾，进而失去心理和谐，处于孤独与烦闷之中。

大学生正处在既渴望友谊、理解，又深感孤独；既要求开放，又封闭自己的时期。一方面，大学生旺盛的体力与生活为他们充分发展其心理活动提供了有利条件，由于身心发展，使他们朝气蓬勃、精力充沛，有着很大的内在潜力和强烈的表现欲，他们希望更多地掌握知识，了解社会，也希望社会能了解自己，被社会和他人所接受，他们把探索真理的触角伸向各个方面，除大量吸取知识外，还爱好广泛，兴趣多样，在从事各项活动中展现自己的青春活力，同时也体验到自身价值。另一方面，由于自我意识的发展，大学生对自己的内心世界进行细致而全面的探索、反省，希望有一方完全属于自己的角落，希望得到广泛的友谊与交流，但又缺乏交往的勇气和诚意；希望别人能够了解自己，却不愿向他人开启心扉，透露自己的思想感情。许多人表现出矜持、戒备、观望、自我保护的心态，甚至对自己的父母也保持一定的心理距离。这种心理封闭性使得一部分大学生深感孤独，心理的闭锁性和开放性的矛盾，常使他们处于不安和痛苦之中。

（四）性生理成熟与性心理滞后的矛盾

大学生年龄大都在 18 ~22 岁，就其生理和心理发展过程而言，已进入了性生理成熟和性心理趋向成熟的阶段。他们有着类似于成人的性要求，他们渴望与异性交往，渴望得到性爱，但是，由于大学生是一个特殊的群体，他们在校学习时间的延长导致了他们社会化过程的后延；他们在经济上尚未独立，生活在半封闭的校园中，摆在他们面前的是比较繁重的学习任务和各种素质的训练任务、较高目标的追求以及未来许多不确定因素，这一切导致了他们性心理的成熟滞后于性生理的成熟。大学生一方面渴望在与异性的交往中得到性满足，缓解性冲动，大学生“恋爱族”成为很多人既嫉妒又羡慕的对象；另一方面，在与异性交往中又显得幼稚、笨拙、忸怩或冲动，要么不接触异性，要接触就“上升”到“恋爱”关系，很难建立异性间的真正友谊，他们甚至认为“异性之间不存在真正的友谊”。由此而产生种种与性心理有关的心理矛盾与冲突，大学生往往对这类冲突敏感、焦虑，这也成为困扰大学生学习、生活的一个重要心理问题。

（五）求知欲强烈与识别力低的矛盾

当代大学生的认知发展正处在高峰时期。一方面，他们求知欲旺盛，不满足本专业知识的学习，乐于接受其他学科的新知识和新观点，具有独立的主张而不轻易苟同他人意见，思想活跃而好批判，尤其是对新事物、新观点反应敏锐。他们接受新事物快，对新环境有较强的适应能力，厌烦一成不变的模式。另一方面，识别能力较低，喜新厌旧的认知特点蕴含着缺乏深思熟虑、浮光掠影的缺点，因此，在缺乏科学世界观和方法论指导的情况下，再加上缺乏社会阅历，往往对各种理论不加分析地兼收并蓄，并容易盲目地把未经自己消化、理解的理论当作唯一的真理去崇拜，成为错误理论或错误思潮的俘虏。反映在实际中，常常表现为很多大学生关心国家大事，但认识容易受干扰，看问题容易片面、脱离实际和极端化，不加分析地追赶各种新思潮而自以为有时代感，或以丑为美，他们对外国的理论和著作，往往很难做出恰当、全面的评价，甚至良莠不分、真伪不辨，使得他们常处于各种不同思潮和中西方文化碰撞的矛盾冲突中。

（六）理智与情感的矛盾

很多大学生随着身心的不断成熟、知识能力的积累和生活经验的丰富，一般有了较强的理智感，能较敏锐地观察社会，理解社会现象和人们的要求与期待，能强烈地体察自我，渴望自我进取、发展、完善。但是由于他们的感情易冲动，且自我控制力有时较差，常常理智被情感取代，成为情感的俘虏，甚至做出一些傻事、蠢事，有的甚至一失足成千古恨，使自己陷入懊悔、惆怅的情绪之中。另外，大学生的性生理发育成熟，产生性的欲望和冲动，并且对异性产生好感、倾慕，这本是正常的。但由于性健康教育的缺乏和学生自身情绪控制力、行为把握能力的不足，一些大学生在异性交往或恋爱过程中出现越轨行为，这样就会给自己及对方身心健康带来不良后果。

（七）放松感与紧迫感的矛盾

放松感与紧迫感的矛盾是高等院校学生中比较常见的现象。因为刚进入大学时，学生们感觉可以松口气，歇一歇，放松一下多年绷紧的神经和忙碌的学习，但是由于学制的原因，不久他们刚放松的神经又感觉到了紧张，因为很快学习就进入了专业基础课甚至专业课的阶段，他们再次感觉到了时间短、学习任务重的紧张，并且想到了不久就要面临毕业，也就意味着要就业，要去找工作，因此又不得不思考自己到底学到了什么知识、掌握了什么技能，不免产生焦虑感。

处于转变阶段的大学生出现这些心理矛盾是正常现象，这正是他们迅速走向成熟又尚未真正成熟的集中表现。这些矛盾中同时蕴藏着转变的真正起点，对大学生活不切实际的幻想消失了，取而代之的是脚踏实地的现实的努力。变心理矛盾为发展的心理动力，有助于青年学生的成长发展。

二、新生心理矛盾与冲突

（一）新生的消极心理

1. 间歇心理

高中时期高度紧张的生活是同学们终生难忘的。经过3年超负荷的拼搏以及身心能量的过度透支，大学生入学后几乎身心俱疲，相当一部分同学滋生了对学习的厌倦情绪。由于心理紧张得以解除，学习上无动力，行动上提不起劲，喘口气、歇歇脚的心理比较普遍。

2. 茫然心理

中学阶段大家的奋斗目标非常明确与强烈，即一切围绕高考而拼搏。明确的目标具有动力、导向和激励作用，面临严峻的升学压力，个体的潜能被最大限度地挖掘出来。考入大学后，原有的目标已实现，大家进入理想的重新建构期，以保持行为的必要张力。有的新生入学初期新的人生目标尚未确立，出现了目标的盲区和理想的真空，因此，往往缺乏方向感，感到无所适从。再加上高校管理不像中学那么直接和严格，学生的自由度较大，禁锢惯了的学生在突如其来的自由面前，反而茫然不知所措。许多新生不知道自己该干什么，不善于自主地安排自己的生活和学习，从而导致焦虑、茫然、无奈的感觉比较强烈。

3. 失落心理

失落心理的产生与两种因素有关：一是新生入学前将大学生活过分理想化，每一名即将步入大学校园的学生，都曾有过一系列关于大学生活美妙的联想：幽静的林荫道，一眼望不到尽头的阶梯教室，笑声朗朗的宿舍楼，还有“睡在我上铺的兄弟”……然而，入学后却发现并非完全如此。过高的期望值与大学的现实生活反差较大，导致部分新生入学后出现情绪波动和失落感。二是中心地位的失落。考上大学的同学，在高中阶段都是学习的佼佼者，老师青睐，同学羡慕，使他们成为同龄人的中心，无形中会产生某种过高的自我评价。进入大学后，全国各地成绩优异的佼佼者汇集一堂，相比之下，很多新生会发现自己显得比较平常，成绩比自己更优异的同学比比皆是。这一突然的变化使一些新生措手不及：无法接受理想自我和现实自我之间的巨大差距，失落感便袭上心头。曾有考到上海的一个女学生，只因第一的头衔没了，英语听力和口语水平又与上海同学差之甚远，所以心理失衡，一直闹到要休学。

4. 自卑心理

产生自卑心理有三种情况：一是部分同学高考成绩不理想，没有录取到预想的学校，自尊心受挫。二是一些新生入学后，发现高校的某些价值标准与中学不同。在高校，衡量个人价值和能力的不仅仅是学业成绩，个人的兴趣、才华、风度、交往能力等都是引起人们关注的重要品质。三是生理因素和家庭环境引起自卑。有的男同学可能会因为身材矮小而自卑；有的女同学可能会因长相不佳而自卑；还有一些来自农村或小城镇的同学，与来自大城市的同学相比，往往会觉得自己见识浅薄、没有特长，从而产生自卑感。

5. 怀旧心理

进入高校后，生活和学习环境变化巨大。由于生活方式、习惯、环境的急剧变化，加上远离家乡、亲友和同伴，这对缺乏生活自理能力和人际交往技能的学生来说，无疑是个不小的挑战。尤其是某些年龄小、以自我为中心、习惯了依赖家庭的女生，哭鼻子想家、闹情绪、人际关系紧张的事情时有发生。

在这一时期，很多大学新生感到迷茫和困惑。学生们的这种心态常常被人们称之为“大一现象”或“大一的迷茫”。

（二）矛盾与冲突

大学新生有着一般大学生的共同特点与优点。但由于从中学到大学，进入了一个陌生的环境，各方面都发生了巨大变化，他们在心理上处在特殊的矛盾阶段，因此表现出许多大学新生特有的心理矛盾。

1. 自豪感与自卑感交织

进入大学的新生，由于对大学生活的向往与追求终于变成了现实，面对落榜同学和同龄人的羡慕、亲友的盛赞、父母的骄傲、个人目标的实现，往往以“时代宠儿”“竞争胜利者”的姿态出现，使得大学生表现出强烈的自豪感。但是，处在大学这个“群英荟萃”“强者云集”的新集体中，原有的优势已不复存在，坚强者会调整自我、迎头赶上，而有些同学就产生了消极情绪，自卑感代替了自豪感。

2. 新鲜感与恋旧感交织

未上大学前很多人把大学想象成“知识的殿堂”“生活的乐园”，初踏进大学校门的新生面对新的环境、新的面孔、新的任务，不免产生新鲜感，但一段时间后，发现成天围绕着教室、宿舍、食堂“铁三角”转，感到学习、生活规律单调刻板，于是，新鲜感随之消失，想家、盼信、盼电话、盼汇款者增多。曾有入校不久的同学这样形容这时的心理感受：“举头望明月，低头思故乡，两眼泪汪汪”，“回家难，寻觅新友难，见老朋友更难”，身处热闹的学校大集体中，内心反而感到孤独、寂寞而产生恋旧之情，说明一年级新生特别需要关注与关怀。

3. 轻松感与被动感交织

经过多年的高考压力和激烈的高考竞争，胜利后的轻松感油然而生，思想上极易产生松劲情绪。于是，学习无计划、无要求，时间上大面积失控，导致学习上的被动局面，加之有的同学学习不得其法，期末靠临时突击也无济于事，故一年级新生补考率较高。由于学习效率不高，直接影响学生的自信心、自尊心和进取心，从而产生消极悲观情绪，个别同学会因此一蹶不振。

4. 充满幻想与天真幼稚交织

从高中进入大学，由于对大学生活的陌生，大学生往往会产生一些脱离实际的想法。进校后一旦发现现实生活与想象相矛盾，则心理上难以接受。其主要表现有以下几点。

第一，对大学学习的艰苦性缺少足够的心理准备。原以为大学的学习比中学轻松，只要考上大学，就可以轻轻松松、高枕无忧了，因此缺乏勤奋学习的心理准备。部分新生由于期中考试成绩不佳，产生对大学生活的惧怕，怀疑自己是否有能力完成大学学业。

第二，盲目乐观。上了大学一度沉浸在幸福与喜悦之中，从而滋生了自满心理，少了许多往日的刻苦用功精神，却多了几分对未来辉煌的遐想。

第三，仍未脱离儿时的单纯与天真。他们把现实生活中的一切事物都想象得无限美好，对大学生活、对未来人生充满了理想色彩，一旦事与愿违，便会茫然不知所措，甚至产生厌倦心理。

第四，期望值与自身努力的反差。大多数学生对他人及周围环境的要求较高，但自己却不肯脚踏实地地去努力。

在上述矛盾中蕴藏着心理转变和适应的真正起步，多数同学能正视这些矛盾，及时调整情绪，顺利进入新的发展阶段，而少数同学不能正确认识这些矛盾或处理不当，产生心理不适，个别同学由于矛盾冲突长期得不到调节，导致心理问题的出现，影响健康成长。

大学生心理矛盾冲突的成因是多方面的，也是复杂的，既有大学生该年龄阶段身心发展特有的矛盾冲突，又有大学生独特的生活方式所带来的矛盾冲突，既有家庭环境影响，又有校园文化生活的影响；既有社会文化因素的影响，又有主观需求的差异。作为大学生应该意识到自身心理矛盾及其来源，从而积极地预防和调节；作为学校教育者应该经常调查分析大学生心理状况与特点，采取切实可行的教育措施，帮助大学生健康成长。

三、大学生择业心理矛盾

大学生在毕业前职业选择时期，择业热情高，但又缺乏独立行为的能力；他们憧憬未来，但又害怕挫折，产生许多的预期焦虑。因此，当自身的职业理想与社会现实冲突时，就会引发一系列的择业心理矛盾。

（一）高定位与先就业后择业的矛盾

应届毕业生对未来的期许、定位普遍较高，但现在就业的现实，又不允许应届毕业生们有太多的选择，因而很多应届毕业生往往抱着先就业后择业的心态，选择一家企业，权且当作培训、实习的基地，一旦时机成熟，立即“跳槽”。这不仅对用人单位不利，对于学生的个人发展也有许多负面影响。

（二）高自信与难于承受现实挫折的矛盾

应届毕业生一纸文凭在手，平添几许自信，他们往往把现实想象得较为简单，而现实又不像毕业生们所想象的那样一帆风顺，因而在经历挫折的时候，很多毕业生往往不知如何应对，表现出行为上的轻率和冲动。

（三）自我发展意识强和现实发展机会少的矛盾

中国社会调查事务所一组针对应届毕业生的调研表明，现代大学生选择企业首先考虑的是在这个企业的发展机会，这也折射出了应届毕业生较强的自我发展意识，但很多企业不可能在较短的时间内为应届毕业生提供良好的发展空间，现实与预期之间的差距，也导致了应届毕业生的频繁“跳槽”。

（四）书本知识与现实技能的矛盾

中国教育的现状和新经济时代知识更新频度的缩减，导致书本理论知识往往与企业现实需要技能严重脱节，但从学校走向社会的大部分应届毕业生不一定就能清醒地认识到这点，文凭越高，对知识的自负也就越高，在现实面前无法调整心态，虚心学习。

第二节　大学生心理问题的自我缓解与调适

一、大学生学习问题与调适

学习是大学生的首要任务和主要活动方式，大学生的心理健康状况和心理发展水平对大学生的学习效果产生直接的影响。越来越多的研究表明，在影响大学生学习的各种因素中，心理的健康状况占重要位置。大学生常见的学习心理障碍有以下几种。

（一）学习动机障碍及调适

1. 学习动机障碍的原因及表现

（1）缺乏学习动机的原因及表现

大学生学习动机缺乏是指学习上没有动力，没有明显的学习方向，无知识需求，更无学习兴趣，学习上得过且过，不求进取。有些同学升入大学后，明显地感到学习时注意力不集中，上课经常走神，自学坐不住，脑子里的事很多、很乱，学习效率低下。常常表现为学习懒散、无精打采，听课时注意力分散、不能积极思索，时常走神，课后不愿复习、不愿做作业，对所学专业不感兴趣，学习动机不明确，学习态度不端正，在学习过程中缺乏学习的自尊心和自信心，无成就感，无抱负和期望，易受各种内外因素的干扰，长期把主要精力放在与学习无关的活动上。有的学生甚至出现厌学的情绪倾向。

造成大学生学习动机缺乏的原因是多方面的：第一，没有了高考的约束，加之距大学毕业尚早，出现了“理想间隙期”，致使学习动机减弱，学习目标不明确，因而振奋不起学习精神，学习的注意力自然难以集中。第二，一些学生的志愿是家长、老师代填的，或者所报专业未录取，被调配到另一专业，专业思想未确立，思想上有失落感，学习兴趣不大，总是处于被动状态。第三，入学后，校方对专业前景、发展方向介绍较少，学生对学习的必要性认识不足，对自己感兴趣的课很热衷，而对一些专业课及专业基础课的认识不够，造成过得去就行的心理状态，使得学习动力不足。第四，大学不同于高中，一些不适应大学教育方式的同学，下课之后不知如何组织学习，并在没有督促的情况下，管不住自己，造成学习动力缺乏。

（2）学习动机过强的原因及表现

学习动机在学习活动中有一个最佳水平控制的问题。动机强度超过这一水平，就会对学习活动产生负面的影响。因此，无论是内部的抱负或期望过高，还是外部的奖惩诱因过强，都会使学生产生害怕失败的恐惧心理和拼命蛮干的有害行为，过于关注自己的抱负和外部的奖惩，而不专注于学习，反而会阻碍学习。大学生的学习动机过强主要表现为成就动机过强。有的大学生对自己的能力没有一个正确的认识，往往做过高的估计，所以树立的抱负与期望远远超过自己的实际能力。而且，失败的体验又会挫伤自尊心和自我效能感，产生压抑、自卑，甚至会使其丧失学习的勇气，引发心理疾病。

2. 学习动机障碍的调适

（1）学习动机缺乏障碍的调适

其一，培养强烈的求知欲望和浓厚的专业兴趣。求知欲望和专业兴趣是学习动机中最直接、最现实、最活跃的心理因素，不仅可以推动学生主动学习，而且能使学生在学习中获得满足，产生愉快的情绪，从而形成进一步学习的需要，使学习动机得到提高。

其二，要有意识地培养和激发学生的成就动机。大学生要通过参与社会实践和了解国情来增强社会责任感，把社会需要转化为个体的内在学习需要，激发自己的成就动机，增强学习的自觉性，在学习实践中体验获得知识的乐趣，在创造性的劳动中感受喜悦，在战胜困难中增强勇气和自信。

（2）学习动机过强的调适

学习动机过强极易产生心理疾病，严重危害学生的心理和生理健康。消除学习动机过强障碍的方法有以下几个方面。

其一，不要对自己过分苛求，把奋斗目标确定在自己能力所及的范围内，尤其是成就动机要适度，要建立在对自己能力的充分正确的认识基础上，既不好高骛远，也不盲目攀比、操之过急。

其二，制订切实可行的与自己远大目标相结合的阶段目标，脚踏实地、循序渐进。

其三，把关注点聚焦在学习过程之中，淡化名利得失，而不要总关注结果。

（二）学习焦虑及调适

1. 学习焦虑的原因及表现

学习焦虑指担心达不到预期的学习目标和未能克服学习障碍的威胁，致使自尊心、自信心受挫而产生的一种紧张不安与恐惧的情绪状态。人们的焦虑情绪通常是有高、中、低不同程度之分的。完全没有焦虑的学生，对学习常常缺乏压力，中等程度的焦虑可以成为督促学习的动力，而过高的焦虑又会对学习产生不利的影响，使学习成绩降低。

学习焦虑的突出表现是考试焦虑、即在临考前或临考时产生紧张与恐惧的情绪状态。考试焦虑表现在临考前神情紧张、忧虑，在临考时肌肉紧张、心跳加快、血压上升、手足发凉、注意力不集中、思维僵化、记忆力下降，原本熟悉的材料这时也因过度紧张而回忆不起来了，严重时还会出现晕场的现象。根据研究，我国大学生中考试焦虑程度较高的人数达 20% 之多。

产生考试焦虑的原因：一是对考试的意义估价过高，认为考试成绩不好，影响个人在班级的威信，脸上无光，影响教师对自己的看法与信任，影响毕业时择业的条件等。二是对考试结果的期望值过高，害怕失败；三是有的学生承受能力能力较弱，受不了风险刺激，容易产生考试焦虑。

2. 学习焦虑的调适

克服学习焦虑的方法：首先，应冷静分析造成学习焦虑的主观和客观原因，决不能采取回避现实的态度而放任焦虑的发展。其次，要正确认识和评价自己的能力，确立切合实际的抱负和期望，不能把学习名次看得过重。再次，要增强自信和毅力，不怕困难和失败，保持情绪的稳定。最后，调整、适应大学的学习方法和学习方式，尽快消除中学应试教育的后遗症，掌握学习的主动权，尽快适应大学的学习生活。

（三）学习疲劳及调适

1. 学习疲劳的原因及表现

学习疲劳是因学习时间过长、学习强度过大而在生理、心理上产生的劳累感。学习疲劳包括生理疲劳和心理疲劳两类。其中，心理疲劳是主要的。学习疲劳最明显的表现是腰酸背痛、肌肉痉挛、眼球发胀发痛、打瞌睡等。心理上表现为感觉器官的活动机能降低、注意力涣散、思维迟钝，情绪烦躁、易怒、忧郁，学习错误增多，学习效率下降，对学习厌倦等。造成学习疲劳的原因是多方面的，主要是由于学习压力过大，学习时间过长，不注意劳逸结合，睡眠时间不足，缺乏学习兴趣，不注意用脑卫生等。

2. 学习疲劳的调适

学习疲劳的调适应注意以下两个方面。

一方面，要学会科学用脑。不要用脑过度，连续用脑的时间不要太长，不要等到“脑袋麻木”了才停止学习和工作，保证睡眠，起居有规律，要有固定的作息时间，一般应以每天睡 7 ~8 小时为宜，劳逸结合，养成良好的生活习惯；注意营养，平衡全面的营养有利于大脑的健康，学会科学的休息方法，脑力劳动者休息最好采取活动休息的方式，即在一定的脑力消耗后，做一些不太剧烈的活动。

另一方面，要顺应生物钟的节律。按照人体生物活动的规律，上午 7 ~10 时的生物机能处于上升的状态，10 时左右精力最充沛，是学习与工作的最佳状态。此后逐渐下降，至下午 5 时后又再度上升，到晚上 9 时达到最佳状态。因此，学习时间的安排应顺应人体生物钟节律的变化。

（四）解决学习问题的方法

1. 要有正确的学习态度

所谓学习态度，是指学生对于学习的看法和情感以及决定自己行动倾向的心理状态。对于学习的看法，是指学生对于学习目的、意义的看法。对于学习的情感，是指在学习活动中的情绪状态和情感体验，如喜欢或讨厌、愉快或不安等。行为倾向即是打算如何学习，如何达到学习的目的。在学习态度的三个因素——情感、看法、行为中，情感因素是核心，起决定性作用。在一般情况下，学习态度的三个组成部分是统一的、协调的，如某学生的求知欲很强（看法），喜爱所学的专业（情感），努力进行学习（行为）。但在特殊的场合，学习态度的三个组成部分会发生矛盾，如某学生求知欲很强（看法），但对自己所学专业缺乏感情（情感），因而在专业学习上十分消极（行为）。在后一种情况下，转变该学生对专业的感情是改变学习态度的关键。由此可见，有了正确的学习态度，才能克服在学习过程中出现的各种各样的问题。态度明确，注意力才能专注，学习效率才能提高。

2. 掌握科学的学习规律

学习时间的规划，可以帮助我们形成良好的学习习惯，一旦时间确定下来，就应落到实处。如规定晚上 7 点是晚自习时间，到时候就必须开始学习，这个规定的开始时间就成为自觉促使思想高速活动起来的信号。刚开始，可以时间短一点，慢慢地可以根据进展延长一些时间，这有利于逐步克服注意力不集中或难以集中的毛病。

3. 学习地点的选择

学习地点的选择，也可以帮助我们形成良好的学习习惯。学习地点要舒适、安静、光线好、通风好、无干扰。学习贵在坚持，如此反复强化之后，就会建立起良好的条件反射，这些学习地点就会成为集中注意力的信号。

4. 学习用思维阻断法

注意力不集中的学生在学习时常会胡思乱想，及时阻抑这种纷乱的思绪对提高学习效率大有帮助。当纷乱思想出现时，或者听一些轻柔音乐，使大脑放松下来，这样有助于重新集中注意力。或者把眼睛闭上，反复握拳、松开，使肌肉收缩，同时对自己说："停止！"如此反复数次，这样有助于集中注意力。

二、大学生情绪问题与调适

（一）大学生不良情绪的一般表现

一个人长期处于消极情绪或处于激烈的情绪状态下，就会造成情绪障碍。在这种情况下，正常的心理和生理活动会受到影响，出现很多异常的心理和行为，若不及时采取各种调适措施，就可能引发严重的后果。大学生不良情绪的一般表现有以下几种。

1. 心境恶劣和情绪不稳定

心境恶劣的典型表现为一个大学生在较长时间内（几天或几周）心情不好，闷闷不乐，看什么都不顺眼，即使做平时十分喜欢的事也打不起精神。此时若有一点小事不顺心，就会导致心情抑郁。要解决这个问题，应首先寻找原因：是否自己的需要、兴趣爱好得不到满足，是否自己的健康状况不佳，是否周围自然环境和社会环境不如意？如果是自己的需要、兴趣爱好未得到满足，如失恋、考试不及格，则可设法创造条件去满足它；如果确实没有条件满足，则要尽快改变自己的需要与兴趣。

情绪不稳定是指在外界轻微刺激的影响下，甚至没有明显外界因素的刺激时，人的情绪易产生波动，变化不定。发现情绪不稳定，首先要检查自己的个性特征，一般胆汁质、抑郁质的人大多有此倾向。如果属于性格问题，应注意逐渐改变不良性格，注意在学习生活中磨炼自己的性格和意志，学会客观地看待事物，稳定自己的情绪。

2. 激动易怒

个人的愿望与意图因故不能实现时，会由于不满而生气，当这种不满情绪增加时便会产生愤怒，这本属人之常情。但是，大学生正处于身心急剧发展、情感丰富强烈、情绪波动大的青年期，更容易在外界刺激下产生愤怒情绪。激动易怒指容易发火、发怒、过分急躁，易与他人发生矛盾，因一点小事就表现出粗野蛮横。暴躁的人对外界的容纳性相当低，许多人还有很重的哥们义气。例如，有一位男生，当一个好朋友告诉他晚自习因占座位与别人发生了口角时，这个男生为给朋友出气，立刻赶到教室，不问青红皂白用木棒将对方打伤。有些大学生容易动怒是因为存在一些错误认知，如认为发怒可以威慑别人，使人尊重自己；发怒是男子汉气概的表现；发怒可以维护自己的尊严与利益等。此外，不良的家庭环境和教育、个性修养方面的缺陷，以及先天的气质类型也是一些大学生易怒的重要原因。

3. 压抑苦闷

压抑是当情感被过分克制，不能表达和宣泄时所产生的内心体验，它含有苦闷、烦恼、困惑、寂寞等诸种情绪。处于压抑苦闷中的大学生常常精神萎靡不振，缺少青年人应有的朝气与活力，对生活失去兴趣，不愿与人交往，感觉迟钝容易疲劳，不满和牢骚多。长期严重的压抑会导致生理疾病和心理障碍，甚至会出现抑郁症的倾向，主要表现为情绪低落，表情苦闷，行动迟缓，常感力不从心，思维迟钝，联想缓慢，因而言语减少，语速缓慢，语音低沉或整日沉默不语。引起抑郁状态产生的原因可能是具体的，但抑郁状态产生之后具有很强的弥散性，使人感到生活和生命本身都没有意义，具有强烈的无助感，甚至产生自杀念头或采取自杀行动。

4. 烦恼

烦闷苦恼的事人人都有，失恋、考试不及格、同学关系不和、经济拮据等都可能成为大学生烦恼的内容。烦恼都是有明确的对象和具体的现实内容的。例如，一男生因舍友睡觉时打呼噜，经常彻夜不眠，上课时昏昏沉沉，学习成绩下降，为此非常烦恼。对于烦恼，重要的不是烦恼本身，而是能否从烦恼中解脱出来。情绪健康的人并不是没有烦恼的人，他们能够把“我不要烦恼”的愿望转变为“我要快乐”的有效行动，从烦恼中摆脱出来。烦恼使他们永不满足现状，不断进取；情绪不健康的人则相反，整日情绪低落、萎靡不振，往往不明白自己应当怎么办，行动缺少目标，陷入烦恼的陷阱而不能自拔。

5. 焦虑

焦虑是一个人预料将会有某种不良后果产生或模糊的威胁出现的一种不愉快情绪，其特点是紧张不安、忧虑、烦恼、害怕和恐惧。焦虑是应激下人的一种常见的情绪反应，威胁机体康宁的任何情境都可以引起焦虑。例如，对身体有害的威胁，对个人自尊的威胁，做那些超过个人能力限度的工作之压力，以及各种冲突和挫折情境，都可以引起焦虑。焦虑严重程度，可以从轻微的忧虑一直到惊慌失措或惊恐。一般而言。轻度的焦虑不仅对人无害，而且可以激发人的斗志，唤起警觉，促进功效。然而，强烈的焦虑反应是有害的，严重影响人的身心健康。焦虑者常表现为精神运动性不安，来回走动，不由自主地震颤或发抖，还伴有出汗、口干、呼吸困难、心悸、尿急、尿频、全身无力等不适感。

6. 寂寞

寂寞是一种因缺乏人际交往关系而产生的孤独感和失落感。每个人都会有过寂寞无聊的体验，这属于正常现象。但问题是有的人在众人参与的生活环境中，或在众人皆欢乐的场合里，仍深感寂寞。如何排除寂寞呢？心理学家认为下列建议是有帮助的。其一，树立自信心。肯定自己是一个有价值的人，让大家了解你。其二，参与社会活动，而不必立即期望得到回报。其三，培养自我表达能力，以创造机会让别人认识和了解你。其四，练习听取别人的意见，并尊重团体的决议。

7. 冷漠

冷漠表现为对外界的任何刺激都无动于衷，无论是悲、欢、离、合、爱、憎都漠然视之。冷漠者初期主要是认为生活没有意义，心情平淡，出现抑郁的状态，随后逐渐发展到强烈的空虚感，内心体验日益贫乏，不愿意进行抉择和竞争，缺乏责任感和成就感。例如，一女生曾说：自我一出生，父母就教我与人竞争，别人会弹琴我也得会弹，别人会跳舞我也得会，别人考试第二我得第一，比来比去。虽然上了大学，但我觉得好没意思，父母真不该把我带到这个社会来。平时这个女生表情平淡呆板，行动无生气，懒散，对他人的奋斗进取精神不理解。

（二）大学生情绪障碍的自我调适

大学生处于各种生活压力之中，产生上述消极情绪是难免的，问题在于如何面对这些情绪反应。有的人采取抑制的办法，遇到情境刺激时，强压情感，所谓“泪往肚里流”，表面上看好像若无其事，其实内心波澜不止，内部的由情绪反应引起的生理变化也在进行，消极情绪的副作用照样发生。日常生活中那些压抑和掩饰个人情绪反应的人仍能一眼被看穿：故作轻松，强装镇定。有的人采取逃避的办法；所谓“眼不见，心不烦”，逃离、回避有关刺激事物或情境。如有的大学生害怕因同学之间的关系处理不好从而产生烦恼，采取“躲进小楼成一统”的消极方法，尽量少与同学交往。采取逃避的办法，同样不利于情绪的成熟与健康，因为你“躲得了初一躲不了十五”，问题没解决，原有的情绪障碍依然存在。因此，对待情绪的正确态度，应当是有适度的反应，也就是说，反应的程度与刺激的情境之间，有一定适度关系。对待消极情绪，一方面要加以适当的控制，另一方面，应加以疏导和宣泄。心理学家认为，以下几种调适方法是行之有效的。

1. 改变认识角度

美国临床心理学家艾里斯在 20 世纪 50 年代创立了被称为“理性—情绪疗法”（RET）。该理论认为，情绪困扰并不一定是由诱发性事件直接引起的，常常是由经历者对事件的非理性解释和评价所引起的。如果改变了非理性观念，调整了对诱发事件的认识和评价，领悟到理性观念，情绪困扰就消除了。实际生活中的许多情绪困扰的确如此，从非理性的角度去认识某一事物，使我们恨恨不已；换个角度去认识，更加理性一些，我们便会豁然开朗。

2. 雾里看花

所谓“雾里看花”，是说对一些无关大局的非原则性的外部刺激，在认识上要模糊一些，在心理感受上要淡化一些；对待失败、挫折，要坦然处之，不要斤斤计较、耿耿于怀。这种忽略不愉快事情的做法，能够使自己在心理上建立起有效的防御系统，使自己不在鸡毛蒜皮之类的纠纷中耗费精力，而在大的目标上取得成功。大事化小、小事化了，这种超然处世的态度，显示出一个人的气度、自信和修养，需要有意识地经常地加以培养。

3. 合理宣泄

人的情绪处于压抑状态时，应该加以合理的宣泄，这样才能调节机体的平衡，缓解不良情绪的困扰和压抑，恢复正常的情绪情感状态，例如，遇到失败和挫折，内心苦闷难忍时，畅快地哭一场，或者找人诉说一通，都是缓解情绪压抑的好办法。有的同学产生压抑情绪后，不愿讲出来，不做合理的宣泄，压抑时间持续久。处于压抑状态的，其思辨能力和理智下降，不能灵活地处理问题，如得到他人开导，可能会茅塞顿开，心情豁然开朗。因此，选择自己信任的老师、同学、老乡、恋人或心理咨询人员作为倾诉对象，会逐渐感到精神愉悦，压力减小。

4. 情绪转移

当出现不良情绪反应时，头脑中有一个较强的“兴奋灶”，此时如能在头脑中建立起另一个“兴奋灶”，可以使原先的“兴奋灶”冲淡或抵消，这就是情绪转移的机理。例如，苦闷烦恼时，听听音乐、看看电视，会使人心情缓和一些；愤怒悲伤时，强迫自己做一些别的事情，分散注意力，从而稳定情绪。

5. 放松训练法

当感到压力时，应使自己静下来 10 ~ 45 分钟，集中精力于呼吸上，体验每一次的呼和吸。这样可以放松全身减小压力感。

6. 音乐疗法

音乐作为一门艺术，是人情绪情感的一种表现方式，曲调和节奏不同的音乐可以使人产生不同的情绪体验。如烦恼时可以听《蓝色多瑙河》《卡门》《渔舟唱晚》等意境广阔、充满活力、轻松愉快的音乐；失眠时可以听优雅宁静的《摇篮曲》；情绪浮躁时可听《小夜曲》等宁静清爽的乐曲。每个人都可以根据自己的情绪选择适合的音乐来调节自己的情绪。

7. 心理暗示

心理暗示可以影响人的情绪，甚至影响人对情绪的控制能力。心理暗示的方法很多，首先是语言暗示法。当情绪激动时通过自我默诵或轻声警告，如“冷静些”“不要发怒，发怒会把事情弄糟”等来调节自己的情绪；陷入忧愁时，提醒自己“忧愁无济于事”来保持自己情绪平衡。二是自我鼓励。适当赞美自己以增强自信，增添快乐。三是注意力转移。

8. 升华

将不为社会所认可的情绪反应方式或欲望需求导向崇高的方向，使其成为具有建设性和创造性的行为，这种行为称为“升华。”升华是一种宣泄，也是一种转移，是对不良情绪的一种高水平的积极的转移和宣泄，是将情绪的能量导向对人类社会有益的方面。例如，歌德在“狂飙突进”运动的影响下，将爱的激情逐渐升华、提高，写出了著名的书信体长篇小说《少年维特之烦恼》，达到很高的艺术境界。

三、大学生自我认知问题与调适

（一）自我认知问题的主要表现

自我认知是自我意识的主要内容。大学生在自我意识完善的过程中，有时不能客观地认识和评价自我，出现自我认知偏差，甚至造成自我认知障碍。自我认知问题主要有以下几种表现形式。

1. 自傲

自傲是过高估计自己的一种自我认知。自傲者以自我为中心，具有很强的优越感，处处表现自己，对自身的长处无限夸大并炫耀，对他人的评价只有缺点，没有优点。心理学家柯里说："如果一个人只看到自己比别人好，别人都比不上自己，这样就会产生盲目乐观的情绪，自我欣赏，自以为是，因此就不能处理好人际关系，调动主客观双方的积极性，而且还会遇到社会挫折，产生苦闷。"过于自傲的自我意识往往对自己提出过高的要求，尝试承担无法完成的任务和义务。从而极易导致失败，导致别人的不信任，造成情感创伤和内心冲突。

2. 自卑

自卑是由于过多的自我否定而产生的自惭形秽的体验。有自卑感的人轻视自己，过分看重自己的短处，否定自己的长处，或对对方长处没有足够的认识，因而常表现出胆怯、畏惧、怀疑，担心被人嫌弃和拒绝，行为中采取逃避方式。形成这种软弱无力的心理品质的原因很多，如生理缺陷、成绩不好、能力差、失恋、社会地位低下等，但是，引起自卑感的直接原因是受别人的嘲笑、讥讽、打击。

研究表明，自卑感强的学生，有以下心理缺陷：其一，缺乏稳定的自我形象，往往把自己封闭起来，以掩饰自己的弱点；其二，对一切事物特别敏感，因而很容易遭受挫折；其三，倾向于超脱现实而陷入幻想世界，缺乏社会活动的积极性，容易陷入孤独；其四，缺乏社会竞争意识。

大学生产生自卑感的原因很多，一般可分为主观原因与客观原因两类。客观原因包括像身体生理上的原因，能力因素，家庭经济因素以及挫折因素等。主观原因是指，大学生的自卑有可能是源于他自身的气质性格因素或意志力因素。比如，气质抑郁、性格内向的人大都对事物感受性强，对事物带来的消极后果有放大倾向，而且不容易将消极体验及时宣泄和排解。因而产生自卑的可能性也就相应增大了。

3. 虚荣

虚荣是指追求虚假荣誉的一种心理状态。这种人把引起人们的羡慕、赞赏作为一种生活目标来追求，因而常不择手段地去猎取荣誉。这种人很注意别人对自己的评价，又嫉妒任何比自己强的人，把别人争取荣誉的行动视为对自己的竞争。因此总是处于较强的情感波动的矛盾之中，一旦目标、愿望不能达到，就会背上沉重的包袱，压得喘不过气来，造成精神过度紧张。

（二）自我认知的培养途径

自我认知在人的心理健康中起着很重要的作用，它制约着人格的形成、发展，要具有自我实现的人格特征。因而全面、深刻的自我认知是促进大学生心理健康的有效途径。大学生自我认知的培养应从以下几方面入手。

1. 客观全面地认识自我

客观全面地认识自我是消除自我认知障碍的基础。如果一个人对自己的智力、人格以及社会地位、经济地位一个比较全面、客观的认识和评价，就能取长补短，扬长避短，发展自己，完善自己。

首先，要正确认识自己的优缺点。人无完人，各有所长，也各有所短。在自我认识过程中不能只看到自身的优点，忽视或故意掩饰自身的缺点；也不能只看到自身的弱点，回避或拒绝发现自身的长处。只有正确地认识自己，经常反省自己，敢于批评自己，也敢于肯定自己，这样才不至于自以为是或自暴自弃，才能以人之长补己之短。

其次，要正确运用各种认识自我的方法。

（1）比较法。

比较是自我认知的一种方法，有的人往往将自己的长处与别人的短处相比较，或是与各方面都劣于自己的人相比较，结果越比越自傲；而有的人往往以自己的短处与别人长处相比较，或是与各方面都优于自己的人相比较，结果越比越自卑。正确的比较应是双向比较，既与比自己优秀的人比，也与比自己差或相似的人比。比较时不能就事论事，不能以偏概全，不能以某一时、某一事作为唯一的衡量标准，而应进行全方位的比较。

（2）体察法。

体察即从他人对自己的态度体察自己。他人对自己的态度犹如一面可观察自己的镜子，有利于跳出自我防卫的圈子。借助他人对自己的态度来认识自己，首要的前提是要与他人保持比较正常的人际关系，只有在这样的人际关系中，我们才能从他人对自己的态度中获得有益的自我认识。如果他人对自己存在成见或者关系非常特别，有可能他人对自己的态度反应由于其他因素的影响而不够客观，以此来认识自己就会产生一定的偏差，这时就需要我们有清醒的头脑，能够对自己进行更客观的认识。

（3）成果分析法。

成果分析法即借活动成果认识自己。从事多方面活动，可以充分发挥聪明才智，正确分析自己的活动成果，有利于他们客观认识自己的才能和个性特点，发挥长处，弥补短处。借助活动成果分析时，我们要有正确的归因方式，在成功和失败时要多做可以改变的、不稳定因素的归因，也就是要多把自己的成功和失败归因于自己是否努力，只有这样才可能使自己的行为产生更大的动力。同时，无论是成功还是失败，都要冷静分析成功原因（或者自我反省总结，吸取失败教训），只有这样才可能不断提高自己，以便使自己在下次活动中仍然取得成功、避免失败。

（4）交流法。

交流法即通过与他人交流认识自己。运用这种方法关键在于如实表现自己，坦率地征求他人对自己的看法，闻过则改。在交流中，由于交流双方对希望交流的认识不同，因而对希望交流者自我意识确立的作用也不同。通常有以下四种情况：其一，自己和别人都认识到的（优点或缺点），有利于形成正确的自我意识。其二，别人未认识到而自己认识到的，较易形成肯定的自我意识。其三，别人已认识到自己未认识到的，这时自我意识确立的情况要视其对交流者信任度的不同而不同，与自己信任的人交流较易形成自我意识，反之，则较难形成确定的自我意识。其四，若自己和别人都未认识到，则难以形成正确的自我意识。

2. 正确地对待自我

（1）要有恰当的自我态势，这是正确对待自我的基础。

自傲的人常常自我炫耀，以居人之上而压倒别人，这很容易使人反感，成为“众矢之的”。自卑的人常常怀疑自我，不敢积极主动地面对别人，容易使人感到懦弱，成为“被遗忘的角落”，恰当的自我态势应是谦虚，是一种良好的道德品质和性格特征，谦虚者在评价自身时，虽不炫耀自己，但因有较强的自信心支持，也不怀疑自己。有了自信心，大学生才不至于一时“天生我材必有用”“天将降大任于斯人”，一时又“我是一只小小鸟，想要飞也飞不高。”

（2）要积极悦纳自我。

在正确认识自己的基础上要积极地悦纳自我，即满意地接受自己。首先，要无条件承认自己、接受自己的一切。好的、坏的，成功的、失败的都要敢于面对和接受。在美国的一间黑人教堂的墙上，刻着这样一句话：“在这世界上你是独一无二的一个，生下来你是什么，你将成为什么，这是你给上帝的礼物。上帝给你的礼物你无法选择，但你给上帝的你可以选择。”其次，要正确认识自己的挫折和失败。有的大学生由于对自己期望很高，总希望自己能够表现得很完美，事实上聪明人不是不失败，而是能够从失败中吸取教训。失败对于成功具有重要价值，可以使人获得更丰富的经验、提高心理承受能力。

3. 有效地控制自我

自我控制是消除自我认知障碍的主要手段。屠格涅夫曾说过：“劝那些刚愎自用的人，说话前要多想，在舌头上多绕几圈。”自傲、虚荣的人如果总是或以位高自居、或以貌美自赏、或以才多自炫，对别人尖酸刻薄、出言不逊，自然会失去别人的尊重和信任。这种人应当有意识地控制自己，说话前在舌头上多绕几圈。自卑的人应经常进行积极的自我暗示、自我鼓励，相信事在人为。当面临某种情况感到信心不足时，不妨自己给自己壮胆：“你一定会成功！一定会的。”或者不妨自问：“人人都能干，我为什么不能干？”如果你怀着豁出去了的心理去从事活动，事先不过多地体验失败后的情绪，就会产生信心。

4. 获取积极的自我体验

对自我有积极的情感体验，才会悦纳自我，才会对自己有期望和要求，才能自我实现。如果对自我缺乏积极的体验，对自己不满意、不喜欢，甚至厌恶，就可能自我否定，甚至自暴自弃。那么，大学生应获得哪些积极的自我体验呢？

（1）积极进取，克服困难，获得成功的体验。

当大学生勤奋学习、克服困难，成功地完成了某项课题的设计，或者某个创新的发现获得了实验的验证，因而获得了教师的好评或满分，这时，他便可以体验到一种成功的喜悦。反之，当学习中遇到困难，遭到挫折时，就会获得一种失败的不愉快的体验。成功的体验使人奋进、向上，失败的体验使人沮丧、退缩乃至消沉。

大学生在学习和工作中，都要积极进取，克服困难，以获得成功的体验，同时，要避免获得消极的失败的体验。即使当人们遭遇到无法克服的困难而失败时，也要主动设法扭转失败的结局，用成功的体验替代失败的体验，这样才能消除因失败给人蒙上的阴影。成功的体验不仅使学生获得快乐，更重要的是使学生获得自信心，使他相信只要自己努力克服困难，便可获得最后的成功。而自信心又反过来构成取得成功的要素。许多学生在学习上未能获得好成绩，并非由于智力低下，而是由于缺乏自信心，一旦确立了自信心，学习成绩便很快进步了。因此，获得成功的体验，消除失败的体验，是提高大学生的自信心、维护大学生的自尊心、培养大学生的独立性与创造性的重要自我体验。

（2）关爱他人，多行善事，获得道德的体验。

个人的行为不仅为成功的体验所鼓舞，也为道德的体验所驱动，因此，获得道德的体验是使自我意识健康发展的条件之一。

道德体验囊括丰富的内容。从帮助盲人过马路，给乘车的老人让座等小事而产生的欣慰感，到“先天下之忧而忧，后天下之乐而乐”，对人民的关爱之情，都属于道德体验。

道德体验的基础在于对他人、对集体、对社会的关爱。因此，最基本的道德体验是有正义感与同情心。正义感，是指明辨是非，坚持真理与正义，反对强暴与邪恶的情感体验；同情心，是指对他人的不幸发自内心地关注、怜悯，感同身受般地痛苦，并竭力给予帮助。没有正义感，没有对是非善恶的爱与憎，就失去了对道德与不道德的情感体验；没有同情心，对别人的不幸与痛苦熟视无睹、麻木不仁，也不会有任何道德与不道德的体验。

道德体验不能由对道德规范的认识而获得，只能由道德行为的实践而获得。日本东洋大学教授户里至正从 1994 年开始对包括土耳其、波兰、塞浦路斯、中国、美国、韩国和日本在内的七国 5000 名学生进行了三年的比较调查，包括向倒在眼前的人伸出援助之手，让座位给老弱妇孺，将食物分给需要的人及捐款或从事义工活动等。结果显示：土耳其学生获分最高，日本学生最低，最缺乏同情心。他认为这同日本的家庭没有向学生灌输是非善恶的道德准则有关，也同日本学生热衷于追求个人利益，无视他人的疾苦有关。

因此，我国大学生要通过积极的道德实践，如帮助有困难的同学和不幸的人，见别人有危难而予以解救，帮助贫困地区的农民脱贫致富，帮助失学的儿童重返校园，给遭受战争蹂躏的外国人民以力所能及的救援等，以增强做人的正义感和同情心，获得高尚的道德体验。

（3）热爱生活与艺术，培养美的体验。

自然界包含了有秩序、有规律、对称、协调等美的特征，社会生活也包括了有节奏的劳动美、人际关系的和谐美、言谈举止的行为美和心灵美等，把自然界和社会生活的美反映在音乐、绘画、舞蹈、戏剧和文学作品之中就构成了艺术美。

热爱生活和艺术，提高对生活、对艺术的鉴赏能力，可以提高人们对美的体验，而美的体验反过来又促使人们对生活的热爱、对生命的珍惜、对祖国的忠诚和对人类的奉献。读文天祥的《正气歌》，会在心中激荡起浩然正气；读范仲淹的《岳阳楼记》，使人心胸开阔，洋溢着对人民的无限关爱；看《清明上河图》的画卷，生发出对祖国历史的追忆；听《黄河大合唱》对侵略者的控诉与愤怒呼号，又勾起了我们对半个世纪前民族灾难的回忆与深思。可见，美的体验不是消极的感受，而是激发起人们的回忆、想象、思考和探索，它催人奋起，催人向上，去创造美好的生活。

四、大学生人际问题与调适

（一）人际交往中常见的心理障碍及其调适

人际交往对大学生完成学业，发展人格具有重要作用。随着自我意识的增强，大学生不愿意再依赖家长、老师，希望用自己的眼光去观察社会，用自己喜欢的方式去结交朋友，但由于心理的成熟度有限，适应能力不强，因此在人际交往中出现一些异常心理，造成人际交往障碍。

1. 自我中心

人际交往是双方的，在交往过程中只有双方都获得一定的满足，才有可能继续维持和发展交往。如果只想自己从交往中获得好处，而不顾及对方的意愿和利益，这种交往注定要失败。以自我为中心的交往主要表现为强调评价标准的自我性，即我认为是什么就是什么；注重自己目的的实现，即我想获得什么利益就应获得什么利益。

2. 心理不相容

心理不相容指在人际交往中因他人不能与自己观点一致，自己不能引起他人的认同而苦恼焦虑。在心理上有不相容障碍的人，总是将自我束缚在一个狭小的交往范围之内，对他人的一些个性特点往往“看不惯”，因而懒得交往。在与人交往的过程中，也常常会为一些在旁人看来微不足道的小事挑起事端，自伤和气。更严重者，当意见发生冲突的时候，容易意气用事，情绪激动，甚至会导致矛盾激化，将事情引向极端，做出对人对己都十分不利的傻事。因此，心理不相容是大学生交往中是一种极为有害的心理障碍。

3. 羞怯

大学生普遍重视交往，具有一种强烈的交往意识，但在实际交往过程中有的大学生又无勇气。无勇气来源于两方面原因，一是害羞，另一个是胆怯。羞怯心理主要表现为自卑性羞怯，这种人对自己的现状悲观，觉得自己不得志，不如某人，因而害怕与人交往，尤其害怕与有所成就的人进行交往，怕他瞧不起自己；敏感性羞怯，有的同学一到人群中就觉得不自在，紧张不安，总感到别人在注意自己、挑剔自己、轻视或敌视自己，以致无法安下心来做事，他们常担心自己被别人否定，总把别人看作是自己的法官；挫折性羞怯，有三种表现：一种是反射性羞怯，如在大庭广众面前受到冷遇，以后遇到类似情况就有种羞怯感；另一种是演化性羞怯，如在和陌生人交往中曾碰到过冷遇，以后与所有陌生人打交道时就会出现紧张；还有一种是习惯性羞怯，一般是由孩提时代的羞怯形成的习惯。

4. 角色困惑

所谓角色，是指某个人在特定的社会和团体中占有适当的位置，被社会和团体规定了的行为模式。有些大学生在交往中没有正确认识自我角色，以及没有根据不同的角色去学习相应的与人交往的行为方式，因此在与人交往中常常碰壁。大学生的角色困惑主要表现为与同龄朋友、同学交往时“一视同仁”。有的同学自认为这是坦诚，不要滑头。殊不知，不顾对象的特点与心理，不顾关系的亲疏；不掌握交往的分寸，是很难取得交往成功的。有的同学以与同龄朋友间交往的态度来对待师长，使对方难以接受或造成反感，导致交往失败。对于人际交往中的障碍，只要努力寻找克服这类现象的调节措施，不断增强自己在交往方面的心理素质，就能有效地改善自己的社会交往，更好地处理人际关系，使自己得到更全面的发展。

5. 嫉妒心理

嫉妒是在人际交往中，发现自己在才能、名誉、地位或境遇等方面不如别人而产生的不悦、自惭、怨恨、烦恼等负面的情绪体验。通常表现为对他人的长处、取得的成绩心怀嫉妒；看到别人出头冒尖不甘心，总希望别人比自己相差无几或比自己落后；看到别人比自己落后时感到莫大的安慰。嫉妒者常常没有竞争的勇气，往往不是正面地去面对和解决自己在竞争中所处的不利状态，而是采取不合法、不道德的行为发泄自己的不满。嫉妒心理是一种危害非常大的不健康的心理状态，一旦产生，就会对自己和他人的生活造成很大的影响，使人际交往失去和谐，交往质量大打折扣。嫉妒的人会失去内心的宁静与平衡，一看到别人比他强就受不了，看到别人受到表扬，他心里就生气和难过，甚至想方设法破坏别人的成功，诋毁别人的名誉。

6. 戒备心理

交往戒备心理是指大学生在人际交往过程中，是人们在认识特定对象时的一种心理状态，由于受某些消极心理因素的影响，形成的不切实际的固执的心理偏见。由于这种偏见的存在，使我们在与别人交往时会歪曲交往对象发出的信息，从而影响人们之间的正常交往。一般来说，交往戒备心理的主要表现形式有以下几个方面。

（1）孤僻。

通俗地说，就是不随和、不合群，不能同大多数人打成一片。产生孤僻的原因有三：其一，孤芳自赏，自命清高，不愿与别人为伍。认为别人的言行都是庸俗浅薄、低级趣味的，为自己所不齿，不值得接近。似乎世人皆醉我独醒，世人皆愚我独智，因而常常独来独往。其二，过分谦卑，不敢与人交往，认为自己这也不是，那也不是，从而人为地把自己孤立起来。其三，有不良的言行，习惯或嗜好，如动作粗鲁、语言肮脏等，使别人无法接纳，从而影响了人际交往。

（2）封闭。

指把自己的真实思想、情感和欲望等掩饰起来，不愿对朋友敞开心扉，以诚相待。有的人甚至严重到对任何人都不信任，对任何人都怀有很深的戒备心，从而阻碍了人与人之间心与心的交流。

（3）猜忌。

指对别人的言语和动作过于敏感、多疑，认为所有人都不可靠，别人一举手一投足都有某种针对性或含沙射影之意，从而顾虑重重，甚至担忧之心溢于言表。在人际关系中受过严重挫折的人最容易产生这种心理。一般情况下，人与人之间的交往，尤其是与陌生人的初次交往，常常会产生一定程度的戒备心理。但是，如果总是顾虑重重、忧心忡忡、对别人不信任，不仅不可能发展良好的人际关系，而且还会挫伤别人的感情。

（4）敌意。

敌意是一种比较严重的人际交往障碍，它已经不是一般程度上的猜忌心理了。怀有这种心理的人常常讨厌他人、仇视他人，认为别人总在寻找机会暗算他、陷害他。把人与人之间的关系视为尔虞我诈，从而逃避与人交往。

（二）交往的原则

这里特别要提出：在人际交往过程中必须遵守一定的原则，这样才能拥有和谐、友爱、互助的人际关系。人际交往的原则可归纳为以下四条。

1. 充满自信，平等待人

充满自信，平等待人是人际交往的前提。一个人只有充满自信，才会走出自我的圈子与人交往。一个人也只有平等待人，才会被人接纳。因此在交往中要记住鲁迅的话：“不要把自己看成别人的阿斗，也不要把别人看成自己的阿斗。”只有尊重自己的人，才可能会得到别人的尊重；只有尊重他人的人，才能得到别人的尊重从而真正实现自我的尊严，这就要求交往的双方要平等待人，把每个人看成和自己相同的人，像尊重自己一样尊重他人，而不能把交往看成自己的“工具”，把别人当作自己需求的事物。

2. 诚实守信，言行一致

诚实守信，言行一致是人际关系的基石，是深化友谊的保证。待人接物要以诚为本，能否以诚待人是衡量朋友质量的一个主要标准。它是指交往的双方必须信守诺言，即所谓的“言必信，行必果。”以自我为中心的人往往只要求对方遵守诺言，自己却经常食言，这样的人际交往势必会陷入困境。而诚心可以使人在人际交往中随时获得别人的信任，并把那些具有同样优秀品质的人吸引到自己身边，建立无须伪装自己的轻松、愉快的社交圈。

3. 互帮互助，互惠互利

互帮互助，互惠互利是人际交往的“润滑剂”。人与人之间的交往本质上是一种社会交换过程。这种交换虽不等同于市场上买卖关系的交换，但所遵循的原则都是一样的，即人们希望交换对自己来说是值得的，希望在交换中的所得大于或等于自己的付出。这是指交往的双方应相互获得满足。当各自的需求与对方所具备的条件正好成为互补关系时，就会产生强烈的吸引。因而在交往中应适当评价他人、赞美他人，这样使对方获得精神上的满足。如果对别人挑三拣四、无端指责，对方不但不能获得精神上的满足，反而要时刻处于防卫状态，自然会阻断人际交往。

4. 严于律己，宽以待人

严于律己，宽以待人是人际交往的“黏合剂”。宽以待人指不计较他人的细枝末节，甚至能容人之短。严于律己一方面指能严格要求自己，不损害他人的利益，另一方面指在受到别人误解甚至责难时能驾驭自己的情感，控制自己的情绪。对朋友不可斤斤计较、求全责备。在交往中相互理解、相互宽容是很重要的，这是指交往的双方必须相互悦纳，一个人的言行举止总是首先引起另一个人或一些人的认可、共鸣、赞同、满意等，这样彼此之间会达到，开朗、豁达的人对人的谦让，并非是怕人，不是没有力量反击人，而是为了团结，为了减少不必要的冲突和心理障碍，主动地容忍他人。

（三）交往的基本技能

1. 主动而热情地待人

心理学家发现，热情是最能打动人，对人最具有吸引力的特征之一。一个充满热情的人很容易受到大家的欢迎，进而拥有良好的人际关系。在这里，首先让自己变得愉快起来是必需的。一个面带微笑的人很容易被人们接纳。

2. 对别人真诚地感兴趣

不少人都想方设法使别人对自己感兴趣，而不明白使别人对你感兴趣，首先应对别人感兴趣。只要你对别人真心地感兴趣，在两个月之内，你所得到的朋友，就会比一个要别人对他（她）感兴趣的人，在两年之内所交的朋友还要多。事实上，人们更喜欢那些对自己感兴趣的人。

3. 发现和赞扬别人的优点

威廉·詹姆斯说："人生中最深切的禀赋，是被人赏识的渴望。"我们应努力发现别人的长处，赞赏别人的优点。有效的赞赏是赞扬他人身上不显而易见的长处，如赞扬一位漂亮女孩聪明或会做家务，而不是只夸她很美丽，这种善于发现他人长处的能力会帮助你在短时间内赢得他人的接纳。再者，可以采取间接赞美的方式。万无一失的赞美应该是间接的。一般来说，背着当事人在其他人面前赞扬其优点，当事人得知后，会觉得你的赞美是真诚的，因此会感到十分高兴。直接赞美别人会怀疑你的动机，而间接的赞美就很容易被接受。

4. 注意人际交往中的语言技巧

人际交往中的大部分信息是通过口头或书面语言来交流的，其中最常用的方式是交谈。交谈的方式和语言的效果息息相关，有几种通病在交谈中必须避免：一忌不理会对方的意见和反馈，只喋喋不休地发表自己的意见；二忌不能专注地听别人讲话，交谈中总是频频打岔，三忌交谈中总是质问对方，让对方感到自己像被审问的罪犯一样；四忌过于亲善或急于巴结对方，语气措辞肉麻不堪，让人难以忍受。交谈是一门大有学问的艺术，谈话者一定要有备而来，交谈前要了解清楚交谈的对象、交谈的环境以及交谈的内容。

同时，善于聆听是交往言语技巧的一个重要组成部分。交往是双向的，讲与听是一次交谈中必不可少的两个方面。一位当代伟人说过："主耶稣给我们两个耳朵，一张嘴，很明显的，就是要我们听比说要两倍以上。"还有人说："很少有人能够经得起别人专心听讲给予的暗示性赞美。"大学生在谈话时更喜欢陈述己见，以引起别人的注意。事实上，倾听别人的讲话会有助于深入的了解。做一个好听众，往往更能引起别人的喜欢。因为和你谈话的人，对他自己的需求更感兴趣。

5. 增加自信

一位研究人际关系的专家曾说："人际关系不好的人大都缺乏自信心。"想保持良好的人际关系，必须先找回个人的自信心。自信心是克服羞怯心理的关键，在人际交往中相信自己的实力，肯定自己的优势，才能认定交往的成功。日本富士山下有所特殊的学校，专门训练人的自信，这个学校上课的全部内容就是让学员在课堂或大街上重复高喊："我能取胜。"希腊著名的演说家狄摩西尼斯，小时候是个性格懦弱、十分害羞的孩子，在众人面前说话口吃，为了改掉这个毛病，他常常独自跑到海边，站在岩石下面对大海，把击岸的巨浪当作听众，练习讲演。经过刻苦努力，他终于能在大庭广众之下讲话时脸不变色、心不慌，成了胆量大、口才出众的人。

6. 恰当的角色扮演

在人际交往过程中，角色变换频繁，如果不能对人际交往的关系有明确的认识，就容易产生角色的困惑心理。例如，亲属关系中的言行不适用于师生的交往；一般朋友关系中的言行不适用于恋人关系的交往……我们在交往中不必一定要把这些关系做机械的、刻板的分类，但也应当在和某人交往时，明确地认识和对方的关系，因为只有这样，才能使自己明确并正确处理与对方的关系。

第三节　时刻做好大学生心理预防工作

一、大学生心理问题的防治

据有关调查资料显示，我国大学生的心理健康状况令人担忧，有相当数量的大学生存在负面心理情绪。大学生因心理疾病退学的，达到退学总人数的50%以上，各种心理问题已成为影响大学生个体发展和学校稳定的重要因素。如何应对大学生心理问题是高校无法回避的紧迫问题。心理健康是心理素质的集中体现，心理健康水平的高低直接反映了大学生心理素质的高低。这里主要介绍防治心理障碍的基本知识，帮助大学生掌握一些常用的心理调适和心理保健的方法。

（一）促进大学生心理健康的基本原则

维护和增进心理健康，需要遵循一定的原则，依据不同作者的意见，大致可以将这些原则归纳如下。

1. 遗传因素、教育因素与人治因素并重的原则

人的生长发育特别是大脑的细胞构筑和工作强度是由遗传基因决定的，但脑的功能和以脑功能为基础的认知策略与能力却是在一定生存环境（教育）中，与环境（教育）相互作用过程中形成的。反过来，人的认知特征又制约着情绪和行为，为此，人要获得健康的心理，只能本着遗传因素、教育因素、人治因素三种因素并重的原则行事。

2. 人与环境的协调原则

心理健康发展过程实质上就是人与自然环境、社会环境能否取得动态协调平衡的过程，因而，学会应对和协调人际关系，对心理健康有重要意义。人对环境的适应、协调，不仅仅只是简单的顺应，而更主要的是积极意义上的能动的改造，使之更有利于心理健康。

3. 身心统一的原则

由于心理健康和生理的紧密相关，健康的心理寓于健康的身体，因此，通过积极的体育锻炼、卫生保健和构建良好的生活方式，以增强体质和生理功能，将有助于促进心理健康。

4. 个体和群体结合的原则

生活在群体之中的个体无时无刻不受到群体的影响，因此，个体心理健康的维护亦依赖于群体的心理健康水平。这就需要创建良好的群体心理卫生氛围，以促进个体的心理健

康。同样，个体心理健康亦对群体产生着影响。

5. 知、情、行相对平衡的原则

心理健康的发展既依赖于相应的知识，更取决于把理论付诸实践的行动。理论是指导，而实践是归宿，离开了理论，行动就缺乏方向和方法；可是没有行动，再好的理论也是纸上谈兵，无济于事。反过来，生活实践又将鉴别认知与行为的正确与否，能不能“吃一堑，长一智”，认识和总结经验教训，又是知与行能否达到平衡的关键。另外，在知与行的过程中必然伴有情绪和情感，它是知与行的动力，但若调节不好，又是阻力，甚至是破坏力。因此，将知、情、行调适平衡，是维护心理健康的重要原则。

（二）大学生心理问题防治的基本方法

1. 大学生心理问题的自我防治与调节

大多数大学生都有良好的心理品质，他们有能力调节和处理成长过程中所遇到的各种压力和问题，但也确实存在一部分学生单单依靠自己的力量已不能有效地面对所遇到的压力和问题，他们需要外界的帮助和引导。否则，这些学生的问题有可能进一步发展，甚至导致心理障碍。因此，大学生要树立科学的健康观。充分认识心理健康在全面提高自身素质和发挥自身潜能过程中的重要作用，自觉维护和增进自身的心理健康、大学生增进自身心理健康的常见方法有以下几种。

（1）学会宣泄

当人的心理处于压抑、烦恼和不快时，需要有人倾诉，有节制地发泄。把闷在心里的苦恼统统释放出来，这是保持心理健康所必需的。宣泄对于抚慰一个人的心灵创伤，是一种极为有益的调节剂。你有内心矛盾、悲伤和痛苦时，不妨向你的朋友统统倾吐出来，这样就感到好像去掉了一个沉重的包袱，心里就会觉得轻松许多，还可以从朋友的劝告中得到安慰与支持。可见，宣泄不仅是人摆脱恶劣心境的必要手段，也可以强化人们战胜困难的信心和勇气。

（2）学会转移注意

当遇到非常不愉快的事情时，要及时摆脱精神负担，可以把精力转移到学习中去或投入到应该干的事情上去，使沉重的心情得到放松，自己也就不再陷于烦恼之中。用新的生活，淡化过去遭受的挫折，以求得心理上的平衡。人在空闲无聊时烦恼最多，而且会让人东想西想，产生一些令人不可理解的念头。但是，繁忙会使人感到充实，多读书、读好书是一种极为重要的解脱方法，它能转移人的思想，带你进入另一个天地，冲淡你的烦恼。一个嗜读的人，读到一本好书，会感到心旷神怡、天地开阔，从中感到极大的乐趣，哪里还有闲心“关注”烦恼。

（3）不推测别人对你的评价

神经过敏的人，总觉得时时处处都有人注意着他，认为别人在和他“做对”“过不去。”把小事看得过于重大，常过多地考虑自己如何如何，不能设身处地地去想想别人，尊重别人，也不能融洽地与别人相处。爱斤斤计较，易于受自己的感觉所扰乱，于是烦闷、愁苦也常常伴随其身。换一种心态看待磨难。美国心理学家马斯洛曾说："一个人面临危机的时候，如果您把握住这个机会，你就会成长，如果您放过了这个机会，就退化。"你如果把困难、坎坷、痛苦、磨难统统看作生活的一个新尝试，当成人生的新课题，你便会发现，每冲破一次危机，你便会增加一分生活的勇气；每征服一个难题，你就多赢得一个成功的机会。这样，你的心理承受能力也就更强了。

（4）改善人际关系

一个人如脱离周围环境和社会，便会增加孤僻、羞怯、敏感的倾向，以至于情绪不稳。"过敏"的人，往往"我行我素"，希望受人注意，获得他人的尊重和关心；但在与人交往中，往往忽视他人的需要和存在，成为自我中心者，对别人过于挑剔，使自己陷入更加孤独的境地。"像你希望别人如何对你那样对待别人"，这是人际关系的黄金规则。在每个人的内心深处，都有一份渴望，渴望别人认同。别人尊重，渴望有一个和谐的人际关系。人际交往中，如果能够自觉地给别人以尊重，能够对别人的正确理念给以足够认同，让别人能够感受到快乐与满足，我相信别人一定会"投桃报李"，给我们以同样的待遇。付出与收获，给予与回报，永远是一对孪生兄弟，关键是我们一定不要吝惜付出，而只想回报。有句老话说得好，"永远不要担心来年的收获，怕的是根本就没有播种。"

2. 构建完善的大学生心理健康教育体系

近年来，各地教育工作部门和高等学校在推进和加强大学生心理健康教育工作方面做了大量的工作，进行了积极的探索，取得了一些成功的经验和明显的效果。高等学校已经把这项工作纳入学校德育工作体系，成立心理健康教育、心理辅导或咨询的专门工作机构，开展相应的教育教学科研和实践活动。高等学校的保健医疗机构也在开展大学生心理健康教育，在心理辅导或咨询方面做了大量的工作。构建完善的大学生心理健康教育体系，培养健全的人格，是预防大学生心理问题的根本途径。

（1）高等学校大学生心理健康教育工作的主要任务

根据大学生的心理特点，有针对性地讲授心理健康知识，开展辅导或咨询活动，帮助大学生树立心理健康意识，优化心理品质，增强心理调适能力和社会生活的适应能力，预防和缓解心理问题。帮助他们处理好环境适应、自我管理、学习成才、人际交往、交友恋爱、求职择业、人格发展和情绪调节等方面的困惑，提高健康水平，促进德、智、体、美等全面发展。

（2）高等学校大学生心理健康教育工作的主要内容

宣传普及心理健康知识，使大学生认识自身，了解心理健康对成才的重要意义，树立心理健康意识；介绍增进心理健康的途径，使大学生掌握科学、有效的学习方法，养成良好的学习习惯，自觉地开发智力潜能。培养创新精神和实践能力；传授心理调适的方法，使大学生学会自我心理调适，有效消除心理困惑，自觉培养坚韧不拔的意志品质和艰苦奋斗的精神，提高承受和应对挫折的能力，以及社会生活的适应能力；解析心理异常现象，使大学生了解常见心理问题产生的原因及主要表现，以科学的态度对待各种心理问题。

（3）高等学校大学生心理健康教育工作的途径和方法

大学生心理健康教育工作要重在建设，立足教育。心理健康教育要以课堂教学、课外教育指导为主要渠道和基本环节，形成课内与课外、教育与指导、咨询与自助紧密结合的心理健康教育工作的网络和体系。

开设心理健康教育方面的课程，学习心理健康和心理问题方面的知识，正确认识心理健康和心理问题，树立科学的健康观，掌握一些心理问题的鉴别方法和常用的心理调适方法。

开展心理健康教育活动，丰富大学生心理学知识，增强他们的心理保健意识，端正他们对心理咨询的看法，引导他们主动寻求帮助，缓解负性的情绪，避免因心理问题加重而导致心理危机的发生。

开展心理素质训练，提升大学生心理调适能力，通过各种途径锻炼他们的意志、训练他们的心理素质，使他们保持心理健康。

开展大学生心理辅导和心理咨询工作，通过各种辅导形式，对大学生的独立生活及社会环境的适应、学习与社会工作关系的处理、人际交往的适应、恋爱问题的处理等多方面进行指导与帮助。

重视并开展大学生心理咨询工作，通过语言、文字等媒介，给咨询对象以帮助、启发和教育，解决其在学习、工作、生活、疾病、康复等方面出现的心理问题。

加强校园文化建设，改善大学生的社会心理环境，通过开展丰富多彩的校园文化生活，满足大学生精神和心理需求，为他们展现天赋和才华、发泄内心的激情、增强竞争意识、获取自信心提供平台。

构建大学生成才服务体系，为大学生心理减负减压，如加强学习与考研的辅导，帮助他们进行职业生涯规划，为毕业生提供就业信息，搭建就业平台，开展就业指导等，为处于困境中的学生提供及时有效的支持，帮助其顺利渡过难关。

（三）心理咨询与心理治疗

心理咨询、心理治疗与心理健康有密切的关系，是治疗心理疾患、保持大学生心理健康、促进其人格发展的重要途径与方法。心理咨询与心理治疗作为应用心理学的分支，在现代社会日益受到重视，应用范围十分广泛。我国高校大学生心理咨询起步于20世纪80年代中期，目前已有了长足的发展。

1. 心理咨询与心理治疗的定义

（1）心理咨询的定义

心理咨询指由受过心理咨询专门训练的专业人员运用心理学知识、理论和技术，针对来访者的各种适应问题与发展问题，通过与来访者协商、交谈、启发和指导的过程，帮助来访者达到自立自强，增进心理健康和提高社会适应能力的目的。

心理咨询是解决大学生心理问题的重要途径，是高校心理咨询机构的基础性工作。心理咨询不同于一般的开导、劝慰和帮助，它是一项专业性很强的工作，是职业性的帮助行为，其中涉及很多技术性问题。心理咨询之所以对来访者能够产生积极有效的作用，关键在于心理咨询者提供了一种与日常生活中的其他关系不同的特殊关系，在这种关系中，咨询手段及其创造的氛围使来访者逐步认清自己所面临的问题和学会以更加积极的方法和态度对待自己、他人和环境。对于心理正常的人，心理咨询所提供的经验可以帮助他们解除成长过程中所遇到的障碍，从而更好地发挥个人潜能；对于有心理问题的人，心理咨询可以帮助他们改变不适应的思维和行为方式，建立新的适应方式。

心理咨询一般具有四个方面的功能：教育功能、发展功能、保健功能和治疗功能。针对学生的特点，大学生心理咨询强调发展性心理咨询，主要帮助大学生得到充分的发展。扫除他们正常成长过程中的障碍。

（2）心理治疗的定义

心理治疗是指在良好的治疗关系基础上，由经过专业训练的治疗师运用心理治疗的有关理论和技术，对在精神和情感等方面有障碍或疾患的人进行治疗的过程。

心理咨询与心理治疗具有一定的区别。心理治疗的工作对象主要是心理障碍者，如神经症、人格障碍、性变态等，帮助来访者消除精神症状、改变病态行为并重整人格。大学心理咨询机构的主要服务对象主要是人格健全的大学生，着重处理大学生人际关系、学习成长、恋爱交友、成长择业等方面的适应与发展问题。

2. 大学生心理咨询和治疗的模式

心理咨询会因为咨询的方式不同、使用的工具和途径的不同等原因而具有不同的模式，首先按咨询的目的来划分，可分为发展性咨询和心理障碍咨询；按照咨询的途径可以划分为现场咨询、电话咨询、信件咨询、专栏咨询、网络咨询等；按咨询对象的人数来划分，又可分为个体咨询和团体咨询。

（1）电话咨询

电话咨询是咨询者利用通话方式对来访者给予帮助或指导的一种咨询形式。电话咨询的出现，主要是因为它可以使想要进行心理咨询的人抛开固有的观念，具有一定的隐蔽性和安全性。现目前高校中大多配备有心理热线，可以帮助那些不愿到咨询室的同学处理相关心理问题。由于这种形式的方便快捷性，不需要来访者到咨询室进行预约，所以也用于一些处在危急状态（如自杀）的事件中。

（2）信函咨询

信函咨询是一种通过书信往来咨询解答问题的咨询形式。一些性格内向、拘谨、不愿当面吐露真情、怕难为情的求助者，常采用这种形式。这种形式优点是可以打破空间限制，求助者在向咨询人员陈述自身问题过程，也可以让自身状况更加了解，并且书面的语言不受笔者的时间限制，他可以尽详细地描述自己的问题。其缺点是通过书信所耗的时间会更长些，且缺乏和咨询人员的良好互动，咨询人员不能像现场咨询那样利用观察，得到更多的信息。

（3）专栏咨询

专栏咨询是通过广播、电视、报刊、黑板报等形式解答人们提出的某些心理问题。其优点是宣传面较广，影响较大，如选择且有代表性而又适宜公开答复的问题，邀请心理咨询专家公开答复。其缺点是缺乏双向交流，且往往涉入的问题不会太深，咨询人员不能详细了解到求助者的实际情况，使咨询的效果受到影响。

（4）网络咨询

随着现代网络沟通方式的发展，人们的沟通方式又增加了很多种。如 QQ、E－mail、微信等既快捷又方便的工具。且在使用网络工具的时候，由于它更具有匿名性、虚拟性、无限性、开放性、互动性、方便快捷和成本低廉等特点，所以也越来越受到求助者的青睐。

（5）个体心理咨询

个体咨询是一种一对一的咨询形式，求助者来到咨询室同咨询人员进行面对面的交谈。使用这种形式，咨询人员可以通过在与求助者交谈的过程中，借助语言、声调、表情、肢体行为等手段深入地进行观察，并可以及时地对咨询策略进行调整。

（6）团体心理咨询

团体心理咨询又被称为小组辅导，是相对于个体咨询的一对一的一种咨询形式，是由咨询员同多个求助者组成的团体共同进行商讨、训练、引导，解决成员共同的发展问题或共有的心理问题。团体心理咨询的优越性在于将团体作为一个微型环境，为那些在现实生活中受到挫折、压抑的成员提供一个宽松的心理环境。在这个宽松的环境中，参与者探索自己与他人相处的方式，学习有效的社会技巧；团体成员之间能讨论彼此的心得体会，并不断审视改进自己，培养成员的信任感和归属感。团体心理咨询可以调动丰富的资源，充分发展成员的潜力，并且效率较高。团体心理咨询可用来满足各种特殊群体的需要，是当代发展最快的心理咨询和治疗的形式之一。团体心理咨询自 20 世纪 90 年代初传入中国后，高校经过开展团体心理咨询的研究表明，团体心理咨询对改善大学生人际交往能力、全面客观认识自我、增强自信心和责任感、提高抗挫折能力、社会适应能力等方面具有积极作用。

二、大学生心理危机干预与预防

社会竞争激烈，学习和就业压力增大，加上身心疾病、感情波折和经济困难等因素，大学生心理危机时有发生，甚至出现自杀和违法犯罪等恶性事件。大学生心理危机问题已经开始引起全社会的广泛关注。自杀（伤）、杀（伤）人、离家出走，这些事件近年来在高校校园中时有发生。人们不禁要问：今天的大学生怎么了？是什么原因导致了这些悲剧事件的发生？相关的研究表明，心理危机是引发诸多悲剧事件的“元凶”。教会大学生正确认识心理危机，科学应对它，有效预防和干预它，是大学生心理健康工作的重要内容。

（一）心理危机概述

1. 心理危机的含义

心理危机干预理论的创始人开普兰从 1954 年开始对心理危机影响做了系统研究。他认为，每个人都在不断努力保持一种内心的稳定状态，保持自身与环境的平衡与协调。当出现重大问题或变化使个体感到难以解决、难以把握时，平衡就会被打破，正常生活受到干扰，内心的紧张不断积累，继而出现无所适从甚至思维和行为出现紊乱，进入一种失衡状态——心理危机。心理危机是指个体运用寻常应付方式不能处理目前所遇到的内外部应激而陷于极度的焦虑、抑郁甚至失去控制、不能自拔的状态。

2. 对心理危机的认识

心理危机就是当一个人而对的困难情境超过了他的应对能力时，产生的一种暂时性的严重心理失衡状态。应该认识到：首先，心理危机是人们而对自认为其自身现有的能力和方法不能克服或解决面临的困难或境遇时，所产生的一种心理状态。其次，心理危机是一种严重的心理失衡状态，高度紧张、焦虑，难以自我控制，情感、认知和行为功能失调，心理处于崩溃边缘。最后，心理危机是一种暂时性的心理失衡，及时调节和干预，可以使这种状态得到有效缓解和消除。

心理危机的后果往往是危险和严重的，忽视心理危机，不仅是无知的，更是不负责任和不能允许的。大学生不仅要有警惕心理危机的意识、辨认心理危机的常识，更应该具有对待一系列危机的科学态度和基本能力。

3. 心理危机信号的识别

存在心理危机倾向和状态的大学生，他们一般表现为情绪剧烈波动或认知、躯体、行为等方面有较大改变，且用平常解决问题的方法无法应对。

对存在下列因素的学生，可以作为心理危机干预的高危个体予以特别关注，并注意心理危机信号的早期发现。

（1）重大改变。如个体生活中发生重大事件、遭受挫折境遇、面临严峻挑战、遇到严重阻碍。

（2）无能为力。惯用的干预策略防御机制失效，努力尝试解决失败，产生严重的乏力感和失控感。

（3）心理失衡。以往平静、平衡和稳定的状态被打破，各项功能出现明显失调，认知狭窄负性（只看到消极、悲观、无望）、情感低落、易躁（抑郁、烦躁、易激动）、行为刻板（不能做灵活的选择、作为或重复无效行为）。

（4）在心理健康测评中筛查出来有严重心理问题或有自杀倾向。

（5）过去有过自杀的企图或行为，当前有自杀倾向，家庭亲友中有自杀史或自杀倾向。

（6）有严重心理疾病，如患有抑郁症、躁狂症、恐惧症等心理疾病。

（二）高校心理危机事件的干预

心理危机干预是指在心理学理论指导下对有心理危机的个体或群体的一种短期的帮助行为，其目的是及时对经历个人危机、处于困境或遭受挫折和将发生危险的对象提供支持和帮助，使之恢复心理平衡。它不同于一般的心理咨询和治疗，最突出的特点是及时性、迅速性，其有效的行动是成功的关键。虽然大学生心理危机存在一定特点，但导致危机的原因复杂，致使高校在大学生心理危机干预中很难找到具有针对性的方法。大学生心理危机的干预和预防要始终坚持原则，有效地预防和干预大学生心理危机。

1. 高校心理危机干预的原则

（1）预防原则

导致危机最本质的因素是压力和问题的重要性，当个人经历或目睹重大突发事件发生时，一旦超过其平时身心所能承受的压力，又无法通过常规的问题解决手段去对付面临的困难，便会陷入惊慌失措的情绪状态，从而使个人失去导向及自我控制力。这是一种无法承受的局面，它具有引起人的心理结构颓败的潜在可能，因此必须尽早干预，一般在数小时、数天或数周以内为佳。

（2）发展原则

危机既意味着“危险”，又存在着“机会”。一方面危机是危险的，因为它可能导致个体严重的病态；另一方面危机也是一种机会，因为它带来的痛苦会迫使当事人寻求帮助。如果当事人能利用这一机会，则危机干预能帮助个体成长和自我实现。危机干预应遵循“促进当事人和当事人所在团体的发展”为基本原则。通过危机干预，充分调动当事人的积极资源，在有效应对当前危机的基础上，从中获得新的经验，重整认知结构，能够从不利中看到有利，从绝望中看到希望，从危机中看到生机，使自己变得坚强和自信，全面提高应对未来的心理素质和能力。

（3）释放为主原则

心理危机是不良情绪积累到超过心理防御临界点而发生的。理性的压力和非理性内驱力（潜意识状态）经常出现相互倾轧。即使理性获胜，个体也将产生抑郁或焦虑，如果能及时恰当地释放这种不良情绪或冲动，将很好地减轻心理压力。有关研究显示，处在心理危机状态中的大学生以性格内向者为主，往往不善于表达自己的情绪，不喜欢与人交往，适应困难，情绪不稳定，多愁善感，致使来自内部的欲望冲动和外部刺激形成的不良情绪日积月累，遇到生活事件的刺激时更易出现心理危机。对于我国大学生来说，尤其要及时提供释放的机会。

（4）价值中立原则

当大学生因学业受挫、恋爱失败、人际冲突等原因导致心理危机时，原因多与个人的人生观、价值观有非常密切的关系。对大学生进行心理危机干预，应遵循“价值中立”原则，在尊重、理解、共情的基础上，避免以任何个人或社会的价值规范来影响来访者，不对来访者的经验作价值判断。即“教育者需要超然于双方价值观念的冲突，采取中立的态度，创造一种和谐、轻松的氛围，从而使来访者能够充分展示自己的思想、情感和行为。”对于处在危机状态中的大学生主要是启动社会、学校和家庭的心理支持系统，暂不对导致危机的原因、危机行为等进行道德、情感或法律等方面的评判，只给予危机个体一些关爱和帮助，使他们找回生存的勇气和信心，迅速脱离危机。

（5）多方参与干预原则

大学生心理危机的成功干预要靠多方力量的参与和协调。例如，作为大学生心理危机干预的主要力量，辅导员应与学生干部和学校其他部门，比如心理咨询中心、校医院、校学生工作处和校保卫处等部门保持密切的联系，经常沟通商讨危机干预的常规措施，组成立体的心理危机干预支持系统。这样在危机真正发生时，能做到协调有序、有规可循，取得较好的干预效果。辅导员除了与学校各方面配合工作以外，在对心理危机高危个体或人群实施心理危机干预时，还必须有家长或亲属、朋友、同学的积极参与和配合。

2. 大学生心理危机干预的具体措施

大学生心理危机干预是一项复杂的系统工程，具体措施如下。

（1）建立心理危机干预知识培训制度

由学校心理健康教育中心组织分批对各院系分管学生工作的领导，辅导员，班主任，学生宿舍管理员，保卫人员，各班心理联络员以及各研究生会、学生会主要干部，社团负责人开展心理危机干预知识的培训。

（2）公布应急求助信息

通过开设课程、举办讲座、发放资料、网络专题咨询等指导学生掌握心理调节的方法，了解处于心理危机状态中的人有何表现。如何进行干预，公布心理求助热线电话、校医院急救电话、辅导员电话等。

（3）建立大学生心理与行为问题监测网络

监测网络采取“五级网络”模式，每一级网络都指定专人负责，定期向上级网络报告。“五级网络”（以下简称“五级网络”）是指学校为做好心理健康教育与预警工作设立的学校、职能部门、学院三级工作机构和班级、宿舍两级学生干部，具体包括：学校学生心理健康教育与心理危机干预领导小组、学生工作处心理健康教育与咨询中心、学院心理辅导站、班级心理委员和宿舍心理信息员。

（4）建立健全大学生心理档案

通过对新生进行心理健康测量，建立大学生心理档案，掌握容易产生心理问题的学生的心理健康状况，特别关注有严重生理和心理疾病以及有自杀倾向的学生，以及在学习和生活中遇到突然打击和受到意外刺激的学生。对发现有问题的学生采取重点辅导、专人管理、及时矫治的措施。

（5）建立大学生心理与行为问题应急处理机制

全校性的因突发事件而产生的大学生心理与行为问题，由二级网络统一进行综合评估，做出初步判断，提出处理办法。院系性的因突发事件而产生的大学生心理问题，由三级网络统一进行综合评估，做出初步判断，提出处理办法，并将评估、判断和处理情况上报二级网络。二级网络在综合各院系情况的基础上，再将情况上报一级网络。对自伤、自杀（或自杀倾向）者立即送医院救治或进行监护，并报告上级负责人。由当事人亲近的一至两位人员或指定专门人员进行心理救护，稳定和疏导情绪；帮助危机当事人建立社会支持系统；向危机当事人提供应对机制并与其共同制定缓解危机的行动步骤；注意危机后期的安全保护和心理康复工作，防止意外再次发生。

（6）建立大学生危机干预档案

三、四、五级网络要将大学生危机事件的处理情况详细记录，将书面材料交学校心理健康教育中心或心理咨询中心、学生处存档，以备必要时调用。

（7）建立和强化大学生心理辅导制度

提高心理辅导质量，丰富心理健康教育内容，营建良好的心理文化环境，让“珍爱生命、美丽心灵”“健康的一半是心理健康”“追求成长、超越自我、完善自我”等心理健康意识深入人心，使大学生学会用心理保健知识维护自我心理健康。

对从事这项工作的队伍而言，心理危机干预的主力是受过专门训练的心理咨询师，但教师、管理者、同学、家长、社会工作者也都是危机干预队伍中的重要成员。从危机干预的体系建构来讲，仅仅依靠某个部门或中心（如危机干预或心理咨询中心）常常难以做到有效干预，它需要学校不同部门、机构的相互配合，这些部门和机构包括学生处、校医院、保卫处、院系学生工作委员会、辅导员、学生会等。

（三）大学生自杀行为的预防与干预

自杀的心理学家费立鹏教授曾呼吁：“自杀，一个都太多。”一项调查数据显示，自杀在中国人死亡原因居第五位，而15岁至35岁年龄段的青壮年中自杀排在死因首位。大学生作为一个特殊的群体，自杀率相对较高，近年来自杀人数也呈上升趋势。据南京危机干预中心对南京部分大学的调查发现，大学生自杀率约20/10万。虽然自杀在大学生总体中只是极少数，但由于生命的不可逆性，其影响、危害及后果都极为严重。因此，大学生提高心理健康水平，有效预防自杀，保障生命安全，以及维护社会稳定和家庭的完整，都具有十分重要的意义。长期以来，大学生自杀均已成备受关注的社会问题。

1. 自杀的含义

自杀是指个体自行采取结束自己生命的行为。它包含三个要素：自杀动机或想死的念头、可能导致本人死亡的行为、死亡的结局。

自杀的心理过程大致可分为三个阶段。

第一阶段，自杀动机的形成。个别学生在遭到挫折或打击时，表现为遇到难以解决的问题，为逃避现实，为解脱自己而准备把自杀当作解决问题的手段。例如，某位大学生因生活自理能力差，对大学生活难以适应，成绩因此一落千丈，自感生活毫无意义，便决定以自杀来寻求解脱。

第二阶段，心理矛盾冲突。自杀动机产生后，求生的本能会使自杀倾向者陷入生与死的矛盾冲突之中，从而表现出谈论自杀、暗示自杀等直接或间接表现自杀企图的信号。其一是自杀倾向者内心激烈动机冲突的行为表现；其二是自杀倾向者有意无意发出的求救信号，意在引起别人的关注或赢得别人的救助。此刻，如能得到他人的关注或帮助，寻找问题解决之道，自杀倾向者很可能会减轻或打消自杀的企图，以更积极的态度直面困境。这是自杀行为可以预防和救助的心理基础。故这个阶段是自杀预防的最佳时机和关键阶段。遗憾的是，周围的人往往有一种认识的误区，往往认为常喊着要自杀的人其实不会自杀，因而不太关注自杀倾向者发出的信号，疏忽其一系列暗示和反常行为，悲剧发生后才如梦初醒，懊悔不已。

第三阶段，自杀倾向者平静阶段。自杀倾向者似乎已从矛盾冲突中解脱出来，决死意志坚定，情绪逐渐恢复，表现出异常平静，考虑自杀方式，做自杀准备，如买绳子等。等待时机一到即结束生命。其一，自杀倾向者表现得轻松如常，情绪乐观，似乎已经从心理困扰中解脱出来，不再谈论或暗示自杀，不再表现冲突的行为。其二，主动与人接触。有些人开始向好友分发心爱的纪念品，有些人向有隔阂的人表示宽容或寻求谅解。此时他人以为其已回心转意，心理状态已好转，从而放松警惕，放松对自杀倾向者的监控。当然不排除是自杀倾向者心理状态好转的表现，但这往往也是自杀态度已经坚定不移的一种表现。因为发展到这个阶段，自杀倾向者认为自己已经找到了解决问题的办法，不再为生与死的选择而苦恼。因此他们不再谈论或暗示自杀，表现出各方面的平静。目的可能是为了摆脱旁人对其自杀行为的阻碍和干预。

2. 大学生自杀危机的识别

很多自杀者，其实并不是完全想死，只是死这个心结没法打开，也没有人去帮助他们打开，于是选择了自杀。自杀者自杀前会有种种征兆和自杀企图，他们的自杀可疑行为没能引起周围的人足够的重视。

（1）大学生自杀的预兆

第一，言语征兆。有自杀念头的大学生会谈论与自杀有关的事情或拿自杀开玩笑，流露出无助、无望的情感。他们会谈论自杀的计划，包括自杀方法、现有的自杀工具、时间和地点。他们会有与亲朋告别等言行，直接说出“我希望我已经死了”，或间接地说“我再也受不了了”等。

第二，行为征兆。行为征兆表现为出现突然的、明显的行为改变。如中断与他人的交往，退缩，独处突然增多，或危险行为增加等。

第三，其他征兆。躯体征兆，如进食障碍，失眠或睡眠过多等。有过自杀未遂或有过自伤行为。最近周围有人自杀，尤其是亲友或崇拜的明星死亡或自杀，或有其他损失，如父母离婚等。

（2）大学生自杀企图的表达

了解自杀企图是识别自杀的前提条件。心理学家威海顿提出 13 种青少年自杀企图表现，如下：

第一，向他人寻求帮助。

第二，希望从挫折的环境中逃离。

第三，将可怕的想法表达出来。

第四，试图影响他人或使他人改变主意。

第五，忽然表达对别人的爱。

第六，对于过去做过的事向某人道歉。

第七，为他人做些好事。

第八，害怕重复他人走过的路。

第九，希望别人理解自己内心的感受。

第十，发现对方是否真爱自己。

第十一，情况不能容忍以致他必须做些事情改变却不知如何改变。

第十二，生活失去控制却不知如何使其回到轨道。

第十三，想死。

任何一种自杀企图的表示，都应该引起足够的重视。

3. 大学生自杀倾向的预测

对有自杀倾向者的预测主要通过心理测验和心理健康调查，以及依靠临床经验判断。在各种心理测验中最为简单易行并且在筛选心理障碍中有明显作用的是《大学生心理健康调查表》（university personality inventory，简称 UPI）。UPI 是为了早期发现早期治疗有心理问题的学生而编制的大学生精神卫生、人格健康调查表。

4. 大学生自杀行为的预防和危机干预

9 月 10 日是全球“预防自杀日”，自杀行为的预防是一项艰苦而复杂的工作。自杀的危机干预指对已有明显自杀企图或已进行过自杀尝试和自杀未遂的人进行干预和调停，防止其进一步的自杀行为。

（1）大学生自杀行为的预防

首先，普及大学生的自杀预防和危机干预常识。开设自杀行为预防和危机干预讲座。自杀预防教育旨在通过举办讲座、散发学习材料等手段来提高大学生对自杀行动的认识和控制，使其突破情绪抑郁时的自我封闭，客观地看待人生，以增强对自杀意念的抵御能力。

其次，建立危机预警等社会支持体系。处于自杀危险状态下的大学生担心一旦暴露了自己的自杀想法，就会被别人当成另类看待，而忽略了在他们身边可以利用的社会资源，如老师、同学、家人等。而心理学研究指出，每个人都有与他人建立有效且正向关系的需求。在一种无助的情境下，关心、照顾与亲密的互动关系，就是一种“支持”。对于自杀的社会干预，就应该形成一种有效的支持性社会环境。所以，当大学生处于自杀危机时，应引导其寻求有利的社会支持，如选择自己信赖的朋友或亲人，分享自己的苦恼，使其能得到及时、有益的帮助。在日常学生管理中，建立危机预警体系，如构建“班级心理委员”大学生学生互助工作模式，设立心理委员培训制度，有利于对有心理危机征兆的大学生进行帮助。

最后，大学生建立理性认知。大学生的成长，依赖于自己的体验和内化，建立理性认知。而当大学生处于自杀的心理危机时，情绪低落、意志消沉，很难做到理性认知，善待自己。要建立理性认知，善待自己，首先必须转变诸如“我一文不值”“我走了，别人会过得更好”等非理性认知，以理性认知去替代之。一是放松身心；二是发挥自我教育的潜力，磨炼意志，培养广泛的业余爱好，并合理宣泄，消除孤单感和失落感，形成乐观向上的生活态度和健康愉悦的情绪特征。

（2）矫正自杀的非理性观念

社会大众对自杀行为的认识有一些非理性的观念，若不加以矫正，对自杀行为的预防不利。自杀的非理性观念如下。

第一，自杀无规律可循。自杀事件常常带有突发性，一旦发生，周围的人常感到意外。其实大部分自杀者都曾有过明显的直接或间接的求助信息。他们在决定自杀前会因为内心的痛苦和犹豫而发出种种信号。

第二，宣称自杀的人很有可能自杀。研究表明，50%的自杀者在自杀前曾向他人谈论过自杀，这种人很可能会有自杀的举动，必须高度重视。

第三，一般人不会有自杀的念头。很多人认为一般人不会有自杀的念头。但是国内外研究表明，30%～50%的成年人曾有过一次或多次自杀念头。对于性格健康的人，自杀意念可能只是一闪而过，很少发展为真正的自杀行动；而性格或精神卫生状况存在问题的人在缺乏社会支持时，自杀念头有可能转变为自杀的行为。

第四，所有自杀的人都是精神异常者。事实证明自杀的人大多不是精神病人，只有20%的自杀者有抑郁症或精神分裂症，大多数自杀者都是正常人。

第五，自杀危机改善后就不会再有问题。自杀危机改善后，至少在3个月内还有再度自杀的可能，尤其是抑郁病人在症状好转时最有危险性。

第六，对有自杀危险的人不能提及自杀。实际上受自杀困扰的人往往愿意别人与他倾谈，听他诉说对自杀的感受。如果故意避开不谈，反而会因被困扰的情绪无从分解而加重情绪问题。

第七，自杀者非常想死。事实上大多数的自杀者通常是在生死之间犹豫不决的。

第八，有过一次自杀行为，以后还会自杀。事实上他们只是在某个有限的时间会想到自杀。如果他们能够找到其他的解决问题的方法，他们会继续生存下去，生活得会很充实、有价值。

第九，自杀具有遗传倾向。事实上自杀是没有遗传倾向的，然而自杀者的自杀行为对其他家庭成员来说会有很深的影响。

第十，学业问题是青少年学生自杀的主要原因。学者们研究发现，50% 以上大学生自杀者自杀的首要原因涉及与父母的关系，其次是男女感情，然后才是学业问题。

（3）对大学生有自杀倾向者的帮助要点

我们可以从以下方面来帮助一个有自杀征兆者或自杀未遂者。

其一，倾听自杀倾向者的倾诉。保持冷静和耐心地倾听对方的倾诉，要听其内心的感受，认可他表露出的情感，接纳而不做任何评判，更不要试图说服他改变已有的想法，避免对方逆反心理。

其二，掌握帮助有自杀倾向者的常用话术。询问一个人有无自杀念头不但不会引起他自杀，反而也许会挽救他的生命，所以我们要科学地询问对方是否想自杀或者对自杀的感受。

具体的话术列举如下：一是你有权利自杀。含义：尊重、接纳他，明确是否自杀是你的事，你要对自己的行为负责！二是自杀是每个人一生中都曾经出现过的想法。含义：你不是世界上唯一一个有自杀念头的人，你自己不必为有这样的想法恐惧或自责。三是自杀是一个人遇到困难还没有找到解决办法时的一种想法。含义：其实强调自杀是摆脱痛苦的手段而不是目的。四是你遇到了什么困难让你痛苦万分而想到要自杀？这些困难具体是什么？含义：把话题引向深入，发现他的具体困难和痛苦是什么，他遇到了什么问题，为下一步提供心理援助打下基础。

其三，相信有自杀倾向者所说的话。当他说要自杀时，要认真对待，不要答应对方为他自杀的想法保密，而要鼓励他寻求更多人的帮助和支持。

其四，对有自杀倾向者采取预防措施。对于你认为那些当时自杀的危险性很高的自杀倾向者，要立即采取措施，不要让其独处，去除其身边的危险品，立即陪其去心理卫生服务机构或医院接受评估和治疗。

其五，对有自杀倾向者的紧急救护。如果自杀行为（如服毒、割腕等）已经发生，要立即将其送往最近的急诊室。

第五章　大学生的常见心理障碍与心理健康

第一节　人格、人格障碍与心理健康

一、人格概述

（一）人格的内涵

人格（personality）一词最初来源于拉丁语中的Persona，是“面具”的意思，是指艺术表演中同一个演员可以戴不同的面具来表演不同的角色，这体现了个体人格的多样性。面具比人的面部表情变化更少，寓意人格的稳定性。基于它的上述特点，后来该词被引人心理学领域，用来描述人的心理。

对人格的定义现有50多种，心理学关于人格的定义到目前为止仍然没有形成统一的意见。但被普遍认同的对人格的定义是指具有不同素质基础的人，在不尽相同的社会环境中所形成的意识倾向性和比较稳定的个性心理特征的总和。人格由表及里地表现出一个人独特的心理面貌，是一个复杂的组织系统，是关于人本质的描述。它既有表现于外的给别人印象的特点，又有外部未必显露但可以间接测得和验证的特点，是一个人外在品质和内在特征的统一。因此，人格包含了一个人的意识倾向性、个性心理特征以及自我意识三个方面。

1. 意识倾向性

意识倾向性是指影响或决定人的行为方向的相关心理现象，如需要、动机、兴趣、信念、世界观等。

2. 个性心理特征

个性心理特征是指在心理活动中表现出来的比较稳定的心理特点，包含气质、性格和能力。

3. 自我意识

自我意识是个体对自我的意识，由自我认识、自我体验和自我调节三方面组成。

狭义的人格概念是指人的非认知性的人格特质，即意识倾向性、气质和性格等的综合，最狭义的人格等同于性格。

（二）气质

日常生活中，人们一提到气质，就和风度、气度联系在一起。在评价一个人的言谈举止时，都会用“气质”二字。从心理学上谈气质，更多是指人的脾气、秉性。

1. 气质的含义

气质（temperament）是指人们常说的“脾气”和“秉性”，是指人生来就具有的、典型的，表现在情绪和行动发生的速度、强度、持久性、灵活性、稳定性、指向性等方面的动力性的个性心理特征。具体指心理活动的速度、强度、稳定程度以及心理活动的指向，如感知觉的敏锐度、思维的灵活性、情绪的反应性等。每个人生来都有某种气质，而且在内容完全不同的活动中，具有某种气质的人，会显示出同样性质的动力特点。

人的气质有一定的先天性，如新生儿有的表现出安静、胆小的特点，有的表现出好动、吵闹、大胆的特点。一个人的气质特征有着极大的稳定性，但在环境和教育的影响下，气质也会发生某种变化。因此，气质既有稳定性的一面，又有可塑性的一面，是先天性、稳定性与可塑性的统一。

2. 气质的类型和特征

人的气质可以划分为几种类型。公元前5世纪，古希腊医生希波克拉底和古罗马医学大师盖伦提出了气质学说。他们认为，人体内有四种体液：血液、黏液、黄胆汁、黑胆汁。根据这四种体液各自在体内的比例优势，可以把人的气质划分为四种类型，即多血质、黏液质、胆汁质、抑郁质。希波克拉底的这一分类，后来被俄国的生理学家和心理学家巴甫洛夫证实。巴甫洛夫提出了高级神经活动的类型学说，他认为，气质是由人的高级神经活动类型决定的。人的高级神经活动类型是气质的生理基础，气质是高级神经活动类型的外在表现。他认为动物和人的神经系统具有两大功能：一是兴奋，二是抑制，这两大功能构成神经活动的基本过程。神经系统在兴奋和抑制过程中，又有三种特性，即兴奋和抑制的强度、兴奋和抑制之间的均衡性以及兴奋和抑制之间互相转化的灵活性。巴甫洛夫依据这三种特性的不同结合，划分出高级神经活动的四种类型，即兴奋型、活泼型、安静型和抑制型，分别与四种气质相对应。表5－1说明了高级神经活动类型、特点、对应气质类型及表现对照表的关系。

表5－1　高级神经活动类型、特点、对应气质类型及表现对照表

高级神经活动类型	高级神经活动特点	气质类型	行为方式的典型表现
兴奋型	强而不平衡型	胆汁质	直率热情，精力旺盛，情绪易冲动，内心外露、心境变换激烈，脾气急躁、易怒，果断

续 表

高级神经活动类型	高级神经活动特点	气质类型	行为方式的典型表现
活泼型	强而平衡灵活型	多血质	活泼、好动、敏捷，反应迅速，情绪发生快而多变，表情丰富、喜与人交往，注意力、兴趣易转移变化，缺乏持久力，浮躁、轻率
安静型	强而平衡不灵活型	黏液质	安静、稳重、冷静，情绪发生慢而强，思维、言语、动作迟缓，沉默寡言、情绪不易外露。注意力稳定难转移，善于忍耐，坚毅、执拗
弱型（抑制型）	弱而不平衡型	抑郁质	情绪体验深刻，行动迟缓，多愁善感，能察觉他人不易察觉的事，言语动作细小无力，胆小、孤僻

3. 气质在现实中的作用

（1）气质本身并无好坏之分

人的四种气质类型（胆汁质、多血质、黏液质、抑郁质）之间并无好坏之分，每种气质类型都有可能形成积极或优良的心理品质，也都有可能形成消极的心理品质。如胆汁质的人可以形成热情、开朗、刚强、动作迅速有力、生气勃勃、工作效率高等良好品质，但也容易形成暴躁、任性、蛮横、粗野等不良品质。一个人的气质究竟向哪个方向发展，关键在于后天的环境，尤其是教育。因此，人们可以根据气质的可塑性特点改善自身气质，做到扬长避短。大多数人的气质类型属于中间型或混合型。

（2）气质会对智力活动、职业等产生影响

气质对智力的影响主要表现在它能够影响智力活动的性质和效率，同时还会在心理活动的强度上产生影响。如多血质的人，情绪感受表现较为强烈，很难长时间集中精力从事某种需要细致和持久的智力活动；而黏液质、抑郁质的人，情绪感受表现较弱，但体验深刻，他们较适合从事那些需要细致和持久的智力活动。另外，气质类型也可以成为职业选择的依据之一，某些气质类型的特征能为一个人从事某种职业提供有利条件。一般来说，需要迅速、灵活品质的工作对胆汁质和多血质的人比较合适，而黏液质和抑郁质的人比较适合做持久、细致的工作。人们可以根据自身气质的特点，对未来的职业进行适合自己的选择，从而更好地发挥自己气质方面的优势。

（三）性格

性格是个性的重要心理特征，是区分个性的主要心理标志，性格在反映人的行为取向时，可以从外在行为上表现出来。性格还可以反映出一个人的动机和态度。因此，性格是行为方式和现实态度的统一体。

1. 性格的含义

性格（character）一词来源于希腊文，原为“雕刻”的意思，后来转意为印刻、标记、特征。性格是指一个人在社会实践活动中所形成的对现实的稳定态度以及与之相适应的行为倾向性，是一种与社会关系最密切的人格特征。性格主要体现在对自己、对别人、对事物的态度和所采取的言行上，是在后天社会环境中逐渐形成的，是人的最核心的人格差异。

2. 性格的特征

性格是一个十分复杂的心理构成物，它有多个侧面，包含多种多样的性格特征，主要的特征有四个方面。

（1）性格的态度特征

态度是人在社会生活中所形成的对某种对象的相对稳定的心理反应倾向。由态度构成的性格特征主要表现在对社会、集体、他人，对劳动、学习、工作的态度以及对自己的态度所构成的性格特征。

（2）性格的理智特征

性格的理智特征是指人们表现在感知、记忆、想象、思维等认知方面的个体差异。如感知方面是主动观察还是被动观察，记忆方面是主动记忆还是被动记忆，思维方面是独立型还是依赖型或是分析型还是综合型等。

（3）性格的情绪特征

情绪对人的活动的影响或人对情绪的控制具有某种稳定的经常表现的特点，这些特点就构成了情绪特征。情绪特征表现在情绪强度、稳定性、持久性、主导心境四个方面。

（4）性格的意志特征

意志是为了达到一定目的，自觉地组织自己的行为，并与克服困难相联系的心理过程。性格的意志特征主要表现在行为目的的明确程度、行为的自觉控制水平、长期工作和在紧急或困难情况下表现出来的意志特征方面。

3. 性格的表现

（1）性格在活动中的表现

人的性格特征常常在各种活动中表现出来。如有的人在活动中习惯于指挥别人，充当“领袖”，有的人则不愿出头露面，甘当实施者。

（2）性格在言语中的表现

一个人的言语风格往往表现出某些性格特征，如健谈者多开朗、善交际，寡言者多内向、不愿自我暴露。

（3）性格在外貌上的表现

面部表情、姿态甚至穿着，也在某种程度上反映出一个人的性格特点。如经常面带笑容的人和经常面带愁容的人性格大不相同，高傲的人多是摇头晃脑、昂首挺胸，谦虚的人往往躬身俯首，微缩双肩。一个人走路的快慢、说话时的手势、坐姿等往往能表现出不同的性格特征，衣服和饰物也可以表现出人的性格特征。

（四）气质与性格的关系

气质与性格都是人的个性心理特征，两者在表现个性特征的角度、可塑性程度、社会意义方面各有不同。

气质是个体心理活动的稳定的动力特征。性格是一个人表现在态度和行为方面的较稳定的心理特征。气质和性格相比较，气质受先天因素影响较大，变化比较难、慢；性格主要是后天形成的，具有社会性，变化比较容易、快。气质是行为的动力特征，与行为内容无关，因此气质无好坏善恶之分；性格涉及行为的内容。表现个体与社会的关系，有好坏善恶之分。

性格和气质彼此相互渗透又相互制约。气质能够影响性格的表现方式。气质可使性格特征涂上一种独特的色彩。如同样是具有善于交往性格特征的人，黏液质的人表现为态度持重适度、不卑不亢，而胆汁质的人表现为热情直爽、喜形于色。气质也可以影响性格的形成和发展的速度及动态。具有不同气质类型的人可以形成同样的性格，具有相同气质的人也可以形成不同的性格。

（五）气质和性格对人格发展的作用

在人格的形成和发展中，气质和性格起着很重要的作用。就人格和气质的关系而言，既没有离开人格的气质，也没有缺乏气质的人格，就人格与性格的关系而言，有些心理学家认为性格即狭义的人格，但从严格意义上来划分，性格是对人格的评价。因此，气质、性格、人格三者密不可分。气质和性格制约着人格的形成发展，在人格的优化中发挥着强大的动力作用。具体地讲，气质和性格对人格发展起着导向、评价和自控的作用。一方面，塑造良好的性格和气质对健康人格的塑造起到了良好的导向作用；另一方面，要培养健康的人格，必须对自己的气质、性格特征进行科学的分析和评价，逐步形成良好的气质和性格。此外，气质和性格对人格的形成能够起到调节和控制的作用。

二、人格形成的影响因素

现代心理学家认为，人格的形成与发展是由多个层面构成的。其中，先天的生物因素和后天的环境影响、教育因素是最重要的因素。而且只有在生物与环境两种因素交互作用下，人格才能逐渐形成和发展。

（一）生物遗传因素

生物遗传因素是人格形成和发展的自然基础，其中遗传起主要作用，遗传是人格不可缺少的影响因素。遗传基因携带父母的生物特性传递给子女，对人格的作用在生命历程的早期比环境因素大。特别是在气质和智力方面受其影响比较明显。另外，通过遗传，子女的体型、体质和容貌和父母相似，也会通过社会评价作用影响人格。

但是，生物遗传因素只为人格的形成和发展提供一种可能性，不能完全决定人格的发展。

（二）环境因素

按照个体成长过程中接触环境的顺序，依次是家庭、学校和社会文化环境。

1. 家庭环境

家庭被称为“人类性格的加工厂”，是个体最早接触的环境。家庭氛围、父母的教养态度与方式、家庭的经济条件等都会对个体人格的形成与发展产生影响。特别是父母对子女的教养方式是最重要的家庭因素。如“民主型”的家庭，容易建立良好融洽的亲子关系，对孩子的人格形成有积极影响，有利于孩子形成自尊、自信、友善等人格特点。“权威型”和“放纵型”的家庭，是两种教养方式各趋极端且截然相反的家庭，会对孩子的人格形成产生消极影响，甚至会发生人格偏离或人格障碍。

2. 学校环境

学校的生活是塑造学生人格的重要因素，学校对学生人格的影响主要表现在校风、班风、教师和同伴的影响。优良的校风、班风对学生健康人格的形成有显著的促进作用。在学校，教师是影响学生人格的重要因素，教师的特殊地位决定了他的言行对学生人格影响的深刻性、引导性和权威性。不同教管风格的教师以及教师的公正性等都对学生人格的形成产生非常重要的影响。另外，在学校环境中，同学之间的交往、同伴的教育也是影响学生人格的重要因素。

3. 社会文化环境

由于人的社会特性，每个人都处于一定的社会文化环境中，社会文化影响并塑造了个体的人格特征。对于大学生来说，社会文化环境对他们的人格形成和发展具有更重要的作用。大学生所处的人生阶段和大学学习的内容以及教育方式等都决定了他们更重视社会文化，对社会文化环境更具敏感性，更容易接受其影响，同时，他们对社会文化的影响具有选择性和主动性。社会文化环境包括社会制度、经济状况、阶级差别、民族传统、风俗习惯、伦理道德观念、教育方式等。影响人格形成的另一重要因素是现存的社会风气。社会风气对个体人格的形成和发展的影响是十分深刻的。正确的道德价值导向的社会思潮和风气会促进大学生人格的发展与健全。

此外，个体早期童年经验，自然物理因素（生态环境、气候条件、空间拥挤程度）、自身的社会实践、自我调控、自我教育因素等都会影响个体人格的形成与发展。

三、人格的基本特征

人格是在生物与环境等因素交互作用下形成的，有四个方面的特征。

（一）独特性与共同性

人格的独特性是指每个人都有与他人不同的性格，“人心不同，各如其面”就是指的这个意思。这充分地表现为人们在需要、动机、兴趣、爱好、价值观、信念、能力、气质、性格等方面的差异性。人格还具有共同性。由于共同的社会文化影响，同一民族、同一地区、同一阶层、同一群体的个体之间往往具有很多相似的人格特征。因此，人格是独特性与共同性相统一的整体。

（二）整体性与统合性

人格的整体性是指构成人格的各种心理成分不是相互独立的，而是相互联系的，构成了一个完整的功能系统。人格的统合性是指人格的各种心理成分具有内在一致性，统一受自我意识的调控。当一个人的人格结构的各方面彼此一致时，人们就会呈现出健康的人格特征，否则就会出现各种心理冲突，导致“人格分裂”。

（三）稳定性和可变性

人格的稳定性是指个体的人格特征在一定程度上保持不变的特征。“江山易改，禀性难移”，说的就是一个人某种人格特征一旦稳定下来就很难改变。但是，人格的稳定性是相对的，人格的特征也是可以变化的。具有决定意义的环境因素和机体因素会使个体的人格特征发生改变。如一个平时很乐观的人，可能因一次重大的打击而变得郁郁寡欢。

（四）生物性与社会性

人格的生物性是指人格是在人的自然生物特性的基础上发展起来的，人的生物特性影响着人格发展的道路和方式，也决定人格特点形成的难易。如一个神经活动类型属于强而不平衡的人，就比较容易形成勇敢、刚毅的人格特点，但要形成细致、体贴的人格特点就比较困难。不过，人的生物特性并不能决定人格的发展方向，对人格发展起决定作用的是个体的社会、历史、文化背景，也就是人格的社会性。例如，在一定的社会中，同一民族、同一阶层的人们在某些共同的生活条件下生活，逐渐掌握了这个社会的风俗习惯和道德观念，就会形成某些共同的人格特点。

四、大学生健康人格塑造

（一）大学生常见的人格障碍

1. 常见的人格障碍类型

人格障碍指明显偏离正常人格并与他人和社会相悖的一种持久和牢固的适应不良的情绪和行为反应方式。人格障碍个体形成了特有的行为模式，对环境适应不良，常影响其社会功能，甚至与社会发生冲突，给自己或社会造成恶果，人格障碍常开始于幼年，青年期定型，持续至成年期或者终生。大学生中常见的人格障碍有偏执型人格、分裂型人格、冲动型人格、依赖型人格等。

（1）偏执型人格障碍

偏执型人格障碍是一种以猜疑和偏执为主要特点的人格障碍。表现出广泛猜疑，不信任他人，怀疑会被人利用或自我伤害，过分警惕与防卫；强烈地意识到自己的重要性，将周围发生的事件解释为“阴谋”，容易产生病态嫉妒心理；过分自负，总认为自己正确，将挫折和失败归咎于他人；好嫉恨别人，对他人的过错不能宽容，长期耿耿于怀；脱离实际地好争辩与敌对，固执地追求个人不够合理的“权利”或利益；忽视或不相信与自己的想法不相符的客观证据，并很难以说理或事实来改变其自身想法。

（2）分裂型人格障碍

分裂型人格障碍通常是以社会疏离、情感疏远、行为古怪和多疑为主要特征的一组人格障碍。对他人缺乏温情，情绪冷淡，缺乏亲切感，人际交往不良；对别人的批评和表扬无动于衷，没有愉快的情感体验，总是以冷漠无情的方式来应付环境。以事不关己的态度来逃避现实，但内心仍有焦虑和敌意的痛苦。

（3）反社会型人格障碍

反社会型人格障碍，是以行为与社会规范不符，常常违法乱纪、对人冷酷无情为特征。这种个体在儿童和青少年期通常都有品行问题，有说谎、偷窃、逃学、赌博、打架、伤害动物、破坏公物等行为。他们通常对人冷漠，喜欢恶作剧，做一些损人不利己的事情。做事易冲动，不计后果，屡教不改。成年后，经常旷工，频繁地变换工作，对家人冷漠，缺乏爱心和责任感，自控能力差，常受周围的人指责和埋怨。

（4）冲动型人格障碍。

冲动型人格障碍又称爆发型或者攻击型人格障碍，是一种以情感阵发性爆发、伴有明显冲动行为为主要特征的人格障碍。通常男性多于女性。这类人情绪不稳定，且反复无常，易与他人发生冲突和争吵，稍不如意就火冒三丈，冲动爆发愤怒。行为有不可预测和不考虑后果的倾向，行为爆发时不可遏制。

（5）表演型人格障碍

表演型人格障碍又称癔症型或戏剧型人格障碍，它是以过分的感情用事或者夸张吸引别人的注意，而且情绪不稳定为特征的一组人格障碍。这种人的明显特点是做作，情感表露过分，以自我为中心，用戏剧性地过分夸大的言行来表现自己，演技逼真，想方设法地吸引别人的注意力，喜欢哗众取宠，装腔作势。他们的情感和人际关系肤浅，感情极不稳定，变化迅速，行为易受他人影响。

（6）强迫型人格障碍

强迫型人格障碍以过分谨小慎微、严格要求或追求完美但内心有不安全感为特征。这种人在生活和工作中总是处于紧张焦虑状态，总担心他们会失去对某些情境、事物以及人的控制，希望遵循一种他们所熟悉的常规，无法适应新的变更。他们加倍努力地工作或做事，以追求所做事情的完美，从而排斥情感上的感觉与乐趣。缺乏想象，不会利用时机，做事过分谨慎与刻板，事先反复计划，事后反复检查，不厌其烦，犹豫不决，唯恐出错，优柔寡断。具体的强迫型人格障碍表现有清洁癖、过分节俭且吝啬，严重者会出现强迫行为或强迫思维。

（7）回避型人格障碍

回避型人格障碍又称焦虑型人格障碍，以行为退缩为特征，长期和全面地脱离社会关系。他们回避社交，特别是涉及较多人际交往的职业活动，害怕被取笑、嘲弄和羞辱。夸大社会生活中的潜在威胁，自感无能，过分焦虑和担心，怕在社交场合被批评或拒绝。个人交往十分有限，由于缺乏勇气，除亲人之外，很少有朋友。

（8）自恋型人格障碍

自恋型人格障碍是以自我中心为基础，以夸大自己的优点、需要得到他人的肯定与赞扬，缺乏共识、忽视他人的感受为特征的人格障碍。这种人过分地自高自大，过分炫耀自己，认为自己比他人优越，希望得到他人的赞扬，渴望得到持久的关注与赞美，对于外貌、权利、社会地位、爱情有非分的幻想。受到批评时总是愤怒或者感到羞耻，并通过贬低别人来寻求自我保护。不关心他人，不顾及别人的感受与需要，嫉妒他人的成功，爱慕虚荣，不愿与社会地位不如自己的人交往。

（9）依赖型人格障碍

依赖型人格障碍是一种以对他人的过分依赖，不惜以顺从和依附行为与他人保持联系，并害怕离开他人为主要特征的人格障碍。这种人自尊低下，理所当然地认为别人比自己优秀，比自己理智，比自己更能做出合理的选择。常感到自己无助、无能和缺乏精力，生怕被人遗弃。

2. 大学生常见的人格缺陷及矫正

（1）人格缺陷

人格缺陷是介于健康人格与人格障碍之间的状态，表现为人格的轻微偏离。多数人往往都处于亚心理健康状态，处于这种健康人格和病态人格之间，也就是说，存在一定程度的人格缺陷。常见的人格缺陷有焦虑、羞怯、悲观、孤僻、抑郁、依赖、拖延、怯懦、敏感、冷漠、敌视等。人格缺陷会影响到个体生活的多个方面，如果得不到及时合理的矫正，将会发展为人格障碍，进而对个体的发展带来阻碍。

（2）大学生常见的人格缺陷及矫正

①自我中心

自我中心是指将自己作为思考问题的出发点和处理问题的中心，凡事只希望满足自己的欲望，要求人人为我，不顾别人的需求，不愿为他人做出牺牲。不关心他人，自私自利，与他人缺乏友谊。自我调适：学会换位思考，谦虚豁达，学会倾听，学会尊重他人，学会全面看问题。

②自卑

自卑的主要表现为自我评价过低，对自己的否定大于肯定，自信心不足。心理承受力差，经不起刺激，做事谨小慎微、多愁善感、意志薄弱，人生态度消极，行为畏惧，不敢做尝试。自我调适：正确认识自己，看到自己的优势和长处，建立自信，正确地进行归因，正确运用“补偿法”，注意自我激励，进行积极的自我暗示。

③抑郁

抑郁是一种消极、悲观的情绪和情感体验。主要表现为无缘无故地担心会发生不幸的事，为一点小事忐忑不安，夜不成眠，食不知味，心慌意乱，闷闷不乐，同时不愿见人，对日常活动及周围的人群和事物丧失兴趣，悲观厌世，动作古怪等，并伴随出现睡眠、饮食障碍，适应不良。自我调适：建立积极的认知观念，学会宣泄，培养多方面的兴趣和爱好，保持愉快的情绪，宽容。

④羞怯

羞怯是害羞和胆怯的组合概念。当个体面对新的环境或任务会出现腼腆、犹豫或者过分沉默的自卫策略，就是我们通常说的害羞。羞怯在大学生尤其是大学新生中十分常见，害怕与陌生人打交道，不敢与同班的异性讲话，不敢在课堂上发言等。羞怯使人失去进取的机会，失去交朋友的机会，失去施展才华的机会。自我调适：学会放松训练，改变观念，肯定自我，树立自信，正确面对他人的评价，进行积极的心理自我暗示，采取有效的方法有意识地与他人进行交流。

⑤暴躁攻击

暴躁攻击表现为较强地以自我为中心，一旦愿望受阻便会产生愤怒，情绪激动，并与他人发生冲突，同时伴随攻击行为，缺乏自控能力，急躁易怒。自我调适：加强自我修养，学会忍让克制，进行正确的认知，克服自卑，给自己一个宽松的环境，做换位思考。

⑥嫉妒

嫉妒由羡慕转为恼怒甚至嫉恨的情绪，并以中伤、诋毁他人的方式，以维持心理平衡。嫉妒是一种在心理上恶性循环的情绪体验。嫉妒是源于自私自利、唯我独尊的心理，它会让当事人迷失自己，失去理智。当事人通常将别人的优势或成就当作威胁，又不愿通过自己的努力改善自己的不足，而是采取贬低、诋毁甚至于诽谤破坏的方式来干扰他人的成功，企图缩小与对方的差距，以获得内心的满足。但嫉妒就像一把刀子，嫉妒越厉害，刀子在自己身上插得越深，对自己的伤害越大。自我调适：克服狭隘，心胸要开阔，要知己知彼，学会正确评价自己；克服性格上的弱点，善于化嫉妒心理为进取的动力。

⑦虚荣

虚荣是以一种虚假的方式来保护自己自尊的心理状态。通常是为了谋求别人的赞赏与尊重，不顾现实条件去追求表面上的荣耀或虚假的荣誉。虚荣心强的人，有极强的防御心理，知道自己某些方面逊色于别人却极力掩饰，与他人交往时会故意美化自己。自我调适：深刻认识到虚荣的危害性，正确认识自我，认识到自己的优缺点；正确看待荣誉，对荣誉、面子、声望、金钱、地位有一个正确的认识。

⑧拖延

拖延是指不及时完成工作，经常将事情拖后延期的现象。拖延的人一般工作效率不高，或者在最后期限前临时仓促完成，难以保证工作的质量，拖延还会影响到个体的生活和工作，可能让个体失去很多机遇，甚至影响个体的诚信。在大学生中拖延现象较为常见，很多大学生总是把自己的学习计划一拖再拖。自我矫正：深刻认识拖延的危害，挖掘拖延的根源，学会管理时间。

（二）健康人格的含义和标准

1. 健康人格的含义

健康人格是对人性持乐观的态度，能够超越生物本性和环境特征，能够扩展、丰富、发展、完善和开发自身的潜能。根据国内外的研究。健康人格的内涵包括：能有意识地控制生活和自己的行为，能把握自己的命运；能正确地认识自我，了解自己的实际情况，并能正确对待；能立足于现实，不沉溺于过去，能较快地摆脱失败和挫折带来的阴影；具有紧张而有节奏的工作和生活方式，渴望挑战与刺激，渴望新的目标和新的经历；能给予爱也能接受爱，热爱学习与工作，乐于承担义务，情绪控制成熟，能经常保持愉快的心态，充满活力；有独立和自主的需要，不依赖别人来获得安全感和满足感；有良好的人际关系和社会适应能力，既肯定自己，又尊重别人，能体谅别人的痛苦，并能设法帮助别人。因此，健康人格是指各种人格特征的完美结合。

2. 健康人格的标准

健康人格的标准确定起来比较复杂，众说纷纭，没有统一的标准。不同时代、不同社会条件，标准也不尽相同。健康人格的标准又可分为概括的标准和具体的标准，从具体特征上讲，健康人格应符合以下标准：

①良好的社会适应能力；

②和谐的人际关系；

③正确的自我意识；

④积极乐观的人生态度；

⑤良好的情绪控制能力。

（三）大学生健康人格的标准及塑造

1. 大学生健康人格的标准

目前国内外关于大学生健康人格基本特征的研究很多，大多数研究都认为大学生健康人格的标准即通用的健康人格标准，应包括以下几个方面的内容。

（1）良好的社会适应能力

能够正确观察和了解社会现象，关心社会发展变化，使自己的思想和行为能跟上社会发展的主流，对新环境具有较强的适应能力。

（2）正确的自我意识

能够正确地认识自己，客观地评价自己，自尊、自信、悦纳自己，能够自我监督，自我调节，既不高傲自满也不妄自菲薄，努力发展自身潜能，并与环境保持平衡。

（3）良好的人际关系

人际关系是个体人格状况的整体体现。人格健康的大学生能够积极主动与人交往，在人际关系中能够相互沟通理解，对他人的尊重、信任多于嫉妒、怀疑，同时也能受到他人的尊重和接纳。

（4）积极乐观的人生态度

大学生积极乐观的生活态度主要是指他们对自己的学习和生活充满兴趣，富有热情，对前途和生活充满希望和信心，敢于面对困难和挫折，不回避、不退缩、不放弃，并能设法克服困难，振作精神。

（5）良好的情绪控制能力

大学生良好的情绪控制能力能经常保持愉快、开朗、乐观的心境，能够合理地宣泄、排解消极情绪，富有幽默感。

2. 大学生健康人格的塑造

健康人格对于大学生的身心发展，对于时代、国家、社会的发展具有十分重要的作用。培养大学生的健康人格，能促进大学生自身的发展。同时也是时代发展、国家发展、社会发展的需要。塑造和培养大学生的健康人格，应注重五个方面。

第一，树立科学的世界观、人生观、价值观。以科学的态度来对待人生和社会，在强化主体自我意识的同时，处理好个人与社会的关系，充分发挥大学生自我教育的作用。

第二，要培养大学生积极乐观的生活态度。积极乐观的生活态度是大学生自强不息、努力奋进的动力，也是应对困难和挫折的正确心态。积极乐观的生活态度使大学生们在遇到挫折与失败时始终保持良好的心态，努力坚持实现自己的目标和理想。

第三，在培养大学生广泛兴趣爱好的同时，也培养其坚强的意志和顽强的毅力。学校要开设丰富的选修课程，以满足学生多样兴趣的需要，同时要举办多种活动特别是社会实践活动，增加他们的实践机会，让大学生的意志力和毅力都得到培养和锻炼。

第四，进行心理调适。大学生的人格偏差，实际上是心理出现差异，需要进行及时的心理调适。首先，应学会自我调适，如正确客观地评价自己、增强适应生活的能力等；其次，通过积极参加各种有意义的活动以及主动进行心理咨询等社会方式来辅助进行自我心理的调适。

第五，加强道德修养。个体人格是不同程度的道德主体，道德是人格构成的重要因素之一。道德意识和道德修养集中体现了人格主体的思想品质，从而决定了其人格特质。加强道德修养，可以让大学生学会正确处理个人与集体利益的关系，把个人的前途和整个国家的发展紧密结合起来，这对塑造大学生健康人格起着不可忽视的作用。

第二节　情绪、相关情绪困扰与心理健康

一、情绪概述

（一）情绪的含义

情绪是个体对客观事物的态度体验和相应的行为反应，是人对客观事物与人的需要之间关系的反映。客观事物与人的需要之间的关系，决定了人对客观事物的态度，人对这种关系进行反映的形式则是体验和感受，同时伴有相应的表情动作和生理变化。因此，情绪与个体需要的满足息息相关。

（二）情绪的分类

我国古代关于情绪的“七情说”：把情绪分为喜、怒、哀、惧、爱、恶、欲七种类型。

现在，人们根据情绪与需要的关系把情绪分为两个方面：一方面，基本情绪。把快乐、悲哀、愤怒、恐惧四种情绪作为最基本的情绪形式或原始情绪。另一方面，派生情绪。由四种基本情绪派生出来的相关情绪，如厌恶、羞耻、悔恨、嫉妒、自卑、冷漠、同情、喜欢等。

按发展可把情绪分为两个层面：一是基本情绪，即与生理需要相联系的内心体验，如人的恐惧、焦虑、满足、悲哀等。人的基本情绪在人的幼年时期就已经形成了，更带有先天遗传的因素。二是社会情绪，即与社会需要相联系的情绪反应，表现为一种较为复杂而又稳定的态度体验，如人的善恶感、责任感、羞耻感、内疚感、荣誉感、美感、幸福感等，都是人的社会情绪。

如今，人们更多的是根据情绪的作用把情绪分为如下两大类：

一类是正性情绪（积极情绪），即对个体心理健康起到积极促进作用的积极情绪，如愉悦、快乐的情绪。

另一类是负性情绪（消极情绪），即对个体心理健康起到不良影响的消极情绪。如焦虑、恐惧、愤怒、悲哀、抑郁的情绪等。

（三）情绪的特点

情绪具有情境性、激动性、暂时性、表浅性与外显性的特点。个体情绪的产生，往往是由刺激所引发，可以说是个体与各种内外刺激相互作用的结果。因此，情绪的产生与个

体所处的情境密切相关。情绪一旦被触发，伴随着生理唤醒和外显行为，会引起血压升高、心率加快、外周血管扩张，短暂性出现表情激动、意识狭窄，甚至表现为相应的冲动行为。美国心理学家普拉奇克（R. Plutchik）从生物学的角度，提出了情绪的三维理论，即情绪具有两极性、相似性和强弱性特点。如喜悦的情绪，从兴奋程度上可表现为舒畅、愉悦、快乐、欢喜、狂喜等不同的心理体验层次；而愤怒的情绪，从紧张度上也可分为不满、气恼、愤懑、恼怒、愤怒、大怒、狂怒等；悲哀的情绪从程度上则可分为忧虑、忧愁、忧郁、哀伤、悲伤、悲痛、痛不欲生，恐惧的情绪可分为担心、不安、害怕、恐惧、惊恐、极度惊恐等。

（四）情绪的功能

无论是正性情绪还是负性情绪，对个体来说，都有着重要的功能。情绪在个体适应外界变化的过程中起着重要作用。

1. 自我保护功能

情绪可以让人们正确地察觉内外情境的危险，而产生适当的力量进行自我保护。如当身体或其他方面受到威胁时，人产生恐惧以应对；当人格尊严或利益、权力等受到侵犯或发生冲突时，人产生愤怒以应对。这些情绪反应表现出非常明显的自我保护倾向。

2. 社会适应功能

情绪能够使个体针对不同的刺激事件产生灵活自如的适应性反应，并调节和保持个体与环境的关系，从而提高个体的社会适应能力。

3. 人际沟通功能

人际交往不仅是信息上的交流和工作上的协调等方面的需要，更是带有情绪上的需求与满足。个体在人际交往中，能够非常委婉而又适当地表达情绪，才能让他人知道自己内心真正的主观感受，也才有机会向他人表达自己以加深相互的理解和感情。

4. 信号功能

一个人不仅能凭借面部表情、身段表情、言语表情传递情感信息，而且也能凭借表情传递自己的思想和愿望。表情是思想的信号，如微笑表示赞许，点头表示默认，摇头表示反对。我国有“出门看天色，进门看脸色”的俗语，意思是可以通过别人的情绪所反馈的信息，来领悟到别人对自己的态度，这就是情绪的信号功能。

5. 强化功能

当个体遇到紧急情况时，负性的情绪（如愤怒、恐惧）能够唤起大脑的警觉水平；正性的情绪（如高兴、快乐），能使人的感知觉变得敏锐，记忆力增强，思维更加敏捷，有助于个体内部潜能的充分发挥，这就是情绪的强化功能。

二、大学生的情绪特点

大学阶段是个体心理发展并逐步走向成熟的重要时期，也是情绪丰富多变、不稳定的时期。大学生这一特殊群体在与外界相互作用的过程中，情绪特征鲜明，有五个方面的特点。

（一）丰富性与波动性

生理上成熟的大学生，正处于多梦的年龄阶段。一方面，随着自我意识的发展，所涉及的兴趣、爱好及交际广泛，表现出较多的自我体验，特别是情绪体验的内容上，丰富而深刻，使大学生的情绪呈现相当丰富的特征。另一方面，大学时期是大学生面临多种选择的时期，学业、交友、恋爱、择业等人生大事以及家庭、社会、学校、生活事件，都会对大学生的情绪产生影响。尽管大学生的认知水平相对于中学生有一定的提高，大学生对自身情绪有一定的调控能力，但心理发展仍不成熟，情绪体验相对敏感、起伏，情绪带有明显的波动性，容易产生情绪的起伏与波动。

（二）两极性和矛盾性

大学生情绪的两极性指情绪容易从一个极端跳到另一个极端，大起大落，摇摆不定，跌宕起伏。表现在苦恼时受到激励则为之振奋，热情洋溢时受到挫折则易灰心丧气，大学生情绪的矛盾性是大学生的生理与心理的矛盾、个人需要与社会满足间的矛盾、理想与现实差距的矛盾、理想的我与现实的我的矛盾冲突，并由此带来的情绪上的复杂反应。因此，情绪的两极性是情绪矛盾性的外化和表现形态。而这种情绪矛盾性的极端形式就是情绪的两极性。

（三）稳定性与冲动性

大学生在整体情绪上表现为乐观、活泼、热情，充满朝气与激情，情绪趋于相对稳定，相对比较理智。但由于大学生对外界事物比较敏感，对外界的刺激反应迅速、强烈，其情绪容易被激发，带有很大的冲动性，很容易感情用事，甚至可能会爆发冲动性的行为。

（四）外显性与内隐性

大学生对外界的刺激反应迅速、敏感，喜、怒、哀、乐常显形于色，情绪表现相对比较外露和直接。教师往往可以通过对大学生的表情观察，了解其情绪的状态。但也有一些大学生会隐藏或抑制自己的真实情感，表现出内隐、含蓄的特点。特别是性格内向的大学生，自我封闭，情绪情感自我暴露较少，他们往往深藏不露，具有很大的内隐性。

（五）阶段性与层次性

大学阶段由于不同年级学生面临的问题不同，大学生的情绪呈现出阶段性与层次性的特点。大一新生，主要面临的是适应问题，如环境、学习方法、人际交往等方面的适应，情绪波动相对较大；大二、大三学生，经过了大一的适应过程，情绪相对稳定，但也会受到来自恋爱问题的情绪困扰；临近毕业的学生，由于知识的积累、阅历的不断丰富，心理相对成熟，但面对择业、就业的竞争与压力，也会出现紧张、焦虑的情绪。

三、大学生常见的情绪困扰

（一）焦虑

焦虑是个体主观上预料将会有某种不良后果或不能避免的某种威胁引起的一种十分复杂、不安的情绪，会伴有忧虑、烦恼、害怕和紧张等情绪体验。焦虑是大学生常见的情绪，几乎每个大学生都曾经历过。当他们在学习、工作、生活等方面遇到挫折，或担心需要付出巨大努力的事情来临时，便会产生这种体验。被焦虑困扰的大学生经常会出现烦躁不安、思维受阻、失眠、食欲不振等现象。大学生常见的焦虑有适应焦虑、自我形象焦虑、考试焦虑、情感焦虑、选择性焦虑、成就焦虑等。适度焦虑可以促进学习、工作和生活，提高效率。过度焦虑会导致内心的高度紧张与不安、思维混乱、注意力不集中、记忆力下降，同时还容易产生头痛、失眠、食欲不振、胃肠功能不适等不良生理反应，甚至会出现神经衰弱、消化性溃疡等疾病。

（二）抑郁

抑郁是一种感到无力应对外界压力而产生的一种持续时间较长的低落、消沉的情绪体验。它常与焦虑、苦闷、困惑、悲观、冷漠、失望、无助等情绪交织在一起，是一种负性的复合情绪。这种情绪多发生在性格内向、内心体验深刻、孤僻、不爱交际、敏感多疑、生活遭遇挫折、长期努力得不到报偿的大学生身上。他们会消极看待自己，对未来感到悲观，对相关活动失去兴趣。抑郁情绪具有弥散性和情景性的特点，如果长时间的抑郁情绪状态得不到有效调适，会产生泛化，容易导致抑郁症的发生。

（三）愤怒

愤怒是一种常见的负性情绪，它被定义为个体在遭遇攻击、羞辱的刺激下，感受到愿望受压抑、行动受挫折、尊严受伤害时所表现出的一种情绪体验，体验到这种情绪时往往伴随攻击、冲动等不可控制的行为反应以及相应的生理唤醒。也就是说，愤怒是人在遇到挫折时常见的情绪反应，是一种由外部刺激引发的，在早期生活中习得的、旨在应对痛苦的反应。它与大量的情绪后果、行为后果和生理后果相联系。愤怒的外部表现主要有脸部表情、肢体语言以及一些攻击行为。愤怒的生理唤醒包括心率、血压、肾上腺素和去甲肾上腺素的升高等。据相关调查表明，愤怒明显地与高血压、冠心病、胃肠疾病等身心疾病发生联系，不当或过度愤怒可导致心身健康的下降、情感和人际关系的破坏，不利于社会的适应和问题的解决。近年来国内少数大学生在校园内出现程度不等的暴力、攻击行为，其原因大多与大学生的愤怒情绪有关。

（四）嫉妒

嫉妒是指感到他人在某些方面胜过自己时引起的不快甚至是痛苦的情绪体验。嫉妒是因为自己受社会尊重的需要未得到满足而产生的不良情绪，是一种企图缩小和消除与他人的差距，恢复原来平衡关系的消极手段。嫉妒在大学生中普遍存在，其具体表现方式多种多样：如当看到他人学识能力、品行、名誉与地位，甚至穿着打扮超过自己时内心产生不平、憎恶、厌恨、痛苦、愤怒等情绪；当别人深陷不幸或处于困境时幸灾乐祸，甚至落井下石；或在人后恶语中伤、诽谤等。嫉妒是一种自尊心异常、心灵扭曲的消极情绪。嫉妒不但会影响大学生的自我发展，妨碍大学生之间正常真诚的交往，而且也会造成大学生个人内心的痛苦。一个嫉妒心强的人，常常陷入苦恼之中不能自拔，会产生自卑，甚至可能会采取不正当的手段去伤害别人，使自己陷入更大的痛苦之中。法国文学家巴尔扎克曾经说过："嫉妒者比任何不幸的人更加痛苦，因为别人的幸福和他自己的不幸，都将使他痛苦万分。"另外，嫉妒可以使大学生长期处于不良的情绪状态之中，容易罹患心身疾病。

（五）冷漠

冷漠是指个体对外界的刺激缺乏相应的情绪反应，凡事漠不关心、无动于衷，是冷淡、退让的消极情绪体验。在行为上常表现为对生活缺乏热情，对集体活动漠不关心，对周围的同学态度冷淡，对自己的前途命运、国家大事等漠然置之。大学生冷漠情绪的形成，多数与其重大生活事件和重要丧失有关，也与其生活经历有关。大学生若长期处于冷漠的情绪状态下，会导致大学生社会责任感、进取心的下降和生活意义的缺失。表面虽然看似平静，但内心却有强烈的痛苦、孤寂和压抑感，一旦蓄积的心理能量超过一定限度而无法释放，容易导致心理失衡，从而影响身心健康。

四、大学生情绪的调控

（一）情绪对大学生的影响

1. 情绪对大学生健康的影响

现代生理学、心理学和医学的研究成果表明，情绪对人的身心健康产生直接的影响。正性情绪能促进大学生的身心健康，让大学生求知欲增强，思维敏捷、富于创造力，建立良好的人际关系，促进其全方位的发展。负性情绪对人的身心健康危害极大，在紧张、焦虑、恐惧等负性情绪的长期作用下，会引起人的生理功能紊乱，机体免疫力下降，容易罹患高血压、冠心病、消化道溃疡、恶性肿瘤等疾病。调查发现，大学生中常见的消化性溃疡、紧张性头痛和偏头痛、心律失常、神经性皮炎等，都与负性情绪有关。

2. 情绪对大学生学习的影响

情绪与大学生的潜能开发、学习和工作效率有关。良好的情绪往往使大学生乐于行动，有兴趣学习、工作和活动。有助于思路开阔，注意力集中，富有创造性。有研究结果表明，适度的焦虑能使大学生取得最好的学习效率，过高的焦虑则恰好相反。

3. 情绪对大学生人际关系的影响

情绪是衡量一个人能否对周围环境适应的尺度。具有良好情绪特征的人，容易在人际间产生相互吸引，交往中易被彼此接纳，能较快地适应环境。而自卑、情绪压抑、爱发怒的人，往往与人难以正常相处，难沟通，让人难以接近，容易导致人与人之间的疏远。

4. 情绪对大学生行为目标和成功发展的影响

心理学家埃普斯顿研究了大学生情绪与行为变化之间的关系的结果表明，当大学生体验到积极的情绪时，大学生的行为目标往往是积极、主动的，对新经验的接受和开放，对周围人的尊重和理解，对价值和长远目标的献身精神等，都有明显的增加。当体验到的是痛苦、愤怒、紧张等消极情绪时，一部分大学生社会兴趣下降，反社会行为增加，对新经验持审慎甚至闭锁的态度。

（二）大学生情绪健康的标准

情绪对大学生的身心健康影响较大，因此，回避或消除不良情绪，发展健康情绪显得尤为重要。要保持自身情绪的健康，首先就应懂得如何评价一个人的情绪是否健康，对此，中外一些心理学家就情绪健康问题提出了自己的见解。

心理学家赫洛克（Hurlock）提出了情绪健康的四条标准：

第一条，能够合理地控制因疾病引起的不稳定情绪。

第二条，能预料行动的结果，控制环境。

第三条，不压抑自己的情绪表现，而是将情绪升华到社会性的高度来对待。

第四条，能够洞察、分析各种刺激情境，谋求情绪的自我稳定。

我国大多数心理学工作者认为情绪健康的主要指标是情绪稳定和心情愉快。据此，大学生的情绪健康的标准应体现在以下几个方面：

其一，情绪的基调是积极、乐观、愉快的，正性情绪多于负性情绪。

其二，情绪稳定性好，对不良情绪具有自我调控能力。

其三，情绪反应适度，其性质、强度和持续时间与引起这种情绪的情境相吻合。

其四，高级的社会情感（理智感、道德感、美感等）能得到良好的发展。

（三）大学生情绪的调控

1. 情绪调控概念

情绪调控是个体有效调节和控制自己或他人情绪的过程。情绪调控的目标在于保持身心健康，使人能表现出与环境协调一致的情绪反应。

2. 情绪调控“三部曲”

（1）敏锐觉知情绪

所谓情绪的觉知，就是对自己正在发生的情绪，具备一种敏锐度，了解各种感受的前因后果。一个有觉知的人，才能适时对自己的情绪做出正确的反应，进而给情绪一个转化的出口。敏锐觉知情绪可以从这些方面入手：了解自己的个性特征，了解自身成长经历及早期经验，了解自己的情绪年龄，测试自己的情绪状态等。情绪年龄，是人的情绪发展水平的一种衡量标志。对人的情绪年龄水平的判断主要看两点：一是看其情绪反应符合什么年龄段的认知和逻辑水平；二是看其用什么方式来表现和调节自身的情绪状态。总之，可以通过对自身情绪问题的分析，如情绪是否由某一特定事物所引发、情绪是否太压抑、情绪是否过分表达等来敏锐觉知自己的情绪状态。

（2）平和接纳情绪

通过对情绪的觉知，对一定刺激所引起的情绪反应有一个清醒的认识，能平和地接受自身的情绪变化。不苛求自己，不过于追求完美，以平常心来面对自己在情绪上的波动。

（3）有效管理情绪

除了能平静地接纳自身的情绪外，还要充分发挥个体的主观能动性，学会对不良情绪进行及时、有效的管理，善于有效地调节和控制自身的情绪。如学会正确表达情绪，合理宣泄负性情绪，有效控制情绪，让情绪适时表露，合乎节度，做自己情绪的“主人”。

3. 大学生情绪调控方法介绍

（1）理性情绪疗法（ABC 理论）

理性情绪疗法是美国临床心理学家阿尔伯特·艾利斯（Albert Ellis）在 20 世纪 50 年代创立的，是一种认知疗法，特别强调认知（信念）的重要性。其核心是去除非理性的、不合理的信念，建立正确的信念。他认为，情绪并非由某一诱发事件本身引起的，而是由经历了这一事件的个体对这一事件的解释和评价所引起，这一理论也被称为 ABC 理论。在 ABC 理论模型中，A 代表诱发事件，B 代表个体对这一事件的看法、解释及评价，即信念，C 代表继续这一事件后个体的情绪反应和行为结果。通常人们认为人的情绪及行为是直接由诱发事件 A 引起的，即 A 引起了 C，但 ABC 理论指出，诱发事件 A 只是情绪及行为反应的间接原因；而 B——人们对诱发事件所持的信念、看法，才是引起人的情绪反应的更直接原因。因此，艾利斯认为非理性信念（不良认知）是产生不良情绪的根源，只有消除不良认知才能使消极情绪得到改善。他还认为非理性信念有三大特点：一是绝对化要求，指的是人们常常以自己的主观意愿出发，对事物做出肯定或否定的极端判断；二是过分概括化，是一种以偏概全的不合理思维方式的表现，常常把“有时”“某些”过分概括为“总是”“所有”；三是糟糕至极，指的是通常把一件不好的事情在程度上看得非常严重，让事情显得非常可怕、非常糟糕。

大学生要学会运用艾利斯关于情绪的 ABC 理论来适时调节自己的情绪。当不良情绪产生时，要找到并改变自己的不合理信念（非理性信念），变换看问题的角度，纠正认知上的偏差，建立合理的信念，这样才可以减轻和消除不良情绪的影响。

（2）合理宣泄法

合理宣泄法指的是大学生处于不良情绪状态时，以一种社会或他人可以允许或接受的方式将情绪宣泄出来。宣泄就是把自己心中的积郁与痛苦倾吐出来。不良情绪若得不到适当的宣泄，就会日积月累，造成身心紧张状态直到致病。大学生可以采用自我宣泄和他助宣泄的方法来疏导过量的激情和调节情绪。

宣泄的方法有哭、倾诉、运动、写日记、K 歌、模拟宣泄（宣泄室）等方式。如在悲痛欲绝时大哭一场，可使情绪平静。美国专家威费雷认为，眼泪能把有机体在应激反应过程中产生的某种毒素排出去。从这个角度讲，遇到该哭的事情忍住不哭就意味着慢性中毒。倾诉既可向师长、同学、朋友、亲人诉说心中的烦恼和忧虑，也可用写日记，发微博、微信，QQ 聊天等方式来倾诉，以宣泄自己的烦恼与不快。运动宣泄对爱好运动的大学生来说比较适用。是排解愤怒、郁闷等不良情绪的有效手段。通过剧烈、大量的运动锻炼，有助于释放紧张、激动情绪带来的能量。模拟宣泄是如今新兴的一种调节情绪的方法。一些日本公司的充气工头像就是用来让员工发泄对上司的不满，员工通过打骂模拟敌人，发泄烦恼与怨气，宁心息怒。现在，各高校的心理咨询中心都配有宣泄室，为大学生提供了宣泄的场所。总之，大学生可以从多种多样的宣泄方式中找到适合自己的宣泄方式，但是，不管采取哪一种宣泄方式，都必须做到适度、恰当，既不影响他人，更不能伤害自己。

（3）注意力转移法

注意力转移法就是把注意力从引起不良情绪反应的刺激情境转移到其他事物上或从事其他活动的自我调节方法。当大学生出现情绪不佳时，可以把注意力转移到使自己感兴趣的事情上去，如外出散步，看看电影、电视，玩玩游戏，读读书，约朋友打打球（或牌）、吃饭聊天，外出旅游换换环境等，这有助于使情绪平静下来，在活动中寻找到快乐。这种方法一方面中止了不良刺激源的作用，防止不良情绪的扩散与蔓延；另一方面，通过参与自己感兴趣的活动而达到增进积极情绪的效果，同时增长了知识和才干。

（4）自我暗示法

心理暗示，从心理学的角度讲，是指个体通过语言、形象、想象等方式，对自身施加影响的心理过程。这一概念最初由法国医师库埃于 1920 年提出，他的一句名言是“我每天在各方面都变得越来越好”。自我暗示分消极自我暗示与积极自我暗示，积极的自我暗示可以令个体保持好的心情、乐观的情绪、自信心，从而调动人的内在因素，发挥主观能动性；而消极的自我暗示会强化人们个性中的弱点，唤醒人们潜藏在内心深处的自卑、怯懦等，从而影响情绪。因此，根据暗示对人的情绪或行为产生的奇妙影响，当大学生在学习和生活中遇到情绪问题时，可以通过语言（包括内部语言）等给自己积极的心理暗示来缓解或化解不良情绪，保持心理平衡。如，当愤怒来临时告诫自己：“停下来！不要做任何事，不要说任何话。如果你依着愤怒行事的话，你就会伤害到他人或自己，不但于事无补，反而为自己的愤怒付出代价。”或者说：“冷静点，别做傻事！冲动是魔鬼，纵容它会后悔。”当遭遇挫折、情绪郁闷时对自己说：“我能行！我一定会成功，加油！一切都会好起来的。”通过这样的积极自我暗示，既能激励自己，又能松弛、缓解紧张的不良情绪。

（5）放松调节法

大学生可以采取自我放松的方法来调节紧张、焦虑、愤怒等情绪，减轻或消除压力，实现身心的放松。放松包含多种方式，主要是指肌肉、呼吸、想象的放松训练。放松训练又称为松弛反应训练，是一种通过训练有意识地控制自身的心理、生理活动，降低情绪的唤醒水平，改善机体紊乱功能，增强人对自我情绪控制能力的心理调节方法。它的基本原理是通过训练放松所产生的躯体反应，如减轻肌肉紧张、减慢呼吸节律、心率减慢等，使紧张、焦虑情绪得到缓解。当大学生焦虑、紧张、烦躁不安或心理压力过重时，采用放松训练进行自我调适，可以有效地缓解心理压力和消除不良情绪。

①肌肉放松训练

肌肉放松训练是通过循序渐进地放松一组一组的肌肉群，最后到达全身放松的目的，也称为渐次放松技术。运用该技术的基本依据是个体肌肉的松弛与紧张是不可能同时存在的，如果个体的肌肉能够完全放松，那么紧张和焦虑体验就会缓解或消除。

②深呼吸放松训练

深呼吸具有缓解精神紧张、压抑、焦虑和疲劳的作用。深呼吸放松训练简便易行，不受场所、时间等限制。但放松训练时，必须采取腹式呼吸的方式，用鼻子慢慢地吸气，并进入腹部，再慢慢地呼出，尽可能地慢而深，才能使呼吸时产生全身放松的效果。

③想象放松训练

想象放松是通过对一些安宁、舒缓、愉悦情景的想象来达到身心放松的目的。如冥想放松法就是一种缓解压力的有效方法。冥想具有训练注意力、控制思维过程、提高处理情绪的能力和放松身体的作用。当大学生处于紧张焦虑之际，想象自己已处于放松状态，仿佛置身于一个安静而舒适的环境中，会使大学生躁动不安的心灵得到休养。想象放松训练时，可以先选择一个比较安静的环境，然后全身放松，闭上眼睛，开始进行想象，想象一些美好的景物、幸福的时光等。

（6）系统脱敏法

系统脱敏法是由美国著名的行为疗法专家沃尔普提出来的。他认为焦虑与恐惧是后天习得的，是环境里的中性刺激与焦虑反应多次结合的结果。要克服恐惧与焦虑，可以将焦虑刺激与另一个焦虑不相容的反应相结合，这样可以削弱原来焦虑刺激与焦虑反应之间的联系。也就是说，个体以小步子（分级别）逐渐缓慢地与所惧怕的对象接触，同时从事与焦虑相对抗的活动（通常是放松），最终达到克服恐惧和焦虑等不良情绪的目的。系统脱敏疗法克服恐惧包括三个步骤：一是要制订焦虑等级或梯度；二是进行放松训练；三是才实施系统脱敏。

（7）音乐调节法

研究表明，音乐对人的生理和心理有着明显的影响，对人的情绪具有极大的调节作用。不同的曲调和不同的节奏都能使人产生不同的情绪体验。不同的个体因不同的个性特征、心情、时间和场合对乐曲有所选择。节奏感强的乐曲适合忧郁、好静、少动的人；旋律优美的乐曲适合兴奋、多动、焦虑不安的人。在国外，音乐调节已应用到外科手术及精神病、抑郁症、焦虑症等病症的治疗中。

第三节　学习相关问题与心理健康

一、保持健康的学习心态

学生的天职是学习，但学习尤其是大学阶段的学习却不是一个孤立事件，如果不能连续地、系统地分析和对待问题，我们可能会错过机会。面对日益严重的就业压力，有些人学得很辛苦甚至戴上了高度数的眼镜但学业仍然起色不大，有些人因为考试焦虑、失眠，甚至抑郁，有些人因为逃避学习问题而沉迷于虚拟的网络世界。学会学习对大学生的健康有着深远的影响。

（一）了解你的目标，活出自己的精彩

虽然每个都对他人和社会负有责任，我们会考虑别人的评价，但我们不仅仅为别人活着，我们首先要安顿好自己，要让自己有健康的心灵，这是我们做一切事情的前提。我们都带着亲朋好友的期待进入大学，告诉我们要争取各种机会和荣誉。有些人追逐了许多年后得到某些荣誉或机会，但发现不是自己需要的东西。尽管别人和父母很满意，但自己却一直不快乐。丰富多彩的大学生活能给你的东西很多，大学的评价体系也是多元的。关键是你首先要知道你需要什么，什么才是你真正的目标。现在就试试给自己一点时间，好好想想，你在大学里真正想得到的是什么？知识？能力？荣誉？友谊？爱情？工作？休闲？……不妨把它们一一列出来，你会发现哪些才是你自己真正想要的东西。

（二）了解你的能力，做你力所能及的事情

有时也许你会觉得自己对很多事情都很感兴趣，社会、学校和家人也都鼓励大学生全面发展，但人的时间和精力是有限的。我们必须认识到，很难让每一门功课都得到高分，很难让自己在学习、社会工作、勤工俭学等各个领域都成为佼佼者。所以，你必须知道你的极限和底线在哪里？在我们想做的许多事情中哪些是你最看重的。懂得放弃同样是一种智慧，因为有舍才有得。也许你会说，你看他（她）不是什么都很优秀吗？他（她）能做到我为什么不行？是的，人和人的确很不同。每个人的起点、天赋和机遇都不尽相同。你也许只看到别人得到的那些东西，但是却并不了解他在成功的光环后面的付出。有些成功的代价是你不可能也不愿意付出的。所以，让我们从现在开始，好好审视自己，既要发现我们的能力和优点，又要了解我们的不足和限制。如果你觉得力不从心，疲于应付，就

该好好想想，是否可以暂时放弃一些东西，先集中精力做好一两件你认为最重要的工作，其他的事情以后再慢慢追求。

（三）了解你的兴趣，享受过程的快乐

每个人都被鼓励去努力追求成功，优秀的学习成绩、丰富的社会工作经历、各种荣誉、工作机会等都被认为是成功的标志。但有时我们却发现，成功和幸福不能画等号，不少人一生中获得很多成功，却觉得不幸福。他们获得的各种荣誉和赞许，是以自己的快乐和家庭的幸福为代价换取的。对成功的渴望，让他们忽视了过程的意义。正如一个不辞劳苦一心想尽快攀登到山顶看风景的人，却错过了一路的风景。所以当我们在大学里忙碌的时候，我们要不时地问自己，这是我喜欢的学习内容和方式吗？我喜欢这项工作吗？我能让我的学习和生活更有乐趣吗？去发现你的兴趣，让你的大学学习和生活充满乐趣和激情吧！

二、学习问题自我评价

每一个学习成绩不理想者并不一定了解自己的问题所在，要想对症下药，对学习问题进行自我评价便显得尤其重要。对学习问题可主要从如下几方面进行自我评价。

（一）时间安排问题

（1）是否很少在学习前确定明确的目标，如要在多少时间里完成多少内容。

（2）学习是否常常没有固定的时间安排。

（3）是否常拖延时间以至于作业都无法按时完成。

（4）学习计划是否从来都只能在开头的几天有效。

（5）一周学习时间是否不满 10 小时。

（6）是否把所有的时间都花在学习上了。

（二）注意力问题

（1）注意力完全集中的状态是否只能保持 10～15 分钟。

（2）学习时，身旁是否常有小说、杂志等使你分心的东西。

（3）学习时是否常有想入非非的体验。

（4）是否常与人边聊天边学习。

（三）学习兴趣问题

（1）是否一见书本，头就发胀。

（2）是否只喜欢某些科目，而不喜欢其他科目。

（3）是否常需要强迫自己学习。

（4）是否从未有意识地强化自己的学习行为。

（四）学习方法问题

（1）是否经常采用题海战术来提高解题能力。

（2）是否经常采用机械记忆法。

（3）是否从未向学习好的同学讨教过学习方法。

（4）是否从不向老师请教问题。

（5）是否很少主动钻研课外辅助读物。

一般而言，回答上述问题，肯定的答案（回答“是”）越多，学习的效率越低。每个有学习问题的学生都应从上述四类问题中列出自己的主要毛病，然后有针对性地进行矫正。例如，一个学生的毛病是这样的：在时间安排上，他总喜欢把任务拖到第二天去做；在注意力问题上，他总喜欢在寝室里边与人聊天边读书；在学习兴趣上，他对专业课不感兴趣，对旁系的某些课却很感兴趣；在学习方法上主要采用机械记忆法。这些毛病一一列出来，我们就知道该采取怎样的矫正措施了。

三、学会策略性学习

（一）策略性学习知识梳理

1. 策略性学习概述

策略性学习是指在有关学习策略、自我、任务、内容和背景等方面认知的基础上，积极主动地选择有效学习策略并对不良的学习方式进行调整，保证学习成功的学习。进行策略性学习或学习策略能否合理、有效地运用，不仅直接影响到学习的效率和效果，而且对提高学生的元认知水平、学习能力、挖掘学习潜力有重要的作用。因此，让学生学会策略性学习，成为一个策略性学习者是学校教育教学的重要内容之一。策略性学习有可教性，但首先必须清楚策略性学习者应具备哪些特征。

2. 策略性学习者应具备的特征

①具有保证学习成功的技能。很清楚自己应该如何学习，并能采取有效的策略、方法进行学习，会用分析、综合、比较等思维技巧进行学习。

②具有积极主动地使用这些技能、方法的意愿和动机。认识到学习技能和方法的重要性，有主动地使用这些方法和技能的强烈动机和兴趣，并且相信自己有能力驾驭这些方法和技能。

③具备自我调节的学习能力。具体表现为：能在要求的时间内完成任务；能围绕学习目标制订计划；能对自己的进步、失败等进行调节和控制；能根据自己制定的目标、计划和来自教师或教材方面的信息反馈，对自己的学习结果进行正确的自我评价；能够采用系统的方法来完成学习任务等。

上述这些因素不仅影响学习结果的好坏，还有助于学生提高学习的毅力、坚持性等良好的意志品质。

（二）策略性学习者应具备的相关知识

1. 策略方面的知识

学习者不仅要了解前面讲述的学习策略有哪些，还要知道各种学习策略在什么条件下最适用。

2. 自我方面的知识

知道自己喜欢什么，什么样的学习任务对自己来讲是容易的或难的；非常了解自己的学习能力，清楚自己的天赋和自己曾经遇到的困难是什么，知道自己喜欢的学习方式、学习风格；知道自己常用的学习策略和技能；对自己目前的学习状况非常清楚等。对上述知识的清楚了解，有利于学习者明白自己可以利用的学习资源是什么，使个体能够合理地运用和分配这些资源，还可以使学习者了解自己什么时候应该加倍努力。

3. 任务方面的知识

知道有哪些类型的教学活动和任务，如根据布鲁姆认知目标的分类体系，明白将要学习的知识应达到的目标是属于知道、领会、应用、分析、综合或评价，并知道要成功地完成这些不同学习活动和任务，需要什么样的资源。

4. 内容方面的知识

知道自己已经学过的相关知识是什么，知道它和新学的知识有什么关系和联系。这方面的知识直接影响学生对新知识意义的建构，影响认知结构的形成。如果在学习中没有建立一定的结构，缺乏记忆和提取知识的线索，将不利于知识的提取和应用，还会影响学习技能和方法的正确选择。

5. 背景方面的知识

影响学习的背景知识是非常多的，如教师的期望、作业时间的长短、完成学习任务的时间限制；在完成任务时有哪些可以利用的资源（图书馆、教师等的帮助）；学校的行为规范、同伴之间的相互影响或支持；学习的评价标准、自己的心理状态和需要兴趣等。

（三）学习策略的教学

学习策略是可教并且可以迁移的。学习策略的教学就是指在学校教学中把学习策略作为重要的教学内容，以一定的形式让学生加以掌握和利用的教学活动。在进行学习策略教学之前，教师首先要清楚以下几个问题。

1. 影响学习策略使用的因素

弗拉维尔认为，当个体不能使用某种学习策略时往往是因为他们存在可用性缺陷和产生性缺陷。可用性缺陷是指个体不知道某一策略因而不会使用这一策略。产生性缺陷是指个体不知道在什么条件下使用某一策略。这种现象的产生可以从两个方面分析：一方面，受学生的元认知水平或认知水平限制。如年龄较小的儿童，由于其自我意识尚未发展成熟，作为其中一部分的元认知也未完全得到发展，因此，对自己、对学习任务等方面的知识和认识不足，不能选择有效的学习策略。但是他们能在有指导的情况下运用一定的学习策略。另一方面，学习者缺乏对学习策略的适当分析和练习。大多数学习者在学习中往往对自己熟知的学习策略情有独钟，即使学习效率不高或者某些策略对某些学习任务来说并没有什么用处，还在使用这些策略来处理学习任务，这说明他们缺乏对学习策略的分析，如它是否适合自己的学习特点，是否适合这样的学习任务和内容等；同时对新的学习策略也很少进行有意识的尝试。在学习中，学生需要更多地理解处理信息的方法，他们必须学会了解各种学习策略在不同的学习情形、不同的目标和背景中的效果，形成一套学习策略体系。

2. 学习策略的教学原则

（1）特定性原则

特定性原则是指学习策略一定要适合学习目标、学习任务和学生的类型，要具体问题具体分析。每一种学习策略都有一定的适用范围，超出了它的适用条件，不仅不利于学习甚至还会起到干扰作用。如，记忆篇幅较长的学习材料，采用从整体到部分再到整体的方法记忆的效果好于整体记忆的方法，而对于较短的学习材料，可直接采用整体记忆的方法。学习类型不同，应用的学习策略也是不同的。如，以视觉学习为主的学生需要获得更多的视觉信息，有利于学习的顺利进行；以运动性为主进行学习的学生，亲身实践、体验的效果好。

（2）生成性原则

生成性原则是指在学习策略教学中要引导学生利用学习策略对所学习的材料进行重新加工，产生新的东西。这一原则要求学生积极主动地加工信息，成为知识的建构者，进而深入、完整地牢固掌握所学得的知识。具有生成性的学习策略有列提纲、画图、把学得的知识讲给别人听、用自己的话概括学习的要点等。

（3）有效控制原则

有效控制是指在学习策略教学中，不仅应该教给学生某一学习策略是什么、应该怎样做，还要告诉学生具体学习策略的适用条件，即教给学生何时、何地、为何使用。教师在其中的分析和示范是非常重要的。教师在示范中要告诉学生在某种情况下为什么使用某一策略，还要教给学生怎样使用及使用的步骤，然后让学生进行练习和实践，教师给予必要的反馈和帮助，直到学生能够独立选择并使用这一学习策略。

（4）个体差异的原则

不同年龄阶段的学生，其学习策略的发展水平也是不一样的，因此，教师在进行策略教学时要考虑学生的年龄特点，选择适合学生发展水平的策略。若学生接受的学习策略超出了他的发展水平，则很难达到预期的效果。

（5）注意自我效能感的原则

研究表明，自我效能感对学生学习策略的学习有重要影响。较高的自我效能感对学习和掌握学习策略有促进作用，因此，在进行学习策略的训练时，有意识地进行一些提高学生自我效能感的训练，对学习策略的教学有积极的作用。另外，策略学习也要结合归因训练和动机训练，使学生感受到学习策略对提高学习效率的有效性。

总体而言，教师进行学习策略的教学，目的在于让学生认识自己已有的知识水平、自己的优势与劣势、自己的学习类型，认识学习任务与目标，认识完成学习任务的制约因素等；制订学习计划，在预习、听课、复习、作业、考试、课外活动等方面制订具体细则；养成良好的学习习惯，选择恰当的学习方法，激活与保持适度的学习心理状态，合理安排学习时间等，掌握各科的学习方法与技巧，能广泛地收集各种资料，从各种信息源获取知识信息，如充分利用图书馆这个巨大的资源宝库。

四、加强思维训练，学会思考问题

大学生基本上处于18～24岁这个年龄阶段，思想意识已基本成熟，但思维方面仍存在一些问题，加之这一阶段的学习有了很大的转化，因此，有意识地进行思维训练对大学生来说是有必要的。

（一）思维方面存在的问题

1. 思维知识匮乏

提起思维科学，大多数学生只是了解到一些字面意思，如果再继续追问他们对思维知道多少，回答七零八落、不成系统。对于思维的定义、思维的分类、思维特性、思维方法等相关学科知识更是知之甚少。对于思维科学认知不完整，何谈科学使用思维方法形成有效的思维方式，思维能力的全方位提升更加是可望而不可即。

2. 思维定式严重

大学生思维定式主要体现在：书本定式、权威定式、经验定式、习惯定式。思维定式有正反两方面的作用。一方面，思维定式对于大学生平时思考问题是有积极作用的。每当学生处理相似的问题的时候，思维定式能够节省很多摸索和试探的思考步骤，提高了效率。另一方面，在处理创造性问题上，思维定式会阻碍新思维的形成，难以开展创造性的思维活动，影响了创造性成果的问世。

3. 思维迁移能力差

大学生群体如果不能很好地把已经具备的学习方面的优势思维能力迁移到社会生活当中去，缺少灵活、正确处理生活问题的能力，往往出现了高分低能、高智商低情商、不会做人、不会处事、抗挫能力低下、校园事故频频发生等一系列问题。社会性事物思维能力的缺失将会成为限制学生发展的桎梏。

（二）思维训练

马克思说过："任何职责、使命、任务，就是全面发展自己的一切能力，其中也包括思维能力。"思维能力不是天生的，而是通过一点一滴的实际训练得到的。掌握一定的思维知识，并不代表我们就具备了思维能力。必须把思维科学知识与实际的思维训练结合起来，才能使思维能力在潜移默化中产生、加强、提高及发展。大学生应通过以下思维训练，提高自己的思维能力。

1. 丰富语言，为思维训练创造条件

思维的过程就是对信息加工的过程。信息是思维的原料，原料越丰富，思维加工越易有效进行。语言修养包括掌握语言和运用语言。掌握语言就是认真学习语言，运用语言就是通过书面及口头的形式使用语言表达思想或情感，这一切都有助于提高思维能力。

2. 在学习中进行思维训练

大学生仍处于系统学习科学文化知识的时期，他们可以抓住这个关键期，以课本为载体，运用科学的思维方法，通过学习科学文化知识来训练思维，在汲取营养的同时形成正确的思维模式，提升思维能力。

3. 在日常生活中进行思维训练

大学生是社会的一分子，除了主要的学习之外，他们也需要进行社会性的交往，还需要处理生活中的各种问题。大学生应当好好把握机会，用科学思维模式思考问题，解决在学校、社会中遇到的问题。如此一来，学生能够经常锻炼其思维意识，增强正确处理生活中问题的能力，同时也会促进思维能力的发展。

4. 借用专门的思维工具进行思维训练

这里所说的工具主要包括专门性的思维书籍、思维软件等一系列开发思维的应用性工具。利用这些工具，增强了思维训练的针对性，更加易于大学生克服思维定式、改变弱势思维，形成优势思维，最终全方位地提升大学生的思维能力。

5. 利用游戏训练

为了提高思维的独特性和批判性，可以做下面的游戏：①延迟阅读，选一篇较熟悉的课文，让三四个同学齐声朗读，你以延迟四五个字的差距轻声读，要求不跟过去，并与同学保持一定的速度。②符号干扰，"○""△""■"三种符号各 30 个，打乱排成十个一行，共九行，然后看着符号读字，凡见到"○"则读方，见到"△"则读圆，见到"■"则读角。

总体而言，学会思考问题、分析问题是学会学习的重要标志。善于自我检查，自我评价，善于运用已有的知识独立地解决各种问题，培养良好的思维品质。

五、监控学习过程，并及时总结与修正

自我监控是一种元认知高度醒觉状态。学习的自我监控是学生为了提高学习的效果，

保证学习成功，运用各种方法和策略对所从事的学习活动的各个方面进行自我调节和控制的过程。这个过程可以体现对学习目标和计划、学习策略、学习成效、自我调节等各方面的监控，从而保证学习的效果。

（一）指导学生实现自我监控的要点

1. 做最重要的事情

教师要教学生学会将必须做的事情和可做可不做的事情分类，从最重要的事情入手。可以尝试每天列出自己要完成的几项最重要的事情，一件一件地完成。对学生而言当天的作业，第二天要进行的考试等无疑应成为优先完成的事情。把不太紧急也不太重要的事情安排到零碎的时间内完成，不要在这类事情上消磨时间。

拿破仑·希尔归纳了四条做不值得做的事情的坏处，十分经典：

①不值得做的事情会让你误以为自己完成了某些事情。

②不值得做的事情会消耗时间与精力。

③不值得做的事情会浪费自己的有效生命。

④不值得做的事情会生生不息。

2. 做好学习准备，养成专心致志的习惯

开始学习就要把相关的学习用具准备好，随时备用。在学习过程中要专心致志，抵御外来干扰，也不胡思乱想。

（二）教师指导学生实现自我监控的措施

1. 激发学生学习兴趣，发挥学生学习的主动性

学生自我监控的实现，是以学习兴趣和学习主动性的发挥为前提，因此，教学中教师应关注课堂教学的预设与生成，让课堂充满生气和活力。同时民主、和谐的师生关系也为学生的主动发展提供了可能。教师言行中传递理解、期待、鼓励都可以成为学生主动学习的内驱力。教师要在关爱每个学生的前提下，在教学活动中激发学生学习兴趣，使教学成为学生主动学习，通向成功的过程。

2. 组织教材使学生易于接受

教师要创造性地组织教材，“教师和学生不是‘材料员’而是‘建筑师’，他们是材料的主人，更是新材料和新教学智慧创生的主体”，让学习更贴近学生的生活。作业的布置也应有层次性、多样性和自主性，让每个学生都能得到发展。

3. 创设条件，增强学生成功的体验

教学中教师要调动学生主动学习的兴趣，改变评价方式，增强学生成功的体验。教师对学生的评价注意对学生智能因素的多元评价，本着进步即成功，来看待学生。只有这样每个学生才有机会获得成功的体验。

要多给学生鼓励和表扬，让学生感受更多的成功的喜悦，从而激发自信心。

（三）调整学习行为

在学习过程中，学生反思自己的学习行为后，教师应指导学生收集有关学习任务及自我特点的元认知知识，用来计划、检查和评价以后的学习任务。这一过程的指导应包括以下几点。

1. 学习行为的反思

反思能够提供有关结果的信息及其所选择策略的效果，因而使得学习者有可能从具体的学习活动中获得策略知识。反思使学习者有可能在调节学习过程的每个阶段（计划、检查和评价）都能够利用其有关学习任务、自我及策略的元认知知识。杜威将反思看成是一种特别的思维方式，认为人们从对经验的反思中学到的东西比从实际经验中学到的东西要多得多。在杜威看来：反思是“理智行为的标志”，能够促成有效的问题解决及改进学习的效果。

2. 自我调节的指导

自我调节的过程是，有效的学习者通常有一个计划（计划可以在头脑中形成或用书面的方式表达），在计划中详细拟定了他们期望如何去达成目标。然后在实际执行这一任务时，他们不断地对计划做出反思，评估其实际效果，必要时加以修订。在不断反思之后，学习者可持续地做出实时判断，排除多余的步骤，实施替代性备择策略及在必要时采取计划外的行动。教师应根据这一过程指导学生学会自我调节，培养专家型的学习者。

3. 学习行为的检查

学习行为的检查是一个综合复杂的过程，涉及以下因素。

①意识到正在做什么；

②知道正在做的事情与已经安排的行动步骤序列是否吻合；

③对接下去应该做什么做出预见和安排。

在这个过程中，教师应要求学习者对计划做出回顾以确定必要的步骤是否都按照正确的序列得以完成，同时也要对有待完成的步骤进行前瞻，仔细想下一步怎么去做。

4. 学习过程的评价

在完成学习任务后，学生应对学习过程进行评价。拜尔认为评价涉及以下几个方面的事情：

①根据学习任务中得出的任何结果（论）的合理性和正确性（如一种分类框架、一份书面报告、一份技术摘要等）来确定目标的达成度；

②达标中整个过程及相关步骤的效果如何；

③所遇到的干扰因素是否得到了预测、避免或处置；

④总体计划的效果如何，以及是否有必要在用于将来相似任务前做进一步调整。

学习行为优良的学生，对自己的学习情况有较清醒的认识。当出现对某一学科的学习使用的时间少了，或者对某一学科的一部分知识掌握得不够、理解得不深等情况时，他们就能及时地调整自己在精力的分配和时间的安排。真正能够掌握知识。同样这些学生还能注意总结学习上的得失，从中找出经验教训，针对问题的实际，自我调整学习行为，把无意学习变为有意学习。

总体而言，对学习过程、学习方法等方面进行及时反思、讨论与评估，检查与回顾自己所有的学习行为，并不断把有关的学习变量与所实施的学习计划、学习方法联系起来进行对照和检查，以评估学习计划与学习方法所能达到的学习效果。

六、尊重考试规律，善用考试技巧

（一）考试规律

考试是有一定规律可循的，如同万事万物一样，按照客观规律去做，事情就会事半功倍。考试的主要规律如下。

第一，心理学家发现，平常学习基础知识与重大考试成功之间有极密切的关系。所掌握的基础知识和基本技能是否扎实与思维的灵活性、变通性有关；而思维的灵活性、变通性又与能否将知识融会贯通、解决综合性、复杂性、以一定难度的问题有关。

第二，国外心理学家对学生的考试技巧进行了深入研究后得出：是否经常参加考试，对考试成功与否有一定影响。在参加重大考试之前，多参加几次模拟考试，会有效地提高正式考试的成绩。但这种模拟考试与正式考试之间不能相隔太久，而且模拟考试的题型还要接近正式考试的题型。

第三，国内科学家研究发现，在智力、能力差别不大的情况下，学生体质水平的高低决定学生考试成绩好坏也起到了关键作用。因为，考试是一种很艰苦的脑力劳动；脑力和体力一样，只有在非常强健的情况下才能最大限度地发挥出潜能。体质好的学生，精力充沛，能较长时间集中注意力学习。因此，体质好的学生考试成绩大大高于体质差的学生。

第四，从心理方面讲，考生若有较强的动机为动力，是很容易建立自信心的，而且还不会产生焦虑症和恐惧症。同时科学家还发现，考生情绪适度紧张有利于考试中激活启动大脑，促使思维的灵活性与变通性。再则，善于调适自己的心态，以适应考试的环境的考生，往往能获得好的考试成绩。

第五，外部因素对考试的影响。目前有关专家调查发现，在外部因素，如家庭、学校、社会等诸多因素中，家长对孩子的考试影响比值最大，其次是老师的影响。因此，家长和老师应注意发挥正效应，而不是负效应。

（二）考试技巧

1. 仔细审题，认真答题

答题前一定要认真审题，不要答非所问。特别是那些似曾相识的题目，要格外注意，看有没有新的要求，不要按惯性做出回答。一些分值较高的题目要多读几遍。

答题要条理清楚，要点突出。切忌不分段、不分要点地答题，答案层次不清难以取得高分。书写时字迹要工整、清晰，字体和答题行距不宜过密。

要在答题卡上指定的题号位置作答，题号顺序不能顺倒或错位，否则，可能造成错位的答题内容无效。

2. 先易后难，不留空白

答题一般按照试卷编排的顺序一道一道地往下做。对于一时做不出来的题，可先放一放，有时间回过头来再做。先做容易的题也能给你树立自信。千万不要在一道题目上“纠缠”，要知道，一个选择题浪费五分钟以上，就可能导致后面的大题没有时间做。

考试结束前，对于那些没有把握的考题或似乎解不开的考题，应着重从宏观角度去阐述，把你所想到的尽可能写上去，千万不要留空白。有几行字，就有可能多得几分；而如果是空白，阅卷老师肯定不会给分。

3. 专心致志，勿看他人

答题一定要专心致志，只有集中精力，才能充分调动储存在你大脑里的知识。如果觉得非常紧张，就按照前面教的呼吸法使自己镇定下来。

这时候，千万不要看别人。一旦看到别人比你做得快，你就会觉得不安、焦虑，甚至思维混乱，这些都将直接影响你的判断能力和答题速度。

4. 认真检查，勿早交卷

考试时不要提前离开考场，不要看见其他考生交卷就发慌。在考试结束的铃声响起之前，任何人都无权赶你走，一定要耐心地将题目答完。

即使你已经答完所有的题目，也不要早交卷。要认真检查，逐一复核。检查时最好重新审题，防止误答或漏答。有时多坐几分钟，就会有新的发现。

5. 答题方法与技巧

（1）选择题

先易后难，确保会做的题能得分。

排除法。从排除最明显的错误备选项开始，把接近正确答案的备选项留下，再分析比较剩下的备选项，进而逐一否定，最终选定正确答案。排除法主要有以下四种：

排谬法——排除内容本身是全部错误或部分错误的选项；

排异法——排除内容本身虽然正确，但与主题规定性无关的选项；

排重法——排除与主题变相重复的选项（只适用于因果型选择题）；

排倒法——排除与主题关系顺倒的选项（也只适用于因果型选择题）。

（2）名词解释

名词解释的答案一定要简练、概括、准确，最好能用原文回答。如果实在想不起来，就不必拘泥于原文。用自己的话去解释也可以，但是，不要过多使用复合式的长句子。

遇到实在不会答，或没见过的名词，就根据每个字的意思来猜想、解释。总之，尽量不要空着。

（3）简答题

认真审题，准确把握命题的含义，选定解题的理论依据。

组织答案要简明、扼要、准确，不宜展开论述，“小题大做”。

书写工整，有层次。必要的话，将各要点用 1、2、3……标明。切忌把几个要点写在一个自然段之中。

以上是解题的一般思路与方法，在答题中还应结合题目的自身特点随“题”应变。

（4）论述题

先列提纲。在确定考题中心论点和论据的前提下，在草稿纸上列出要点提纲。保证你答题的逻辑性和层次性。一般来说，用答题时间的 1/10 来进行这项工作。比如，一道论述题你用 20 分钟来完成，那么你花两分钟来列提纲就可以了。时间不要过多，以免占用答题时间。

合理论述。论述时要层次清楚，条理分明，详略得当，突出重点，能准确使用一些术语。

答论述题最好把自己的能力全部发挥出来。要在深度和广度两方面努力，内容多多益善。但是，要限制每道题的答题时间，以免造成后面答题时间不足。

如果你不能把握题目的要点，但是你有很多相关知识，那么，哪怕只是稍有关联都要立即写下来。写出来的东西不一定是令人满意的答案，但是也给了自己一个展示自我的机会。

注意特殊要求（是否要求举例，是否要求根据特定原理或者事实解释说明），确保不跑题。

如果时间不够用，那就列提纲或要点。让老师知道你计划写的内容。

归纳总结。如果时间充足的话，可以做一个简短精练的总结，达到“画龙点睛”之效。

总的来说，学习不是考试，学得好不一定考得好。考试有重点、难点。受老师的要求，以及自己的能力和知识的分布的制约。根据考试的特点做专门的考前准备其实很重要。此外，在你的智力水平的支持下，考试在某种程度上是一个体力活，保持良好的身体状态是复习考试的保障条件。

七、也能尽知人意，但求无愧我心

“学会如何学习”已作为一个教育目标倡导很长时间了，但对于大多数应试的学生而言，他们很少真正主动地把学会学习放在首位，他们重视的仍然是对学习的具体内容的掌握。在学习效果的评估上，他们习惯用分数这个唯一指标来评价。然而大学在某种意义上颠覆了这个评价体系，特别是面对就业的时候。

学会学习需要增加对不同专业的理解，学业、专业与职业有联系，但并不是简单的直线式的联系。本科阶段的学习在更广泛的意义上是学习本身的学习。学会从经验中学习，接受与改变都在于自己。以平静的心接受我们不能改变的事实，以勇气改变我们可以改变的事实，而最关键的是需要去分辨接受与改变之间的差异在哪里。学会接纳，自己安排的路不一定就比命运所安排的更好，每一份经历都可以是人生的财富。要想吸收养分，前提是倒空你的杯子，抛开成见，给你的呼吸留下空间。学会请求，在需要的时候，学会寻找和获取帮助，学会接受别人的帮助。

第四节　压力、压力相关影响与心理健康

一、压力概述

（一）心理压力的定义

心理压力又称心理紧张或心理应激，是机体在内外环境作用下，因客观要求与主体应付能力的不平衡所产生的一种适应环境的紧张状态。心理压力来源于机体内外环境向机体提出的应对或适应的要求。这些可导致机体产生应激反应的紧张性刺激物称为应激源。对人类来讲，应激源包括各种物理、化学刺激在内的生物性应激源，如不适宜的温度、强烈的噪声、机械性的创伤、辐射、电击、病毒、病菌的侵害等，也有包括来源于现实社会中经常发生的冲突、挫折、人际关系失调等在内的心理性应激源，还有包括不断变化着的政治、经济、职业、婚姻、年龄等因素在内的文化性应激源。

适度的心理压力或应激，对机体适应环境是有利的，它可以提高机体的警觉水平，动员机体内部的潜能，以应付各种变化的情境和事件的挑战。如果心理压力持续时间过长或应激状态过于强烈，需要机体做出较大的努力才能适应，或者超出了个体所能承受的应对能力，那么就会扰乱人的心理活动和生理功能的平衡，损害人的身心健康，甚至会造成人体及精神疾病。

（二）压力反应

压力反应是生理和心理相互作用的结果，是一系列生理和心理反应的综合表现。同样的压力源可能引起不良的压力反应，也可能引起良性压力反应。这里主要谈一下不良的压力反应。

1. 压力状态下的生理反应

①经常体验到肌肉抽搐和紧张，如感到机体的某一部位不由自主地跳动，眼睛、面部、肩部、背部、腿部以及身体的其他部位发紧、酸痛，缺乏柔性和灵活性。

②动作僵硬、急促，经常摆弄手指、抖动腿脚或身体的其他部位。

③经常感到气闷，消化不良，食欲不振。

④皮肤经常无缘无故地发痒、过敏，吃药也不起作用。

⑤全身无力、疲劳，休息后也很难恢复。

⑥免疫力下降。

2. 压力状态下的心理反应

（1）警觉阶段

在警觉阶段，交感神经支配肾上腺素和副肾上腺素，这些激素促进新陈代谢，释放存储的能量，于是呼吸、心跳加速，汗腺加快分泌，血压、体温升高等。这些是警觉或紧张的反应，是身体在压力之下进入了觉醒的状态。

（2）搏斗阶段

搏斗阶段是抵抗和耐受压力的反应时期，机体在高度警觉或紧张的状态下调整并想法适应压力，但机体逐渐形成慢性长期的超负荷，很难继续适应这种不适应的环境。

（3）衰竭阶段

衰竭阶段是精力、体力耗竭的反应。如果进入第三个阶段时，外在压力源基本消失，或个体的适应性已经形成，那么，经过相当时间的休整和养息，仍能康复。如果压力源仍然存在，个体仍不能适应，机体无力应付慢性、长期的高度警觉或紧张的状态，对超负荷的精力、体力的支出逐渐不能耐受。当体力耗竭以致身心交瘁，就使我们更容易受疾病的侵害。一个能量资源已经耗尽而仍处在压力下的人，就必然发生危险，这时，疾病和死亡的发生都是可能的。

3. 压力状态下的情绪反应

（1）忧郁

有些人压力来的时候，就会有忧郁症，若平时就有点忧郁，则到压力来的时候就会更严重。

忧郁的特征包括广泛的不快乐情绪，对未来感到无望，无精打采与被动，饮食与睡眠习惯瓦解，低自尊，常自责，对未来充满负面的想法，最严重的时候就是想要自杀。

（2）生气

压力来的时候，生气是很多人都有的情绪反应，导致容易感到挫折，容易暴躁、抓狂，暴力倾向萌生甚至是加重，脾气变得很不好。

（3）倦怠感

倦怠是一种情绪衰竭的症状，容易在工作情景中出现，也会以职业倦怠方式出现。特别是某种专业人士如教师、护士、律师、会计师、管理者等凡是需要与人沟通接触的工作，比较可能产生这种现象。这种现象就是身体、心理、情绪均感疲倦，最后无法再关心他人，而以冷漠、散漫或不人道的方式来对待他人，工作士气、生产力、工作满足感也急速下降。这也是一种情绪性的疲劳，他们的工作性质是应该关心关怀别人，但是他们做不到，因为他们自己已经觉得很累。

（三）心理压力产生的影响

不同的人，对于压力的观点不同。有些人会希望有压力，认为有压力才会有动力才会有进步，生活才会更精彩；而有些人则认为压力意味着挫折，让人烦恼。日常生活中，每个人都会在不同程度上感受到心理压力的存在。压力与生活同在，没有人可以对此“免疫”。如果完全没有压力，那么个体身心就会处于一种松散和不紧张状态，个人的潜力就无法发挥。我们也有一种体验，当压力特别大的时候，就会特别容易生病，情绪脾气特别容易激怒；此时心理压力会对个体带来许多负面影响。可见，完全没有心理压力和心理压力过大都不利于个体的身心发展。然而，适度的心理压力可以使人的情绪处于兴奋状态，活跃思维，提高反应速度，能够起到积极的作用。进化论观点认为有限的资源导致竞争，而竞争就必然有压力；发展最快的地区，压力也最大。调查发现心理压力是造成身心疾病的主要原因之一是影响人们心理健康的最主要的因素，“与心理压力有关的慢性病呈逐年上升且年轻化趋势。”“大量的现实研究表明，心理压力的消极作用甚于积极作用，主要表现为出现一系列心理的、生理的和行为的应激症状。”以下主要为心理压力过大带来的负面的症状表现。

1. 生理症状

新陈代谢活动发生紊乱、呼吸急促、心跳加快加强、消化液分泌减少，头晕头疼，食欲减退，腹痛腹泻，疲惫不堪，致使个体逐渐患上各种慢性疾病甚至诱发潜在的心身疾病，比如胃溃疡、癌症。像感冒也常找上精神紧张、神情沮丧的人。据调查，心理压力大的人精神上负担较重，或悲观孤僻，或忧郁沮丧，或逃避现实，他们的感冒发病率是正常人的 3 ~ 5 倍。疾病反过来又会导致消极的行为表现和心理方面的种种不适。

2. 心理症状

具体表现为情绪不稳定、对周围环境不满意、疲劳无力感、不安、易激怒、反应过敏。可能会因为心理压力、承受能力差而导致产生神经质似的心理障碍，严重者甚至会出现情感淡漠、幻觉、妄想、自杀意念等病态心理异常现象。

3. 行为症状

消极怠工、工作效率下降、逃避责任、“跳槽”；生活习惯改变；常与他人发生冲突，人际关系恶化；不良嗜好增多，嗜烟、酗酒，甚至吸毒以麻痹自己；更有甚者表现为自杀、杀人等破坏性的病态反应。

生理、心理、行为方面的压力症状不是独立存在的，而是相互联系、相互影响的。当事情一件接一件的到来时，而个体又没有能力及时的解决时，长期下来就会感觉到没有办法集中精神、疲劳乏力、睡眠不好、烦躁不安，工作学习效率下降。持续的心理压力更可能让个体常感到浑身不适，得经常性感冒以及无名低烧，让个体的躯体机能减弱、生理健康指数下降。即使去医院检查也查不出病因，只有求助于心理学或精神病学医生，治疗效果才较好一些。较为严重的可能会有惊跳反应，产生心理障碍或疾病，出现易激惹、抑郁、幻视幻听等病理性表现。

二、压力的反应过程与身心疾病

（一）压力的反应过程

人们对压力的反应通常经历三个不同的阶段。

第一阶段为冲击阶段，发生在暴露于压力源后不久或当时。如果刺激过大，就会使人感到眩晕，表情麻木呆板，不知所措，亦可称为“类休克状态”。如突然听到亲人去世的消息后大多数人会表现出发呆、惊慌或歇斯底里，只有少数人能保持冷静与镇定。

第二阶段为安定阶段。这时，当事人会努力恢复心理上的平衡，控制焦虑和情绪紊乱，恢复受到损害的认识功能，而后采用各种心理防御机制或争取亲人、朋友的支持。

第三阶段为解决阶段。当事人将自己的注意力转向产生压力的刺激，并努力设法处理它，可能采取逃避行为远离产生压力的原因，也可能提高自己的应付技能，改变策略和行为，直接面对刺激，解决刺激。

（二）压力与身心疾病

承受压力是每个人生活中不可避免的，压力产生的紧张状态可以提高警觉水平，适当的压力是健康所必须具备的条件。但是压力过于强烈、持久，超过个人的耐受能力，就会破坏人的身心平衡，影响人的学习与工作，损害身心健康，这是压力的有害方面。

医学研究发现，身心疾病是由多种因素引起的，但更多的是由个人遭到的紧张刺激以及生活境遇所决定的，因紧张刺激而引起的生理改变最终导致自我损害是身心疾病发病的重要原因之一。也就是说，如果心理性、社会性、文化性的压力引起的紧张状态过于强烈、持久，就会通过生理渠道导致躯体病变或直接导致心理疾病。

常见的身心疾病一般可表现在以下方面。

第一，心血管系统：原发性高血压、冠心病、心律失常、心动过速或过缓等；

第二，呼吸系统：支气管哮喘、过度换气综合征、血管舒缩性鼻炎等；

第三，消化系统：消化性溃疡、溃疡性结肠炎、神经性厌食、神经性呕吐等；

第四，内分泌系统：肥胖症、糖尿病、甲状腺功能亢进等；

第五，肌肉骨骼系统：痉挛斜颈、类风湿关节炎、口吃等；

第六，神经系统：紧张性头痛和偏头痛等；

第七，泌尿生殖系统：性功能障碍、月经失调等；

第八，皮肤系统：神经性皮炎、瘙痒症、过敏性皮炎、斑秃、荨麻疹等；

其他，癌症、自身免疫系统疾病等。

三、压力对大学生的影响

（一）大学生面对的主要心理压力

大学生在校学习期间承受压力是不可避免的。并且，绝大多数的大学生承受着较大的心理压力。研究发现，大学生面临的心理压力主要表现在以下几方面。

1. 学习压力

学习是大学生面临的最主要压力之一。由于大学生普遍都是中学时的优等生，大多具有自信、好强的心理特点。并且由于随着入学就已隐约感到就业形势的严峻，大学生们中的绝大多数都希望能够继续保持良好的学习成绩，以保持自己一贯的学习优势地位，也为未来的就业创造有利条件。但是，大学里，强手如林，尖子荟萃，再加上大学里的学习方法明显不同于中学，大学老师也很少进行学习方法的讲授，因此，较多的大学生对大学的学习方法迟迟不能适应，这就导致同学们学习效果不佳，只能充当一名普通学生的角色，于是压力感、危机感、失落感会油然而生。

2. 就业压力

由于高校毕业分配制度的改革，以及社会上下岗职工的大量存在，不可避免地给高校学生带来了就业的心理压力，并且随着年级的增长，这种压力会与日俱增。可以说，许多大学生对目前的市场调节、双向选择、自主择业的分配方式还远未适应，同学们普遍担心毕业时找不到理想的工作。也有的同学担心自己不能找到与专业对口的工作，从而使大学几年的学习时间白白浪费。尤其是冷门专业的同学，社会需求量相对较小，因此，他们的压力就更大一些。目前，相当多的大学生选择报考研究生，往往就是因为面临择业的苦恼。他们因为一时找不到理想的工作所以只好继续求学，以暂时回避现状。与男生相比，女大学生的就业心理压力普遍更重。虽然，她们中的大多数在学习上与男生同样刻苦努力，成绩优秀，但由于社会上传统观念的影响以及女大学生就业时常常遭到用人单位冷遇的现状，许多女大学生从进入大学起就产生了巨大的心理压力。

3. 人际交往压力

由于同学们来自不同的地域，不同的生活习惯、性格特征、个人爱好、家庭背景等使同学们的人际关系变得很复杂，因此，许多同学存在人际交往方面的困惑。同时，一些同学成绩虽然优异，但因为从小缺乏人际交往教育，在交往认知、交往知识和技能方面存在着明显的不足，以至于不能妥善地处理人际交往中的冲突。另外，随着市场经济文化对大学校园的冲击，大学生方方面面竞争的加剧，原本单纯的同学关系变得非常微妙，因此，不少同学为人际关系而苦恼，常常抱怨“太累了”。在大学生心理咨询中发现，前来咨询的同学中几乎有 60% 都是为了解决人际交往压力的。

4. 生活适应压力

在生活上，有些同学从小娇生惯养，从未离开过父母的照顾，对于诸如打扫卫生、洗衣服等一类的日常小事往往都无法适应。另外一些学校的生活条件不能满足大学生的生活要求，譬如食堂饭菜质量太差，学生宿舍拥挤、吵闹，这些方面，也常常导致远离父母过完全独立生活的大学生产生极大的心理压力，影响正常发展。

5. 经济压力

大学生的经济压力主要表现在：十年寒窗苦，一朝进入大学，但高额的学费常常使一些条件不太好的家庭不堪重负，加上不断增多的日常生活费用，一些家庭甚至负债累累。对此，大部分同学虽然已经步入了大学校门，但会时时感到内心不安。也有这样一种情况，有的同学自身经济条件不好，又不能正确对待，面对大学里经济条件优越的同学就会产生自卑，这使他们的内心充满矛盾，承受更大的心理压力。

6. 身心因素压力

大学生身体方面的压力主要有：一些同学身体健康状况不佳，缺乏维持正常学习的旺盛的精力，一些同学对自己的相貌、身高、体型不满意，感到忧心忡忡等。大学生心理方面的压力表现：过分争强好胜的人格因素使一些同学常感到身心疲惫，有的同学心理素质太差，脆弱的心理承受能力使其在困难面前产生较大的压力反应，也有一些同学自我认识不良，导致自卑、行为退缩，更多的同学的心理压力源于时时出现的心理冲突。譬如理想与现实的冲突、独立与依赖的冲突、闭锁与开放的冲突。冲突越复杂，心理压力就越大。

（二）大学生心理压力来源

1. 学习困惑

高职院校里的课程内容和教学方法与中学有很大的不同。中学的授课方式是以教师教学为主，学生自己理解少、练习多，学生完全处于被动接受知识的状态。然而大学则不同，教师上课来，下课走，内容多，教材有取舍。授课方式是以教师指导性讲解、学生自学为主。这要求高职大学生应转变学习方法，适应大学教学，改变过去那种态度上的被动，从而做到主动自觉。然而许多学生特别是刚进大学的新生往往缺乏必要的心理准备，仍然抱着过去学习的心理，沿用高中的学习方法。在经历一段时间的学习之后，便有茫然失措的感觉，进而不知道该怎么去学，由兴奋转为自卑、消沉，部分学生处于难以适应的境地，久而久之倍感学习之压力，产生厌学心理，进而导致认知偏差，不能适应新的学习环境，产生心理挫折，在学业上出现令人失望的事情。

2. 专业发展困惑

专业发展问题影响部分同学的学习积极性，这种情况在高职院校表现得较为突出。一类是由于高考填志愿盲目。盲目追求所谓的热门专业，如电信、计算机、电子、商务等专业。但是进入大学后，才发现热门专业并不符合自己的兴趣爱好，学习时产生压力，困难重重。另一类是由于高考分数没有达到自己理想专业的分数线，只能服从分配，调剂到学校生源不足的冷门专业。这类同学觉得自己以后的前途暗淡，不能安心学习。这两类同学中有的屈服于现状，极度冷淡自己不喜欢的专业。在学习上得过且过，毫无钻研精神，有的悲观厌世，长期失眠，精神错乱，甚至出现违法犯罪、自杀等行为。

3. 经济困难

目前，因家庭困难造成经济紧张而陷入困境的学生在学校占有相当大的比例。高额的学费和生活开支增加了他们的心理压力，来自边远和贫困地区的同学更是如此。部分同学家里砸锅卖铁，四处借债。他们的兄弟姐妹小小年纪就辍学打工供他们读书，他们背负着全家人的期望而读书，这些同学从吃穿乃至言行举止上都与城市同学有很大的反差。经济的窘迫，使这些同学的心理负担十分沉重，他们感到苦闷和压抑。这种现象在大学生群体中不但存在，而且还有进一步增强的趋势。

4. 就业困难

毋庸讳言，高校学生找不到工作是很正常的事情。大学生在选择单位时会产生迷茫，不知所措，而且在与有关单位接触的过程中难免有种种不顺利，有的同学因此背负了沉重的心理负担。

5. 大学生自身因素

一是心理承受能力差。个别同学承受挫折的能力缺乏，遇到各种困惑和矛盾时不能正确处理，经常陷入焦虑、抑郁等情绪中。心理障碍、自残、轻生、伤人等问题程度不断发展加深。二是心理自控调节能力较差。高校大学生不能适应现实，在现实中面对挫折与落差，心理调节能力极差，很多高校大学生遇到或大或小或多或少的挫折，都会陷入苦闷和焦虑中。

（三）心理压力对大学生的影响

1. 积极作用

压力可以促使大学生警醒，从而增强其适应性。一般而言，压力引起的紧张反应可以大大提高大学生对环境的警觉水平，使其注意力集中，思维敏捷，情绪适度，从而促使大学生适应环境变化的需要，增强其对环境的适应性。压力可以促进大学生的发展、提高。因为压力是我们生活中的一部分，当大学生面对一定的心理压力时，必须积极、努力，才能摆脱压力，改变现存的压力环境。因此，可以说，一定的压力正是促使大学生积极进取、不断发展和提高的重要动力。生活中如果没有压力，大学生也就缺少了发展的动力。增强大学生抵抗压力的能力。调查表明，在大学阶段，曾经体验过压力的同学，他们将来步入社会后似乎比没有经受过压力的同学更能够应付压力情景。这是因为在以往的压力状态中，他们学到了处理压力的有效方法，积累了处理压力的丰富经验，同时，增强了面对压力的勇气和力量。这样，在以后的压力情境中，就大大减少了心理冲突，增加了抵御压力的能力，使大学生的心理走向成熟。压力有助于大学生之间建立良好的亲密的关系。研究表明，压力情境下，人与人之间表现出更多的互相关心、互相帮助、互相支持，从而有利于彼此维持一种比较接近的良好的关系。压力促进了群体的结合，极大地增进了群体的凝聚力。因此，无论从大学生个体的角度还是从社会维持与发展来看，压力都具有重要作用。

2. 消极作用

当压力超过一定限度时，过度的压力反应或长期压力反应的累积，对大学生的身心健康只有一定的破坏作用。研究发现，长期处在压力情境下的大学生，心理健康水平会降低，严重的会出现心理障碍。例如，情绪持续低落，兴趣丧失，反应迟钝，对自己的进步、人生的价值漠然置之，麻木不仁，看破“红尘”；与人交往过程中，常表现出紧张，动作不自然，思维不清，脾气古怪，讨厌别人；或孤立自己，怀疑自己的能力，轻视自己，自责，自信心降低，夸大自己的失败，甚至导致彻底的自我否定，并引发自伤、自毁或伤害别人，破坏大学生的生理健康。在长期的心理压力下，人的免疫功能将大大下降，患病的可能性大大增加，有可能罹患如心脏病、消化性溃疡、紧张性头痛、偏头痛、神经衰弱、肌肉痉挛、类风湿、尿频、皮炎等，严重危害大学生的身体健康。另外，长期处于压力状态下，还容易养成消极的生活习惯，如通过吸烟降低紧张水平，通过酗酒、贪吃、过度工作来消极回避紧张状况。

第六章　大学生行为矫正与方法

第一节　行为矫正的原理分析

一、基于条件作用理论的行为矫正原理

（一）习得与消退的原理

1. 关于习得或行为习得的原理

在经典条件作用中，条件刺激必须与起强化作用的无条件刺激同时或几乎同时呈现，有机体才能习得条件反应。在该过程中，条件刺激作为无条件刺激即将出现的信号必须先于无条件刺激呈现，且两者间隔不能太久，否则就难以建立联系。在巴甫洛夫的经典研究中，铃响或灯亮后必须接着马上呈现肉糜，否则狗就不会分泌唾液。

在操作条件作用中，操作反应之后要及时提供强化物刺激，有机体才有可能习得操作反应。在该过程中，提供怎样的强化以及如何提供这样的强化，对行为的习得（即条件作用的形成）起着重要作用。在斯金纳箱的实验中，白鼠按压杠杆后要马上让它吃到食丸，给予食丸之类的强化以及怎样给予则决定于其操作是否符合要求及其程度。

2. 关于消退或行为消退的原理

在经典条件作用中，当条件刺激重复出现多次，但无条件刺激没有随之出现，那么原先已经形成的条件反应将逐渐趋弱并最终会消失。在巴甫洛夫的经典研究中，铃响或灯亮后却没有给予肉糜，几次后狗的唾液分泌就慢慢变少，最后停止分泌唾液。

在操作条件作用中，操作反应之后，如果不及时提供强化物的刺激，那么原先能够表现的操作反应会趋弱并最终会消失。在斯金纳箱的实验中，白鼠在按压杠杆后却没有给予食丸强化，几次后其按压行为就逐渐变少，最后不再按压杠杆。

可见，消退是一种与习得相对应的条件作用现象，是某行为反应持续得不到强化而使其发生概率下降直至不再发生的过程，因此消退这一条件作用过程与得不到强化有关。

（二）泛化与分化的原理

1. 关于泛化的原理

在经典条件作用中，条件反应一经形成，其他类似于最初条件刺激（铃声）的刺激（钟声）也会引起条件反应。在巴甫洛夫的经典研究中，实验中如果以铜铃声作为条件刺激，那么在条件反应形成后，若呈现一个电蜂鸣器的声音也将引发条件反应，甚至听到实验员的脚步声时也会分泌唾液，说明狗对声音的刺激发生了泛化（或类化、概括化）。

在操作条件作用中，有机体操作反应（按压杠杆）因获得强化而形成后会做出相似的反应（按压其他物件）。在斯金纳箱的实验中，白鼠在按压杠杆而获得食丸的强化刺激后，它按压周围东西如食盘、箱壁等的动作也随之增加，表明白鼠的反应发生了泛化。

需要指出的是，条件作用泛化的程度与刺激物之间的相似度有关。研究表明，泛化的条件反应强度与类似于形成条件作用的刺激的相似程度显著相关，即存在刺激泛化梯度现象，相似度越高则泛化程度越强，相似度下降则泛化程度变弱。

2. 关于分化或辨别的原理

在经典条件作用中，有机体能够只对与无条件刺激匹配的刺激（铃声）做出反应，对其他近似刺激（钟声）则能够予以区分后不做出反应。在巴甫洛夫的经典研究中，狗能够只对铃声分泌唾液，而对类似的声音如钟声则没有这样的反应。

在操作条件作用中，面对环境中众多信息，有机体能辨别其中有线索作用的、对自己有意义的信息并做出反应，获得强化刺激，而无视其他信息。在斯金纳箱的实验中，白鼠能只按压杠杆，而不按压其他东西，包括不按压类似于杠杆的栅栏。

可见，分化或辨别，是一种与泛化相对应的条件作用现象。当然，要使有机体能够完成分化或辨别学习，是有一个过程的。在这个过程中，有机体面对环境中的大量信息，要能够把有关信息与无关信息加以区分，无视无关信息而只对有关信息做出相应的行为反应，同时需要对符合要求的反应与不符合要求的反应实施辨别性强化程序。

如，在某实验中，让动物取食时面对两扇门，门上分别画有“△”与“○”。开始在画有“△”的门内放食物，动物经过几次试误就能正确走进画有“△”的门内取食。接着把食物置于画有“○”的门内，动物也能较快地经过尝试打开画有“○”的门取到食物。然后实验者不停地在两扇门之间随机地变换放置食物，结果发现动物同样能找到规律很快地取到食物。这表明，有机体对某些具有线索作用的刺激能有效地进行辨别学习，能特别注意对自己具有意义的刺激并做出反应。

需要指出的是，条件作用的刺激泛化和刺激分化（辨别），都是个体适应环境和适应生活所必需的能力，两者缺一不可。在行为矫正中，许多具体的矫正技术方法均有赖于个体具有一定的刺激泛化或刺激辨别的能力，同时也有不少技术方法则以形成和发展个体的刺激泛化和刺激分化（辨别）的能力为目标。

（三）高级条件作用的原理

高级条件作用的原理体现在以下两个方面。

1. 形成多级条件作用

在已经形成的条件作用的基础上，无论是经典条件作用还是操作条件作用，都可以形成二级及二级以上的条件作用。

在经典条件作用中，当狗已经对铃声建立了条件反应，若把铃声和闪光一起配对呈现，经过几次尝试后，闪光便会单独诱发唾液分泌，说明狗已经建立更高一级的条件反应。

在操作条件作用中，二级强化类似于高级条件作用。如训练鸽子去啄一扇不亮的窗子，在它每次啄时都使窗子短暂地亮起来，同时送进食丸，结果亮了的窗子也会成为一个强化物，而不再需要原来的强化物——食丸了。这里，短暂的亮光强化是二级的，其功效是因为它与一级强化物——食丸形成了条件作用的缘故。

2. 通过第二信号系统形成条件作用

条件作用的形成除了通过实物之外，还可以运用第二信号系统（即运用语言主要是语词）来实现。

直接作用于感觉器官的具体条件刺激，如声、光、味等，是第一信号，也称为现实信号。对第一信号发生反应的大脑皮质机能系统是第一信号系统，第一信号系统是人和动物共有的，是人类感觉和表象的生理学基础。

人类特有的语言可以代替第一信号也引起条件作用，因此语言是信号的信号，称为第二信号。对语言发生反应的大脑皮质机能系统是人类独有的第二信号系统。第二信号系统是言语和思维的生理学基础。人类独有的第二信号语言尤其是词，可以是条件刺激，也可以是条件反应，还可以成为强化物。

（四）强化与惩罚的原理

1. 关于强化的原理

在条件作用的形成过程中，强化被认为起着决定性作用：强化决定了有机体的行为是否会发生或是否会发生变化；强化也决定着行为发生或变化的难易，如练习次数、投入精力等；强化还决定着行为发生或变化后能保持多久。

其实，对强化进行深入的探究始于斯金纳的工作，之后他在操作条件作用理论中对强化做了全面系统的阐述，并使强化成为其理论的一个核心概念。之后，强化及对经典条件作用形成的阐述，也被大量用于心理学研究领域的众多其他方面。

强化在两种条件作用中都起着关键性作用。强化，是指运用强化物使特定的行为得以发生或使特定反应的概率得以提高的过程。强化物就是那些能提高特定行为反应之可能性或使特定行为反应概率增加的任何事物或事件。

在经典条件作用中，无条件刺激与条件刺激在时间上反复结合，这在促成条件作用的形成过程中就起着强化的作用。在操作条件作用中，作为操作行为后果呈现的食丸刺激物则对有机体的行为操作起着强化作用。

能提高行为发生率的强化物一般是能满足个体生理、心理需要的各种物品或事件。此类令人喜欢的强化物可以有不同的区分。表 6－1 是各种强化物的分类之一，可供行为矫正中使用时参考。

表6－1　令人喜欢的强化物一览表

一、消费强化物：喜欢吃或喝什么	1. 最喜欢吃什么 a. 谷类食物　b. 干果　c. 坚果　d. 甜食：糖果、甜饼、冰激凌等 2. 最喜欢喝什么 a. 牛奶　b. 软饮料　c. 果浆等
二、活动强化物：喜欢做什么	1. 室内活动 a. 业余消遣　b. 手工艺　c. 装饰　d. 准备食物或饮料　e. 零碎的工作等 2. 户外或庭园里的活动 a. 运动　b. 园艺　c. 野餐等 3. 就近的自由活动 逛商场、散步、骑自行车、逛公园等 4. 离家较远的自由活动 旅游、滑冰、游泳、露营、去海滨等 5. 被动的活动 看电视、听广播或录音、聊天、洗澡等 6. 其他 电影、戏剧、运动等
三、操作强化物：喜欢什么样的游戏或玩具	1. 玩具 a. 汽车　b. 积木　c. 彩笔　d. 彩色书等 2. 游戏 a. 过家家　b. 捉迷藏　c. 棋类游戏等

续　表

四、拥有强化物：喜欢拥有什么样的东西	1. 生活用品 香水、发夹、别针、指甲刀、手套等 2. 纪念品 粘贴纸、明信片、纪念币等
五、社会性强化物：他人的言语和物理刺激	1. 言语刺激 a. “好孩子”　b. “棒极了”　c. “干得好”　d. “好极了” e. “继续好好干下去”等 2. 身体接触 a. 拥抱　b. 吻　c. 搔痒　d. 扭打　e. 坐到膝盖上、肩上等

需要指出的是，在各种强化物中社会性强化物具有特殊功效，个体对这样的强化物一般更会做出积极、持久的反应，而较少餍足。

根据斯金纳的操作条件作用理论，任何行为必有相应的后果，作为行为的后果被称为行为的偶联事件，因为行为与事件两者关系之密切达到了偶联的程度。一定的事件之前必有特定的行为为其前因，两者也是偶联的关系。

强化中，如果使用偶联事件或者使偶联事件增多，而行为反应也随之相应增多增强的过程，这叫阳性强化（positive reinforcement）。阳性强化中的强化物具有令人喜欢的性质。上面讲的强化就是指阳性强化，也就是一般所讲的强化。

阴性强化（negative reinforcement），与阳性强化相对应，指不使用偶联事件或者使偶联事件减少，而行为反应也随之相应增多或增强的过程。阴性强化中的强化物具有令人不愉快甚至厌恶的性质。通常如噪声、强光、斥责、疼痛、极度的冷和热、电击等即是此类刺激物。在某种行为反应之后，如果本来存在着的此类令人不愉快或厌恶的刺激物“移走”了，该行为反应的发生可能性也会提高即得到了强化。如，把白鼠放入通电的实验迷箱，白鼠只有学会打开门的开关逃出去才能逃避电击，经过若干次练习以后，白鼠就能学会一系列的开门反应，其间电击所起的作用和食物相仿，也能促使动物学会打开开关这一反应，区别在于此时已经不是为了获得食物，而是为了逃避电击的厌恶刺激。

2. 关于惩罚的原理

与强化相对，惩罚是指使用刺激物来使特定行为反应发生的可能性降低甚至不发生的过程。

惩罚中，如果使用的刺激物具有令人厌恶的性质，则行为必然在次数上减少或强度上下降。这样的惩罚称为阳性惩罚（positive punishment）。换言之，行为反应之后，如果偶联事件的性质是令人不愉快或令人厌恶的，则后继行为发生的可能性必然下降甚或不再发生，这就是阳性惩罚，也就是通常讲的惩罚。

阴性惩罚（negative punishment），与阳性惩罚相对，是指不使用或者减少使用偶联事件，行为反应也会随之相应减少的过程。阴性惩罚中的偶联事件具有令人喜欢的性质。行为反应之后，如果移走或减少令人愉快的偶联事件，则后继行为发生的可能性也必然会下降甚至不再发生，这就是阴性惩罚。

上述两种强化、两种惩罚与行为发生、偶联事件的关系如图 6－1 所示。生活中，如对拾物交公的行为给予表扬，会使该行为增多，这是阳性强化；冷漠地对待拾物交公行为，即对拾物交公的行为没有给予令人喜欢的称赞，该行为就会变少，是阴性惩罚；违规违纪行为之后给予批评处罚，该行为就会变少，这是阳性惩罚；对不良行为不给予及时的批评处理，就会助长该行为的发生，这是阴性强化。

行为可能性的变化		偶联事件的变化：增加	偶联事件的变化：减少
	增加	阳性强化	阴性强化
	减少	阳性惩罚	阴性惩罚

图 6－1　两种强化、两种惩罚与行为发生、偶联事件的关系

需要指出的是，这里讲的惩罚与前面的消退都是使有机体的行为发生概率下降或强度降低，但两者的机制是不同的。消退，与不再给予强化或强化不再出现有关；惩罚，则与使用令人厌恶的刺激物或撤去令人满意的刺激物有关。

二、基于社会学习理论的行为矫正原理

（一）观察学习的原理

观察学习有四个过程，它们分属两个阶段，观察学习对学习者的行为具有一定的功效。这些在前面有关部分都有介绍。

班杜拉指出，在社会情境中，人的许多行为都是通过对榜样的观察而习得的，这是人类学习的重要形式。通过观察获得的信息对个体今后的有关行为能起到重要的导向作用。

观察学习中，学习者无须做出直接反应，故又称“无尝试学习”。观察学习中，学习者通过观察他人接受一定的强化而不必亲自体验直接强化，即受到的是替代性强化，故又称“替代性学习”。

班杜拉指出，替代性强化对行为及其调节起着极为重要的影响。同时，这也是一个复

杂的问题。对此，应该关注和重视的要点有：强化的关系特性不仅影响着行为，而且会影响到一个人满意与否的水平；强化与预期有关，如在预期惩罚的背景下无奖赏可能起到强化的作用，在期待奖赏的背景下无奖赏则会起到惩罚的作用；很多情况下，原型行为由自己批评，也能对观察者起到抑制作用；一般，当一个人留心观察别人行为成败之模式时会比本人在直接诱因中学得更快，而在行为保持上直接诱因的动机则要比替代性诱因更为强烈，因此，直接体验到的结果与观察到的后果的效能并非绝对，比较时需要做具体分析。

（二）行为思维表征的原理

思维表征对人的行为和心理之所以能发挥功能，是因为人具有以下两种运用语词符号的能力。

其一，表征行为未来结果的能力。这一人类特有的能力使人能够运用语词图像符号在头脑中表征行为的未来结果，进而能够成为人们行为的动力。

设想，山羊何以会把眼前的牧草连同根茎啃噬干净，然后无奈地群体迁徙觅食？因为它们不会想到要为未来的生存而去保护草地。人类则不然，人以语词符号为媒介，可以从过去的行为活动中提取经验教训，在此基础上懂得了如何做出恰当、合适的行为反应，尤其是从事有远见的行为活动。

正是由于思维表征的这一指向行为未来结果的功能，人们的行为活动既能获得预期收获又能避开可能的困境，既能满足当前需要又能顾及长远利益。也正是由于这一功能的存在，一个人才能够总结自身的行为经验、追求理想的行为目标。

其二，确立行为目标的能力。这是一个人生存和发展的重要的基本能力之一。这一能力使个体的行动具有明确的目标，使个体追求目标的行为更为有效。

动物的许多行为，如筑巢、孵幼、迁徙等，看来也有特定的目标，其实都是动物与生俱来的本能行为。对人类而言，人的许多行为都要求是自觉的、有目的的行动。因此，运用语词图像符号来确立行为目标的能力，也可以成为人们以认知表象为基础的又一有力的行为动机源。

行为目标一旦确立，就会指引着一个人为此而自觉地行动。当然，目标最终实现与否要受到主客观因素的影响。

客观上，目标的难易程度制约着目标的实现。一般而言，人们倾向于把目标定在经过努力能够达到的水平上。因为，目标定得过高，经过努力仍遭到失败，会打击一个人的积极性和自信心，降低其后继的行为动机。

主观上，个体的主观预期会影响目标的实现。一般而言，若达到预期目标，一个人就会产生自我成就感，并继续努力行动。当然，人们通常不会长时间满足于已获得的成就，他们会在已有基础上提高自己的预期水平，企求达到更高的目标。

（三）行为自我管理的原理

行为的自我管理，包括自我监督、控制、评价、调节等，能使人成为其自身行为的动因。自我管理之所以能成为行为动因，是因为与以下三种心理机制密切有关。

1. 行为过程的自我参与

人的行为、行为习惯的养成有外部控制和自我参与两种模式。外部控制，强调人的行为发生和改变由外部施加影响来实施；自我参与，强调人的行为发生和改变由自身积极主动投入来实现。后者就是行为过程的自我参与模式，它要求人本身是其行为的真正动因，对自己行为的目标、功效负责。其间，外界环境只是一种支持性条件。可见，自我管理离不开对行为的自我参与模式。

2. 行为过程的自主性认知加工

在分析认知功能与行为发生、维持、改变的关系时，社会认知理论指出存在着自动（或不随意）性认知加工和自主（或随意）性认知加工两种模式。

自动（或不随意）性认知加工，是指对那些达到了熟练水平的行为链或行为技能，个体会自动地进行认知加工，不需要耗费精力去集中注意力、无须考虑反应抉择，在操作时甚至还可以同时进行其他活动。

自主（或随意）性认知加工，是指原来的行为链或行为技能不能满足人的主客观要求时，一个人需要对原有行为予以改造甚至更新，这时要求个体对外界信息进行收集、筛选、判断，并做出行为抉择，其间个体的认知功能常常需要一个人做出选择性注意、付出意志努力，并发挥人的主体性功能。可见，自我管理也离不开对行为的自主性认知加工。

3. 对行为发生及其结果的内归因

人们具有归因的自然心理倾向，即希望了解自己和他人的行为之所以发生及其结果的原因。如果从主客观方面去分析，归因就有内归因和外归因两种。

外归因，是从一个人的环境方面去分析行为的发生及其结果，如所受奖惩、他人影响、运气好坏、任务难易等。内归因，是从一个人自身方面去分析行为的发生及其结果，如能力水平、性格特点、动机强弱、情绪状态、努力程度等。

内归因能促使一个人产生和增强行为发生或改变的动力。行为有功效时，内归因导致行为者有胜任感和成就感，产生重复该行为的倾向；行为无功效时，内归因会使行为者承担起责任，产生改变自身行为的强烈动机。可见，自我管理同样离不开对行为发生及其结果的内归因。

（四）行为受先行决定因素的影响

环境中的许多事件相互之间有着联系，具有或含有某种规律，这会使人产生特定的预期，即某一事件会导致另一事件。随着经验的积累，个体的这种预期能力会发展，使那些中性事件会产生预示性作用。环境中的刺激会通过这种预示性功能影响个体的特定行为表现。这样，在对环境刺激做出反应的同时，个体还会解释并学习其预示性功能。正是这种预期性学习及其能力调节着个体的自身行为，在环境刺激与行为反应之间发挥着先行的认知性的中介影响。

促成预期性学习的一个因素是自我情绪触发功能。研究证实，想象中的痛苦刺激导致的生理反应、心理骚动与实际痛苦诱发的情况是类似的。另一个因素是偶联性再认的作用。再认的作用会决定预期性反应的强度和持久性，越是相信过去偶联关系有效的人、他们的预期性就越为强烈。

对于预期性学习，心理学很重视对人的效能期待予以干预。效能预期，是指个体对能够成功执行而且必定能产生一定结果的行为的信念。改变一个人的效能预期可以提高其预期性学习。一个人的效能预期则建立在操作成就、替代性经验、口头说服、情绪触发、环境条件等信息源之上。

除了预期性学习之外，预示性的社会线索对行为的发生和调节也起着重要作用。在社会情境中，许多社会性线索时时影响着人的行为。有人鼓掌许多人跟着鼓掌，看到有人在笑许多人会跟着笑。实验室研究和现场研究均表明，榜样在诱发和传递行为上具有重要的影响力。榜样的这种影响力取决于自身特征、观察者特征和偶联于其行为的反应结果。

（五）行为受后继决定因素的影响

人的行为显然受到其后果的影响。一般而言，人们总是倾向于淘汰那些无法带来奖赏的反应或带来惩罚效果的反应，而保留那些带来奖赏结果的反应。班杜拉指出，正是行为的结果作为后继决定因素影响着一个人的行为。这种影响可以从外部的、替代的和自我生成的结果三个方面对行为起着调节作用。这三个方面与前面提及的三种强化有关。

关于外部强化（即直接强化）对行为及其调节的影响方面，研究表明，外部强化影响的效果是明显的。但班杜拉指出仍然要关注这种影响的复杂性。在外部强化中，需要注意：强化与效果具有相对性；餍足会导致厌倦；诱因传达不同的信息时会有不同的效果；外部奖赏的效果与活动兴趣的培养有关；随着成长，对人有效的诱因的范围会扩大，但被认为层次较低的物质诱因仍然是无法替代的；行为受不同的强化安排（即强化程序）的影响；从社会角度看，失去地位的威胁更容易使人产生压力；强化有个人取向和群体取向，两者结合的诱因系统更具有个体意义和社会意义。

关于自我强化对行为及其调节的影响方面，班杜拉认为，人具有自我强化的能力，能为自己确定某种行为标准，能以自我奖赏和自我惩罚来对自己的行动做出反应。自我强化主要通过自我调节机制来对操作发挥其功能。这同样是复杂的，需要注意：在讲授和示范影响下，人们学会了参考别人如何对他们行为做出反应来评价自己的行为；环境中的大量示范影响可能一致也可能冲突，冲突时青少年儿童会倾向于接受同伴的标准；人们表露的自我评价标准很可能不一致，使一个人形成学习标准的过程颇为复杂；不同价值观的形成会影响活动的诱因和自我评价标准，个体也会因标准过高而感到苦恼；外部的强化源与自我生成的强化源之间也有复杂关系；内部控制的选择性激活与自我评价结果存在着分离的可能。

（六）行为受认知功能影响而调节

人的行为除了受先行的和后继的决定因素影响之外，还受认知功能的调节。班杜拉认为，各种形式的认知表象都能为人们的行动提供诱因。如，对于想达到目标的预期性满足的表象、达不到的否定性评价表象，都能成为人们行为的动机源。又如，与环境事件或行为结果多次偶然巧合而形成的偶联性认知表象，也能为行动提供诱因。再如，观察到的榜样及其反应结果会形成一些行为的内部表象，会影响以后有关场合中的行为表现。

认知功能对行为的调节，还体现在人们常常是在思维中而不是在行动中解决许多问题的。思维常与符号运用有关，符号为思维提供了工具。符号使问题解决的认知活动变得灵活有效。同时，符号也使思维活动成为内隐活动，难以进行实证研究。对此，班杜拉认为，关于思维的思维是在验证过程中进行的。通过比较各种思维表象与经验性证据，可以判断这些表象形成的有效及价值。验证思维的证据来源是多方面的，如人们从行为结果中获得的直接经验，观察他人行动的替代性经验，对自己观点与他人判断的比较及其评价，运用逻辑推理来检验思维的有关规律。

需要指出的是，条件作用理论和社会学习理论的有关观点构成了上述行为矫正原理。这些原理为行为矫正的各种具体技术方法提供了理论依据，但是在具体实施中要取得应有的预期效果，还应该兼及并吸取其他心理学理论观点，尤其是人本主义心理学的有关原理。

第二节　大学生行为矫正多元化方法探究

一、增强行为的技术方法探究

（一）阳性强化

阳性强化，是行为矫正中增强行为最常用的一种方法，也是在行为矫正中与其他方法结合使用得最多的一种方法。

1. 阳性强化的含义与原理

（1）阳性强化的含义

阳性强化，是运用某种令人喜欢、愉快的事物或事件偶联于特定的目标行为来增强该行为的一种行为矫正方法。阳性强化又叫正强化，相当于我们生活中的表扬、奖励等。

（2）阳性强化的原理

阳性强化产生效果的原理是，在特定情境中，一个人在做了某行为之后伴随令人满意的结果，以后面临相似情境时这个人就更有可能重新操作该行为。这里，令人满意的结果就是那些使人感到愉快的强化刺激物，它们可以是物质的，也可以是社会性的。社会性强化物具有特殊的功效，即个体对它们一般都会做出积极的反应。

2. 运用阳性强化的注意事项

为使阳性强化收到预期效果，需要注意以下几点。

（1）选择适当的强化物

特定的事物是否起强化作用或起多大强化作用会因人而异，故强化物的选择要以当事人的需求为依据，不能凭推测、想当然。对此，可以通过与当事人或有关人员的访谈，也可以用简单的问卷予以了解，还可以通过开始阶段一段时间的试用。

（2）实施必须及时、一致和相倚

其一，及时。是指阳性强化应该紧随着目标行为的发生而进行。这体现了强化的即时性特征，即时强化的效果一般优于延时强化，除非强化的目的是为了让个体适应特定的环境要求。

其二，一致。是指凡与当事人有关的人都应该执行阳性强化。这是一致性原则的体现，也就是要求有关人员统一认识、协同行动。

其三，相倚，是指凡当事人表现出目标行为则一定给予强化，凡当事人没有表现出目标行为则一定不给予强化。这体现了目标行为与偶联事件之间需要建立排他性的紧密联系。

（3）控制好强化量

强化刺激未达一定的量，就不可能产生预期的效果。一般而言，随着强化量的递增效果也相应会提高，但超过一定的“度”，会出现“报酬递减”现象，故应该把强化量控制在适中的程度。这可以通过最初访谈的问卷来了解，也可以在实施之初通过“试误”后进行估计。

（4）控制剥夺和餍足

一方面，控制剥夺。是指在矫正干预前的一段时间内应使个体暂时与强化物隔离，即个体对所用的强化物已经有相当长的时间没有体验了，否则会降低对当前强化物的体验而影响效果。

另一方面，控制餍足。是指矫正中把握好能使个体对强化物产生愉悦体验的程度。即实施强化时在量上应该把握好分寸，既要让当事人产生快感，又不能使其过量而导致强化物失去吸引力。因为满足如果超过了一定的度，就会嬗变为餍足了，即原来令人喜欢的刺激物会变得不那么讨人喜欢，甚至可能会令人生厌。

（5）把握好过渡

过渡，是指矫正中的强化逐步回归到与日常生活常态相仿的情况。把握好过渡主要从两个方面安排：一是在强化量上，开始应该提供足够量的强化，在行为达到理想状况后就应该减弱，使之逐步接近日常生活状况。二是在强化物的类型上，若开始选择的是物品之类的实物，那么应该逐步转变为社会性强化物。把握好上述的过渡有利于目标行为的泛化，即在矫正干预后的真实生活情境中仍然能够得以保持。需要指出的是，阳性强化除了单独使用，在运用其他各种方法进行行为矫正时还会经常被结合使用。从某种意义讲，阳性强化是行为矫正中使用最频繁（即普适性最突出）的一种方法。

（6）避免误用

对那些不良行为，如果无意中给予强化，就会增强其强度、频率或发生的可能性，这是阳性强化的误用，应该避免。

（二）阴性强化

阴性强化，是行为矫正中增强行为的又一种方法。阳性强化中使用的是令人愉快的偶联事件，即刺激物是受人欢迎的、让人高兴的；而阴性强化中涉及的则是令人厌恶的事件，即刺激物是会让人痛苦的、竭力回避的。

1. 阴性强化的含义与原理

（1）阴性强化的含义

阴性强化，是在当事人表现出符合要求的行为之后撤去某事物，或者让当事人离开某情境，从而提高该行为发生率的一种行为矫正方法。

这里，撤去的某事物或离开的某情境都是令人不愉快的，甚至是痛苦的，即这样的事物或情境是具有令人厌恶性质的刺激物。

（2）阴性强化的原理

阴性强化的原理是，某一行为的发生如果能够使行为者逃脱正面临的厌恶刺激或情境，或者能够避免厌恶性刺激的出现，那么以后该行为的发生率无疑就会提高。阴性强化中使用的厌恶刺激一般是疼痛、厉声、强光、极冷或极热，或者令人不快的做法和事件。某一特定行为发生后，行为者如能减少或不再体验到这类厌恶刺激，那么这种特定行为必然会增强。

面对令人厌恶的刺激或情境，个体的特定行为能使其逃脱，即个体表现出以逃避正面临的厌恶性刺激为目的的行为反应，这说明形成逃避条件作用；如果继而表现出以回避可能面临的厌恶刺激为目的的行为反应，那说明形成回避条件作用。所以，阴性强化这一方法涉及的是使一个人形成逃避条件作用和（或）回避条件作用这两种行为反应。

与前面的阳性强化一样，阴性强化也是增强行为，但两者的途径截然不同。在阳性强化中，矫正者使用令人愉快的刺激物，当事人的行为受此诱惑或激励并力求获得而表现出更多更强的目标行为；在阴性强化中，矫正者使用令人厌恶的刺激物，当事人为此力求逃避和回避而努力表现出更多更强的目标行为。

2. 运用阴性强化的注意事项

要使阴性强化产生更好的效果，注意以下几点极有必要。

（1）郑重决定是否选用

阴性强化，要撤去或移开的偶联事件毕竟是厌恶刺激，这就与伦理问题密切有关，故采用和实施该方法要经过慎重考虑和权衡，应该尽可能作为最后的求助途径来使用。

（2）实施应该及时、一致和相倚

实施中，在当事人表现出符合要求的良好行为时，停止或撤去厌恶刺激必须做到及时、一致和相倚。

（3）把握好时间间隔

把握好逃避/回避反应之间的间隔，当事人形成逃避条件作用或回避条件作用后，厌恶刺激的安排要使每次逃避反应或回避反应之间有一定的时间间隔，即时间间隔不能太短，而应该让当事人在每次做出逃避或回避反应后能产生片刻的轻松感和某种程度的解脱感，这样有助于当事人愿意再次努力去做出应有的反应。

（4）使用厌恶刺激信号

在阴性强化中，当事人没有或不能及时做出逃避或回避反应，厌恶刺激就不会撤去，就会因厌恶刺激的存在而体验到消极痛苦的内心体验。但这并不是阴性强化的本意。为此，要使用与厌恶刺激有关的信号，用这样的信号对当事人发出“厌恶刺激将出现，必须及时做出反应”的信息。言语提示、姿势语言和蜂鸣器等装置都可以用作这样的信号。这样，可以大大减少当事人真实体验厌恶刺激的可能性。

（5）尽快实施过渡

阴性强化的实施过程包括形成逃避条件作用和回避条件作用两个阶段。逃避条件作用形成在前，它与个体体验到厌恶刺激后想竭力摆脱它有关；回避条件作用形成在后，它与个体为了免受厌恶刺激而竭力使之不出现有关。因此，在逃避条件作用建立之后，应该尽可能快地过渡到回避条件作用的建立上，这样可以尽量减少行为者对真实厌恶刺激的接触和体验。

（6）要求操作相应的不相容行为

建立逃避反应到能够做出回避反应，其间必须安排行为者操作良好行为以替代原来的不良行为。

（7）结合使用阳性强化

主要从两方面予以关注：一是在当事人以自己的反应成功地逃避或回避了厌恶刺激后，应给予一定的令人愉快的强化物刺激；二是当事人在操作需要的不相容行为时，同样应该给予一定的令人喜欢的强化物刺激。

（三）间隙强化

间隙强化（intermittent reinforcement），也是行为矫正中增强行为的一种方法。如果说阳性强化和阴性强化的区别与强化物是令人愉快的还是令人厌恶的有关，那么间隙强化则与强化如何安排实施有关。

1. 间隙强化的含义、操作与原理

（1）间隙强化的含义

间隙强化，是相对于连续强化的一种强化。即对发生的行为不是每次，而是间断地给予强化来提高该行为的发生率的一种方法。

间隙强化涉及如何安排“间断”的问题，这样的安排称为强化程序。即具体说明如何对某个确定的行为发生时予以强化。强化程序可以按行为发生的次数，也可以按行为发生的时间间隔，还可以按行为发生的持续时间加以安排。

（2）间隙强化的操作

间隙强化的程序主要有以下几种具体操作。

第一，固定比率程序。固定比率程序（fixed ratio schedule，简称 FR）是指每当符合要求的特定行为反应达到确定的次数后才实施一次强化。如学生写毛笔字，每写满 12 个字后老师批阅一次。又如，工厂中的计件工资制，只有完成了一定的操作次数如加工了若干零件或组装了多少部件才能获得一份报酬。

第二，可变比率程序。可变比率程序（variable ratio schedule，简称 VR）它与固定比率程序基本相同，但每次强化要求达到的行为反应次数是围绕着某一确定的数目而随机变化的。如比率为 10 的可变比率程序，可以是 10 次反应后强化 1 次，也可以是 8、12、7、13、9……次后强化 1 次。生活中，渔夫撒网捕鱼、抽签中奖等就是可变比率的强化程式。

第三，固定时间间隔程序。固定时间间隔程序（fixed interval schedule，简称 FI）是指，某一行为反应在经过一段规定的固定时间后一出现就予以强化。即强化必须在行为经过一定的时间间隔后发生才实施，在这间隔之前发生的行为是不予强化的。学校中，每周一次的卫生检查、半学期之后的期中检查、一学期期末的期终考试，其实都是固定时间间隔的强化程式。

第四，可变时间间隔程序。可变时间间隔程序（variable interval schedule，简称 VI）与固定时间间隔程序基本相同，但每次强化要求的时间间隔长短是围绕着某个确定的数值而随机变化的。学校中，课程教师每隔几周对学生进行事前不通知的小测验，学校每隔几周对各个班级安排预先不打招呼的各种评比检查等，就是可变时间间隔的强化程序。

第五，固定持续时间程序。固定持续时间程序（fixed duration schedule，简称 FD）是指要求的行为反应在持续一定的一段时间后才给予强化，如持续 15 秒钟、一节课、一天等。生活中，孩子练了半小时的毛笔字后允许看电视，做完了作业才能去踢球，一堂课都认真学习后打一个“★”等都属于固定持续时间的强化程式。

第六，可变持续时间程序。可变持续时间程序（variable duration schedule，简称 VD）与固定持续时间程序基本相同，但每次强化要求的持续时间长短是围绕某个值而随机变化的。如，开学时学生排队注册、交费、领书等就是可变持续时间的强化程序。又如，生活中家长督促子女温课迎考，每隔约半小时检查一下孩子是否在认真学习并给予鼓励，这样的做法也属于可变持续时间的强化程序。

（3）间隙强化的原理

间隙强化属于强化，强化的原理适用于间隙强化。就强化的实施次数而言，连续强化，是对目标行为的每次出现均予以强化；消退，是对目标行为的每次出现始终均不予强化；间隙强化，则介于连续强化与消退之间，即对目标行为的出现既不是每次给予强化，也不是每次都不强化，这也是“间隙”涉及如何安排强化的由来。

相对于连续强化来说，上述几种间隙强化程序都会使相应的行为能够保持较高的反应频率；同样的强化物刺激的有效性也能保持得更为长久；行为反应一旦形成也更难消退。上述几种间隙强化中，对于两种比率程序来说，随着要求的行为反应的次数的增加，行为者的反应也会随之加快。但是，当次数的要求过高时，行为者在获得一次强化后其行为表现会有一个“不反应期”。

此外，对于两种时间间隔程序来说，行为者获得一次强化后其行为反应立即会有一个短暂的停顿，停顿的长短与程序的时间间隔有关，也与当事人的“时间感”有关。对于两种持续时间程序来说，随着持续时间的增加要求行为反应仍然能够保持不变，但是持续时间太长或增加过快时行为反应则会急剧减少甚至消失。

2. 运用间隙强化的注意事项

要使间隙强化产生良好效果，注意以下几点是必要的。

（1）选择适当的程序

间隙强化有多种程序，必须针对目标行为的特点来选择某种程序。如目标行为若能明确计数，可以选择与比率或时间间隔有关的强化程序。目标行为若是一种延续动作，如练习书法、安静听讲、值日执勤等，则选择与持续时间有关的强化程序为宜。

（2）兼顾程序的效应与操作

就间隙强化程序对行为的强化效应来说，“可变”的几种程序优于“固定”的几种程序。就间隙强化实施的可操作性来说，则“固定”的几种程序优于“可变”的几种程序。故具体运用时应该兼顾两者，然后做出灵活恰当的选择。

这种兼顾还应该扩及间隙强化与连续强化的关系。两者比较，前者操作复杂，但一旦产生效果会更加持久，后者操作简便但容易消退。为此，一般先用连续强化干预，在目标行为达到一定水平后要及时考虑改为某种间隙强化。

（3）做好必要的准备

无论使用何种间隙强化，都需要备好计数器或者计时器，在行为矫正时每当目标行为出现即可按一下计数器，结果会一目了然而又不会分散有关人员的注意。如果实施某种“可变”的间隙强化，还必须对“间隙”即次数多少、间隔多长、持续时间多久等预先做好随机安排。此外，准备工作还包括记录单、记录图表的构思和设计等。

（4）把握好强化的度

不管使用何种间隙程序，实施时开始阶段的比率可以稍小、时间间隔较密或持续时间较短，以确保目标行为的出现和保持。然后，可以也应该逐渐安排强化的比率稍高、时间间隔较长或持续时间较久。例如，用比率程序时，开始如需要5次强化1次，行为巩固后才可以每10次强化1次，往后可以每15次强化1次等。考虑把握强化的度的时候，应该参照当事人在现实生活中能够得到的强化的情况，这样会有利于回到现实生活中以后仍然能够继续保持干预中形成的良好行为。

二、减弱行为的技术方法探究

（一）消退

消退，是与连续强化相对应的一种行为矫正方法。连续强化，是要使目标行为尽快地得以形成、表现或增强。消退，则是尽量地使目标行为得以减弱或不再出现。

1. 消退的含义、原理与特点

（1）消退的含义

消退（extinction），是在某特定行为发生之后不再给予任何强化，或使其得不到任何强化，以达到降低该行为发生次数或强度，或者使该行为不发生的一种行为矫正方法。消退中使用的强化物都具有令人喜欢的性质，对目标行为不再使用这样的强化物与其偶联，就能减少、减弱甚至消除目标行为。

（2）消退的原理

消退的原理是，某行为是由于阳性强化增加了发生率的话，那么完全停止给予这种强化就可以降低该行为的发生率。生活中，人们总是喜欢光顾某些商店，这是因为在那里能买到名、特、优的商品或价廉物美的商品，购买到这样的商品对消费者来说就是一种强化，一旦商店没有这样的商品就会对顾客产生消退效应，即他们光顾的次数或可能性必然会下降。

学校中，一些学生的不良行为很可能是受到外界这样那样强化刺激的缘故，尽管这样的强化有时并不是一目了然或是故意给予的。如有的学生顽强地表现出某种怪异的表情、姿势、行为、语言，可能就是受到周围老师和同学特别注意和干预强化的缘故。处理的方法之一可以是要求周围所有人不再给予任何关注，即使用消退的方法来减少这种不良行为的发生。再如有的孩子一再表现出来的发脾气之类行为，可能就是家长强化的结果。如，每当孩子不高兴发脾气时，家长可能马上给予食品、饮料，或用哄骗、许诺等来迁就孩子，那么，家长一旦下决心以后不再迁就时，孩子表现出发脾气行为的可能性肯定就会随之下降。

（3）消退的特点

消退，在用来降低行为发生率或减弱行为的过程中会表现出某些特点。

第一，效果缓慢。相对于降低行为发生率的其他方法而言，对目标行为的消退常常是一个花费较长时间的缓慢过程，它需要使用者具有足够的耐心。

第二，消退性爆发（extinction burst）。在实施消退过程的初期，可能会发生目标行为变得更频繁和强烈的现象。这是当事人试图获得预期强化的缘故。通常，这在消退过程中属正常现象，并不表明消退不起作用。对此，矫正者要有一定的思想准备，要能够容忍行为在被消退之前的这种骚动。

第三，自然恢复（spontaneous recovery）。当对目标行为的消退已有明显的下降效果之后，却突然又故态复萌。这通常是使用消退过程中的疏忽，行为又受到某种外部强化的缘故。对此，不必怀疑消退方法是否有效，而应该做到始终加强对所有可能的强化源的控制。应该指出，相对于其他降低行为发生率的方法，消退是根本不使用任何刺激的一种方法。故尽管其效果的取得较为缓慢，但仍不失为一种可取的方法，这在学校教育情境中尤其具有一定的意义。

2. 运用消退的注意事项

为使消退产生预期效果，有必要注意以下几点。

（1）考虑目标行为是否适用

目标行为本身是否适合使用消退的方法，这是首先必须考虑的问题。有的问题行为具有某种危害性，如伤害自身、攻击他人、损坏财物之类的行为，显然就不能用消退来加以处理。有的问题行为本身就能对当事人起到强化作用，如学生之间在上课或开会时私下交谈，这时用消退就不会成功，因为交谈本身对他们就起着相互强化的作用。

（2）考虑矫正环境是否适用

情境是否适宜用消退的方法，这也是在选用之前必须考虑的。有的情境除了问题行为者还有其他人存在，这时应该预见到这样的可能性，即在对问题行为使用消退的同时，是否会对情境中的其他人产生影响，当他们看到这一行为表现并不会带来相应的厌恶体验时是否也会有跃跃欲试加以仿效的倾向。如教室中对某学生怪异行为的消退，就有可能助长其他同学的仿效。这时，应在郑重权衡后做出决定并采取相应措施。

（3）全面控制强化源

消退中，对与问题行为有关的所有强化物必须加以了解和控制。做不到这一点或做得有欠缺，消退就不会产生预期效果。为此，消退前就必须对问题行为及其发生背景作周密考察，确定偶联于问题行为的任何可能的强化物，并在消退的整个过程中严加控制。当然，有时会出现难以明确地认定强化物的情况，这时可以通过试误的过程来加以确认，即试着逐一撤去情境中的某一事物或事件，同时考察问题行为的发生率是否随之有所变化。

（4）实施中必须坚持一致性

执行消退时，偶然的不一致就会使目标行为以较高概率重新发生，造成前功尽弃。例如，父母在消退孩子发脾气的行为时，爷爷、奶奶等其他人的庇护往往会使孩子发脾气表现得更剧烈。因此，消退用于家庭情境时，家庭所有成员都应参与；消退用于学校情境时，有关师生都应执行。

(5) 实施中重视指导语的使用

可以把“每当你表现出 X 的行为时，那么 Y 将绝对不会再发生”此类含义的指导语明确地告诉当事人。开始阶段，当事人对这样的话不会信以为真。研究表明，随着消退的持续进行，使用此类指导语能够更有效地减弱问题行为。

(6) 考虑目标行为形成背景的影响

问题行为有可能是连续强化后形成的，也可能是间隙强化形成的。同样的消退，对两者的效果会有差异。对前者的消退一般会见效较快，相对较为容易；对后者的消退则会花更多的时间，会发生较多的反复。对此，矫正者要有思想准备。

(7) 与阳性强化紧密结合

消退与阳性强化结合比单独使用更有效，这已经为事实和研究所证明。对不良问题行为消退时，应该同时对当事人的良好行为，尤其是与问题行为不相容的行为给予阳性强化。例如，在消退孩子发脾气行为时，就应该对他表现出来的安静、听话等良好行为给予足够量的及时的强化，这比单纯使用消退更能有效地使问题行为发生变化。

(二) 暂停

暂停，又称强化暂停，是暂时停止令人满意的强化物的使用。在减弱行为的各种行为矫正方法中，暂停和消退在使用厌恶刺激上都是相对较为“平和”的方法。

1. 暂停的含义、做法与原理

(1) 暂停的含义

暂停（time out，简称 TO），亦称强化暂停，就是让当事人的特定行为在一段时间内得不到令人满意的任何强化刺激，从而使该行为得到抑制或使其发生程度大为减弱。暂停中涉及的强化刺激对行为者而言也具有令人满意的性质，或是喜欢的强化物，或是喜欢的情境，对目标行为“扣住”这样的强化刺激与其偶联，也能减少、减弱甚至消除目标行为。

(2) 暂停的做法

强化暂停有两种做法。一种做法是在一段时间内对目标行为不给予强化，也就是使情境中暂时不存在对该不良行为的任何强化。如，孩子手捧连环画，一面看着一面高声说笑，影响其他人做事，父亲过来拿走了孩子的连环画，过一会才把连环画还给孩子要求他安静地阅读。又如，铃声响后应该开始上课了，但一些学生相互嬉戏、兴奋不已，教师就要求他们把头俯贴在课桌上几分钟，让学生安静坐好才讲课。另一种做法是要求行为者离开当前存在强化物的情境，到暂停区域待上一段时间。暂停区域，是指对特定行为基本上无任何产生强化可能的场所。如，教师要求一位在教室里吵闹的学生去他的办公室里待上一会儿。又如，亲朋好友在客厅相聚，孩子一下子兴奋得“发疯”，于是父母把孩子带到隔壁房间里让他安静地待上一会儿。前一种做法适用于对行为的有关强化物比较清楚也较易掌控的情况，只需要做到对被确认的强化物加以控制。

当情境中究竟是什么对不良行为起着强化作用尚不明确时，当对情境中维持着不良行为的刺激物难以有效地加以控制时，当在群体情境中对强化刺激的控制会影响群体的活动秩序和氛围时，就应该采用后一种做法。

（3）暂停的原理

暂停的两种做法的原理是一致的，即针对个体的特定目标行为，一旦剥夺其获得强化的可能性，那么该行为就会随之减弱，其发生的可能性就会随之下降。

强化暂停常常会与消退相混淆。这是因为两者的过程有共同之处，即都是使行为者得不到强化。但是，两者毕竟是有区别的。这表现在与行为有关的环境上：消退时，环境在目标行为发生后还是保持不变的；而强化暂停时，环境在目标行为发生后是会有所改变的。如，某学生上课时常常发出模仿动物的声音，分析后知道这是他为了获得班级同学的社会性注意。如果在该生表现出这样的问题行为后，老师命令该生到办公室待上一段时间，那是在运用暂停，此时的环境已有改变。如果老师要求所有同学对该生坚持不予以任何注意，那是在运用消退，学生的环境保持未变。

强化暂停与消退的不同还表现在对强化的控制程度上：只是对强化加以“扣住”属强化暂停；若把强化彻底排除则属消退。如，英语活动课开始时，某教师平时总是在学生娴静地走进教室的同时播放音乐，若某天放音乐时发现同学在喧闹，就停放了几分钟音乐，这是在使用强化暂停；若某天感到学生听到音乐就不停议论喧闹，从此就不再播放音乐，那是在运用消退。

总之，强化暂停只能用于当事人的不良行为受着强化并能清楚确定相应的强化物或强化物存在的情境；强化暂停应该在不良行为发生后立即实施，把强化物或强化情境的终止与特定目标行为相偶联；强化暂停只能针对特定目标行为，不可以不加区分地同时用于其他不良行为。

2. 运用暂停的注意点

要使强化暂停发生预期的减弱目标行为的功效，注意以下几点至关重要。

（1）安排适当的强化暂停区域

当要求当事人离开受到强化的情境去强化暂停区域时，这样的区域应该符合以下要求：地方比较窄小但通风良好，如盥洗室；没有任何可能对人很有吸引力的东西，如盥洗室里的图片、小摆设，办公室桌子上的笔记本、成绩单等，以免让当事人受到新刺激的吸引；安排在距离不良行为发生较近的地方，以避免在进入暂停区域的路途上得到社会性注意而受强化，如学生违纪行为发生在教学楼内，暂停地点是教师办公室，两者隔着操场，让违纪学生走很长一段路是不可取的。

（2）恰当把握强化暂停的时间

暂停的方法只是把强化刺激暂时“扣住”，这就涉及时间的把握问题。若暂停时间太短，对问题行为起不到抑制作用；若暂停时间过长，又违背教育性原则。

在暂停时间的把握上，一般从两个方面考虑：一是根据不良行为的表现。当不良行为一出现就立即实施强化暂停，同时当不良行为得到抑制而不再表现出来后则强化暂停也应该立即随之结束。如，小孩子“人来疯”后，带他到小房间暂停，那么当孩子安定下来、平静如常后即可让他离开小房间了。二是根据事先约定。实施强化暂停之前，与当事人共同商定，目标行为一旦表现将会暂停多长时间，时间到了暂停才结束。如，告诉小孩客人来了不能“疯”，否则会单独到小房间待上 10 分钟，客人来后一旦真的“人来疯”，就带孩子进小房间，10 分钟时间到了才允许出来。约定的时间大体控制在 5 ~ 20 分钟，按不同年龄、不同个体、不同行为来酌定，通常开始强化暂停的持续时间较长，以后渐渐减少。

（3）坚持相倚、及时和一致

相倚，是指强化暂停应该也只能与目标行为紧密偶联，即目标行为发生就必定实施，不发生则绝对不用；及时，是指每当不良行为出现，强化暂停的实施就应该紧紧跟上；一致，是指对不良行为的出现，有关的所有人员都应对其实施强化暂停。

对相倚、及时和一致的疏忽会使强化暂停难以收到预期效果。因为，只有相倚、及时和一致，才能使行为者迅速认识并深刻体验到自己的不良行为与强化暂停这一惩罚性后果之间的因果关系，从而更有效地抑制问题行为。

（4）重视指导语的使用

实施强化暂停前，应该使用有这样含义的指导语：“如果你表现出行为 X，那么必将对你采取 Y 的措施。”与此同时，在实施中还应使用言语的和（或）非言语的信号，即在当事人表现出不良行为的征兆时应该立即发出“必须马上停止了”的信息和暗示。这样做的意图是促使当事人收敛不良行为，把不良行为控制在尽可能低的发生程度上，尽可能避免让他真正体验到强化暂停这一厌恶后果。

（5）实施过程中必须有监督

在进入强化暂停区域后，当事人还有可能自娱自乐，如玩弄手指、衣角、口袋里的小东西等，从而游离于强化暂停的举措。倘若发生这种情况，就会导致强化暂停效果的降低甚至无效。因此，暂停过程中对当事人要始终给予关注，对其行为表现要做观察记录，进行必要的监督。

（6）与强化良好行为相结合

对不良行为实施强化暂停的同时，还应该做到对良好行为，尤其是与不良行为不相容的行为给予及时强化。已有研究和经验表明，强化暂停的效果并不理想常常与对良好行为的强化相对不足有关。

（7）关注特殊情况

行为情境与强化暂停区域两者相比，若发现当事人更愿意离开前者而进入后者的特殊情况，那表明此时不能用强化暂停来处理其问题行为。如上课过程中教师让有攻击性行为的学生离开教室去办公室思考自己的问题，而该课的教学活动比如做作业、测验等，正是该学生不喜欢的、想竭力逃避的，那么此时的强化暂停就变成为该学生回避不愉快活动提供了机会。

（三）反应代价

在减弱行为的各种行为矫正方法中，反应代价是使行为者感受到中等程度令人厌恶的刺激的一种方法。

1. 反应代价的含义与原理

（1）反应代价的含义

反应代价（response cost，简称 RC），就是剥夺或撤去作为偶联事件的阳性强化物，从而使特定行为得到抑制或使其发生率得以下降的一种方法。反应代价中，偶联于目标行为的强化物是令人愉快的，而且是行为者很想得到或很想持有的，对这样的强化物被剥夺或撤去总会让当事人不高兴和不愿意。

（2）反应代价的原理

反应代价，同样涉及目标行为与作为其后果之偶联事件的关系。通常，针对目标行为被剥夺或撤去的这类偶联事件是诸如看电视电影、骑车开车、周末去游乐园、零用钱等强化刺激。它们的被剥夺或撤去，对行为者无疑是令人不愉快甚至“痛苦”的厌恶事件。

诚如生活中所说的“要为行为付出代价”或“你要为自己的行为付出代价”，此话的本意是希望不要发生导致付出代价的行为。这里，由于代价与目标行为偶联，行为者必然会产生尽可能去抑制该行为的倾向，以避免相应的代价被剥夺或撤去。这也就是反应代价之所以能够使行为得以减弱或使行为发生的可能性得以下降的原理。生活中，对不遵守交通法规的驾驶员开出各种违章处理通知单，对不遵守卫生管理条例的人处以不同的罚款，对借书逾期不还者图书馆给予罚金等，其实都是在运用反应代价，以使不符合要求的行为不发生或少发生。

从某种意义上说，社会的整个法律、法规系统也是一种把目标行为与反应代价偶联的关系系统。生活中，行为者为其不良行为付出的代价最常用的是货币。行为矫正中，较为常用的代价除了钱之外，主要还有玩玩具和做游戏的时间，与朋友活动的机会，参与娱乐活动的次数，本人已经拥有的分数、绩点等。那些消耗性的强化物，如巧克力、糖果、饮料、食品等，一般不宜用来作为行为付出的代价。

运用反应代价有一个前提条件，即行为者本人已经拥有能够被剥夺或撤去的强化物。因此，有时需要做好为行为者提供一定强化物的安排，之后方能把它们作为偶联事件予以剥夺或撤去。这也是在行为矫正中反应代价常常与代币制相结合使用的一个原因。两者结合时，分数、绩点、粘贴纸等代币在操作时很容易能从行为者拥有的数量中予以扣除。反应代价的长处是，能针对许多不同的不良行为加以运用，而且立即能产生明显的效果，使目标行为发生率显著下降。反应代价还易于实施，所花时间甚少，又可以几乎不干扰同时进行的其他活动。

需要指出的是，反应代价可能会有副作用，主要是一再付出代价之后，个体内心会产生较为强烈的挫折体验，进而可能对周围环境形成对立甚至对抗的情绪，这样就会抵消其他教育措施应有的效果。因此，要防止反应代价因易于使用而被滥用的可能。

2. 运用反应代价的注意事项

反应代价要达到预期效用，使用时注意以下几点十分重要。

（1）选择适当的目标行为

反应代价针对的目标行为尤须注意具有特定性，即具有可观察、可计数的特点。这样才能在实施中避免发生误用和遗漏。这也是确保反应代价实施做到相倚、及时和一致的一个必要条件。

（2）确定合适的代价

代价合适是指两方面。一是代价的性质，作为付出代价的强化物，应该是当事人已经拥有的、失去时会深感有所失和有所痛的。一般而言，拥有的强化物作为偶联代价被撤去或剥夺后，若目标行为发生率有所下降，则表明该强化物作为付出的代价起了抑制作用。反之，若目标行为发生率没有变化，则应另选合适的强化物作为偶联事件的代价。另外，如果作为代价付出的强化物当事人能从其他途径迅速或轻易获得，也不宜用来作为代价。二是代价的数量，当事人为目标行为付出代价的多少应该与其行为表现程度相联系。一般而言，既不能使当事人觉得自己为不良行为付出的代价微不足道，而持无所谓的态度，也不能使当事人仅偶尔表现出不良行为就需要付出几近“破产”的代价。

（3）代价要与当事人磋商

实施反应代价时，行为与付出代价之间的关系，应该事先与当事人商议并努力达成一致意见。通过磋商，当事人和矫正者均明确反应代价中将要涉及何种强化物，明确目标行为的表现与否及其程度与代价支付程度的关系。需要指出的是，在实施过程中，调整目标行为与代价之间的关系尽管是必要的、常有的，但均应让当事人知情，征得当事人同意。

（4）灵活选用反应代价

一般而言，反应代价中让当事人失去的强化物都是具体而实在的，如课后的活动、周末的游玩、零用钱、自由活动时间等。如果当事人具有较强烈的改变问题行为的动机意向，又具有较强的自我控制能力，实施反应代价时可以考虑使用想象的、非真实的强化物来替代作为代价需要支付的真实强化物。

（5）让当事人付出代价必须相倚、即时和一致

反应代价的使用也应该相倚、即时和一致。也就是，只在不良行为发生时才撤去或剥

夺强化物，不发生则绝不褫夺一丁点的强化物；在不良行为之后，应尽可能立即撤去或剥夺有关强化，让当事人为之付出代价；只要不良行为发生，则所有相关人员都应执行反应代价。只有做到相倚、即时和一致，才能使反应代价有力地抑制目标行为或使目标行为发生率下降。

（6）结合使用言语批评

应该与言语批评相结合，在撤去或剥夺强化物、让当事人付出代价的同时，应该给予言语批评。这样，可以加强惩罚在心理上的冲击力，对问题行为会产生更强的抑制效果。

（7）结合使用阳性强化

对行为者的不良行为应该让其为此付出代价。同时，只要行为者表现出良好行为，尤其当表现出与不良行为不相容的良好行为时，就应给予及时的强化。

（四）过矫正

在减弱行为的各种行为矫正方法中，过矫正是行为者（当事人）感受到中等程度令人厌恶的刺激的一种方法。在过矫正和反应代价中，当事人感受到的厌恶刺激相对而言比在消退、暂停中的感受强烈，但比在躯体厌恶刺激方法中的感受要相对平和得多。

1. 过矫正的含义与原理

（1）过矫正的含义

过矫正（over correction，简称 OC），也是一种消除或减少不良行为发生的行为矫正方法。该方法由复原（restitution）和积极练习（positive practice）两部分组成。复原部分的要求是，行为者必须消除不良行为的后果，使不良行为对环境造成的破坏得以恢复，并努力使恢复了的环境胜过原来的状况。例如，某学生餐桌举止不良，用餐时食物溅污了地板，就要求该学生先把弄脏的地方擦干净，再把整个房间的地板也打扫干净。又如，孩子发脾气时把文具随便扔了，就要求孩子把随手扔的文具捡起来，另外还要把房间内其他东西放整齐。积极练习部分的要求是，对与不良行为不相容的良好行为进行一定程度的反复练习。如上面，对前一例中的学生，要求反复练习良好的用餐行为举止；对后一例中的孩子，要求练习整理房间、保持整洁。

（2）过矫正的原理

过矫正的原理，可以套用“矫枉必须过正、不过正何以矫枉”的说法。这里的“过”，就是要让当事人为不当行为更多地付出一定的代价，“过”后的印象自然会更深，也更有利于减弱不良行为。

能用过矫正来处理的问题行为的范围很广。同时该方法简便易用又不难掌握，故被广为运用。

应该指出的是：对那些侵犯他人权益或影响环境的、发生率又较高的行为，选择过矫正处理尤为适宜；当偶联于不良行为几乎没有相应的强化物可以撤去，同时又几乎没有其他良好行为可供强化时，运用过矫正是一种适当的选择；问题行为者如能理解过矫正这一方法，并对该方法的积极练习部分能予以积极配合的话，过矫正会收到更理想的效果。

需要指出的是，过矫正的积极练习部分具有一定的教育功能。它能为行为者提供练习良好行为的机会，也提供了因行为进步而获得奖励的机会。当然，如果不良行为没有造成对环境或他人的某种影响，就可以不用复原部分，而只需通过积极练习。

2. 运用过矫正的注意事项

为使过矫正收到应有的效果，有必要注意和重视以下几点。

（1）紧跟目标行为实施

过矫正应该在不良目标行为发生后尽可能快地予以实施。及时实施过矫正，能使行为者较为迅速地抑制不良行为或使不良行为发生率下降。

（2）必须与说理相结合

过矫正的本意并不是使行为者不快或难堪。使用前和使用过程中，均应该充分交谈、商议，使行为者理解过矫正中复原和积极练习两部分的含义，并予以积极配合。

（3）对积极练习部分应该强化

在抑制不良行为和消除其后果后，还应该反复操作良好行为。此时，只要符合操作要求，就应该给予及时充分的肯定和赞扬、奖励。决不能把积极练习视为对不良行为的“赎罪”或“抵过”，对良好表现无动于衷、漠然处之，是不允许的。

（4）应该与阳性强化相结合

除了上面所说对积极练习部分予以强化之外，对行为者凡有良好行为的表现都应该给予及时强化。

（五）躯体厌恶刺激

在减弱行为的行为矫正技术中，有些方法是严厉的或较严厉的，即会让当事人产生强烈的厌恶体验，躯体厌恶刺激（physically aversive stimuli）就是此类方法。难闻的气味、强烈的噪声、耀眼的灯光、向面部喷水、视觉屏蔽和拉弹橡圈、电击肢体等都属于躯体厌恶刺激。躯体厌恶刺激的共同特点是，个体都不喜欢和不愿意接受厌恶刺激物，这类刺激物都会使个体立即做出较为强烈的退缩反应。也正是这一点，它们能够使个体较为迅速地抑制当时正表现着的问题行为。

通常，当问题行为危及个体自身、周围他人、社会环境而必须迅即予以制止时，才使用这类方法。下面介绍躯体厌恶刺激中的餍足、拉弹橡圈等方法。

1. 餍足

（1）餍足的含义

餍足（satiation），作为一种行为矫正方法，是让问题行为者进行过量的有关活动，或是对问题行为者提供过量的有关强化物，或是既进行过量活动又提供过量强化物，从而使问题行为得以削弱或消除。其间，如果只是涉及过量的活动，称为反应餍足；如果只是涉及过量的强化物，则名为刺激餍足。

前面关于阳性强化这一提高行为发生率的方法中已经谈及餍足的问题。指出强化物的多次反复使用，即超过一定“度”，就会降低乃至失去其强化效用。餍足之所以能使行为发生率下降，正是强化超过一定的“度”的缘故。过量的活动或强化物会使其自身发生质的变化，成为令人不快的厌恶刺激。

需要指出的是，在降低行为发生率的方法中，餍足并不是一种经常被选择使用的方法，因为在餍足的过程中对“过量”这一“度”的控制并不容易。它必须确实过量，而使活动或强化物达到令人生厌的程度，否则它仍会起强化作用，这就与使用餍足的本意相悖了。同时，该法要求这一过量的活动或强化物又不会对当事人造成某方面的伤害。

（2）运用餍足的注意事项

如前所述，由于对“过量”的强化刺激的把握并不是件容易的事，故餍足并不是一种降低行为发生率的常用方法。面临的情境中，对有关的强化刺激感到难以确定和控制时，就不适宜使用餍足这种方法。这也是应予注意的。

还有，即使情境中的有关强化刺激较明确，而且也是能够加以控制，但如果这样的强化刺激可能会对个体产生这样或那样的严重消极后果或潜在的有害影响时，也同样不能使用餍足法。因此，在选择运用餍足法之前，有必要在伦理方面进行郑重分析和考量。最后，应该知道社会性强化一般是不会产生餍足法效果的，对此应该在餍足中避免使用。

2. 拉弹橡圈

（1）拉弹橡圈的含义

在各种躯体厌恶刺激中，拉弹橡圈是厌恶程度上相对较不严厉的一种。它是拉弹套在手腕上的橡圈，以此作为无条件厌恶刺激，来抑制行为者有关问题行为的一种行为矫正方法。通过拉弹橡圈抑制的往往是一些强迫性的观念或行为。如为满足占有欲而窃取他人财物的念头和行为，为求得性满足的恋物、窥阴的念头和行为等。

拉弹橡圈尽管也离不开行为矫正者的指导，但在各种躯体厌恶刺激中它是必须由当事人自己来实施的一种方法。因此，该方法要求问题行为者本人有较强的解决自身问题的动机，橡圈必须由自己拉弹，而且要尽可能产生较强的疼痛感才能奏效。

该方法还要求拉弹橡圈时当事人必须把注意力集中于自己拉弹橡圈的动作上，并对拉弹次数一一计数，直至强迫性的问题行为及观念变得淡薄以至消失。因为，集中注意和计数，一方面能使疼痛引起的兴奋中心得到加强，另一方面弱化了原来问题行为或观念在头脑中“跃跃欲试”的强度，并最终被疼痛感取代。当拉弹橡圈的厌恶刺激与特定问题行为或观念建立了条件作用的联系时，该行为和观念就能够被有效抑制而不再可能发生或很少表现了。

（2）运用拉弹橡圈的注意事项

运用拉弹橡圈来矫正行为，需要当事人有较强的解决问题行为的动机。也正是这一点，拉弹橡圈可以与想象性厌恶刺激相结合。也就是，要求当事人充分想象自己的问题行为会如何受到周围人们的鄙视和唾弃，这样可以有力地增强厌恶刺激的效果。如果按照要求拉弹橡圈且超过百次而仍未见效，则应该考虑改用其他方法来处理该对象的问题行为了。

第七章　大学生心理与行为的科学疏导

第一节　生命教育是大学生心理与行为的重要基础

一、大学生生命教育的必要性

（一）大学生生命教育的必要性相关知识梳理

大学生生命教育，是指从大学生进入大学到离开校园的整个过程中，通过有目的、有计划、有组织的教育活动，引导大学生认识生命的起源、发展和终结，从而认识生命、理解生命、欣赏生命、尊重生命、珍惜生命，建立起乐观、积极的人生态度，培养生存能力，提升生命价值，最终使生命质量充分展现的活动过程。

大学生只有在认识生命、珍惜生命，并期望更美好的生活的情境下才会想要不断提升自己获取幸福的技能，才有意愿去改善提高自己的心理资本水平或心理健康水平。如果一名大学生连最基本的求生意愿都没有，觉得人生没有希望、活着没有意义，那么他断不会产生想要提高自身心理资本之类的想法。

大学生生命教育是一种全人教育，包括个人成长和健康教育，也包括公民的权利和义务教育。它关注学生人生的整体性和其全部的生活历程，重点探讨贴近学生实际的生活，使学生具备作为一个学识公民所应有的知识，提升学生的沟通技巧，促使学生形成参与和承担行为结果的技能。由此可以看出，大学生若进行生命教育必须以马克思主义为指导，综合运用哲学、伦理学、心理学、社会学等学科理论，帮助与指导大学生树立生命意识，认识生命意义，激发生命潜力，促进生命成长，提高生命质量，创造生命价值。简单地说，就是引导大学生活着、活好、活美。

早在20世纪80年代，美国就开始在中小学校实施生命教育，帮助学生了解人的生与死，促使学生以理解、平和的态度面对生命中不可抗拒的客观规律，从而使他们活得更充实、更有价值。美国生命教育是对当时美国青少年学生吸毒、暴力、早孕、自杀等现象的反思，对学生的生命教育的内容主要包括：迎接生命挑战的教育、品格教育和情绪教育。我国港台地区对生命意识教育的研究比内地要早一些、深入一些。我国香港地区的学生生命教育范围很大程度上也还是基于青少年犯罪的基础上制定的，或是如何应对生理和心理危机教育等。我国内地直到20世纪末也还只是在学校开设一些关于安全知识教育以及中学、高校的心理健康教育等生命意识教育的部分零散内容的课程。随着中学和大学校园伤害他人事件和自杀事件的日益增多，2004年，《中共中央国务院关于进一步加强和改进未成年人思想道德建设的若干意见》发布之后，我国内地的生命教育的研究高潮刚刚开始。

近年来，生命教育受到关注的程度不断提高，但我国高校的生命教育仍存在着开展不普遍、不系统、不规范、不平衡的现象；同时，关于生命价值的理论研究还处在零碎、片面、形而下的阶段，没有达到系统、理性、体系化的高度。从大学生生命意识现状来看，大学生生命意识淡薄、人生价值迷茫的现象在一定范围内普遍存在，现实社会中物质与精神的失衡，知识本位、技术至上的价值观，加上政治、经济等外在因素的介入，使教育过于工具化，往往把关注的重点放在如何帮助学生扩展知识、提高能力上，使得教育在谋求如何生存的本领的同时，忽略了对为何生存的思考。其造成的直接后果是一部分大学生在面对挫折和打击时，由于缺乏生活的目标，缺少抵御挫折的能力，而容易导致各种心理问题，容易走向自我毁灭；而另一部分大学生则更关注物质的索取和生存技能的培养，过分夸大个人生命价值的无限性、终极性，忽视了对人生目标、人生信仰、社会责任的追求。两种错误的价值观产生的直接原因就是当代大学生缺乏生命教育而导致生命意识的缺失，造成的直接后果是他们不能激活与生成对自身、对他人和对其他生命的尊重、敬畏和热爱之情，培养出应有的对个人、家庭、社会的责任感，因此，开展大学生生命教育迫在眉睫。

（二）大学生生命教育的必要性的具体内容

第一，开展大学生生命教育是教育本质的题中应有之义。意大利著名教育家蒙台梭利指出，教育的目的在于帮助生命力的正常发展，教育就是助长生命力发展的一切作为，所以，加强生命教育，引导学生从人生的终极问题上思考生命、理解生命，从而尊重生命、珍爱生命、捍卫生命，建立起对生命的正确态度和对人生的崇高追求，是高校实践以人为本的教育理念的客观需要，也是回归教育本质的必然选择。

第二，开展大学生生命教育是贯彻党的教育方针的需要。我国的教育方针是培养德、智、体、美全面发展的社会主义事业的建设者和接班人。大学生是祖国最为宝贵的财富，把他们培养成全面发展的栋梁之材，是教育者的神圣职责和崇高使命。这就要求高等教育不仅要使学生获得知识和技能，更重要的是要以学生的成长发展为本，促进他们的素质提升和人格完善，帮助他们在人生中更好地成长。

第三，开展大学生生命教育是适应形势发展的需要。随着社会生活的不断变化，各种思想文化相互激荡、相互冲击，全球化、网络化、信息化的快速发展，在为大学生了解世界、增长知识、开阔视野提供更加便利的条件的同时，一些有害信息也在影响着大学生的世界观、人生观和价值观的形成。当个人生活遇到挫折时，很容易产生对生命的意义与价值的怀疑，甚至轻视自己年轻宝贵的生命。

第四，开展大学生生命教育是大学生身心发展的需要。大学阶段是人生的特殊阶段，大学生生理发育逐步成熟，但心理发育相对滞后，在此时期，他们往往会出现一系列的矛盾，如独立性与依赖性的矛盾，交往需要与自卑闭锁的矛盾，理想与现实的矛盾等。随着社会的快速发展和科技水平的日新月异，生活节奏加快，竞争更加激烈，加之家庭贫困、学业和人际关系协调困难等问题，特别是当代大学生多为独生子女，社会经验不足，缺乏耐挫力，容易走向极端。大学生身心发展的特殊性，决定了高校教育工作必须正视大学生心理发展落后于生理发展的实际，及时加以疏导，使其向积极的方面转化。

第五，开展大学生的生命教育是促进人的全面发展的需要。健全的人格和对生命意义的正确理解是人的全面发展的基础，没有正确的生命观作为个体的人存在的基础，就没有人的发展，更谈不上人的全面发展和对社会的贡献，生活是美好的，但也充满矛盾和艰难，有了对生命的正确理解，就有了应对矛盾和困难的积极态度，这也是构建和谐社会的坚实思想基础。

二、生命意识教育的内容

对生命意识的培养，是生命教育的起点。生命意识教育就是帮助大学生形成科学、正确、完整的对生命的认识，形成对生命的热爱、珍惜、尊重、敬畏、欣赏，并能主动维护生命的权利。

第一，珍惜生命的存在。只有生命存在，才能谈得上发展和质量问题。不管个体处在什么样的条件下，只要生命还存在，发展的可能性也就存在，生命与发展的可能性永远共存。人最宝贵的是生命，生命属于我们每个人只有一次。生命给我们提供了种种机会，让我们去学习、去工作、去生活，去感受爱与恨，去体验幸福。生命是五彩缤纷的，是充满生机的。每个人的生命是属于自我的，也是属于家庭、社会、国家，乃至全人类的，因此，那种对生命轻言放弃的行为是极不负责任的。

第二，欣赏生命的美好。自古以来，疾病、战争、灾难等因素都直接威胁着人类的生命。当我们有幸逃避苦难时，都会不由自主地发出感叹：活着真好！活着真美！大学生生命教育要教育大学生用一双发现生命之美的眼睛来欣赏生命，用一颗感受生命之美的心灵来感悟生命。学校要塑造大学生感受生命的心理机制：置身于大自然中，面对小桥流水、花香鸟语、蓝天白云时，能感受到自然之美；站在达·芬奇的《蒙娜丽莎》、罗丹的《思想者》面前，聆听着贝多芬的交响乐、施特劳斯的圆舞曲时，能欣赏到艺术之美；从航天英雄杨利伟的事迹，以及袁隆平的奋斗经历中，能感受到科学之美；从徐虎、李素丽、孔繁森、任长霞等先进人物以及许多平凡人身上，能感受到人性之美。生命充满了美好，充满了诗意，只要你懂得珍惜，懂得欣赏，过上诗意的生活完全可能。

第三，尊重生命的个性。生命是具体的、独特的，而不是抽象的。鲁迅先生在《文化偏至论》中曾指出，生命应是“其思想行为，必以己为中枢，亦以己为终极：即立我性为绝对之自由者也”。每一个生命都有其不同的天赋、兴趣、气质和冲动等，每一个生命都是独一无二的。生命教育要时刻让大学生明白：我是独一无二、与众不同的，世界上没有一个人能替代我！无论我身上有多少缺点和不足，我的生命都是有价值的。我身边的每一个人都是独一无二的，无论他们和我有多大的不同，我都必须尊重他们、悦纳他们。个性成长的过程，是生命表现创造性、生动性的过程，是培养个性的过程，也是一个激发生命的过程。生命是鲜活的，对个性的压抑和束缚，就是窒息生命、压抑生命。

第四，维护生命的权利。生命权是一种独立的人格权。从法律意识上说，生命是指自然人的生命，生命权是人格权的一部分。生命权的内容随着法律修订的完善，不断加以扩充，但其核心内容是保护自然人的生命安全利益，这是生命权的基本方面，至于维持生命和救济权利则是生命利益应该包含的内容之一。通过生命教育，要让大学生了解生命权的基本内容。生命权的基本内容是生命安全的维护权和有限制的生命利益的支配权。

生命安全维护权主要是指三方面的权利：一是维护生命的延续权，是指人的生存权利和保护人的生命不受非法中断的权利，公民在年老、疾病或者丧失劳动能力的情况下，有从国家和社会获得物质帮助的权利；二是自卫权，当有非法侵害生命的行为及危及生命的危险发生时，可以采取正当防卫和紧急避险；三是请求权，当有危及生命的危险发生时，有请求解除危险的权利。

有限制的生命利益支配权是指人拥有自己的生命利益支配权，但属于不完全的生命利益支配权，或有限的生命利益支配权。因为人的出生和死亡属于不以人的意志为转移的法律事实，但是，人的生命起源于怀孕之时，是否需要怀孕，由父母做主；在怀孕过程中，是否需要终止妊娠也决定于父亲或母亲的意志；就是人的生命出生，也需要父母的精心呵护；能够认识到自己生命的存在和控制自己的行为更需要一个较长的预备时期。另外一些无法预测控制的意外事件，如车祸、疫情流行、安全事故等外在因素的干扰，也证明人无法完全拥有自己生命的支配权。公民享受生命权是权利与义务的统一，相对于自然人个体而言，为国家利益、公共利益、集体利益甚至他人利益需要支配生命权时，公民有义务履行自己的职责。人民警察维护社会治安，这是他们应尽的职责，如果贪生怕死，则可能会造成违法犯罪行为，也会受到法律的制裁。

三、大学生生命教育的意义

（一）促进大学生认识生命的完整性

对生命的完整性可以从三个维度来理解。

第一，根据生命存在的不同层次，生命分为自然生命、社会生命和精神生命。目前，大学教育中一直存在着重视社会生命和精神生命，忽视自然生命的现象。教育一般关注的是人的社会文化属性，强调个体的社会价值，当个体存在和社会价值之间产生冲突时，个体被要求牺牲自我，来实现社会的利益。而牺牲的对象包括个人利益之外的东西，甚至生命，这种做法的直接后果就是部分学生轻视自然生命，不珍爱自然生命。生命教育提倡在珍爱生命的前提下，对生命采取负责任的态度，在个人利益与精神自由、社会价值之间发生冲突时，提倡在保持生命完整性的前提下，谋求自然生命、社会生命和精神生命的和谐发展。

第二，生命一般的完整性包括从生到死的整个过程。教育一般比较重视大学生在校的生命发展和完善，强调的是掌握知识、学习技术、训练技能，以便成为某一领域内的专才，忽视了对学生生命整体性特别是对生命中的死亡的认识、理解和接受的教育。由于传统思想的影响，一般教育很少对学生进行死亡方面的教育，学生在不了解死亡的真相和威胁的前提下，失去了生命存在的动力和紧迫感，失去了对生命的珍惜感。生命教育关注人从生到死的整个过程，重视对学生进行有关死亡方面的教育，传授学生有关死亡的知识，培养学生对待死亡的正确态度，从而使其正确地认识死亡、珍惜生命。这有助于促进学生认识生命的完整性，追求完整的生命。

第三，生命的完整性还包括认知、情感的统一。认知是人的智能的认识活动，情感是对客观事物是否满足自己需要的心理体验。认知与情感虽是不同的心理活动，但二者是紧密相连的。认知是情感产生的基础，没有人的认知活动就不会产生喜怒哀乐的情感，而如果没有情感的推动，人的认知也就不可能发展和深入。认知与情感是相互影响、相互制约、协调发展的。生命教育使人们认识到情感在人的发展中的特殊价值。注重认知与情感的协调发展，在知识教学中，引导学生不断地感悟、体验，有助于知识的理解、掌握和运用。情感教育只有融入知识、智慧之中才会激发理性的生命，真正提升生命的质量。

（二）唤醒大学生的生命意识

现代社会对物质生活的过分追求使部分大学生迷失了人生的坐标，忘却了人生目标，虽然学到了“何以为生”的本领，却忘记了思考“为何而生”。他们把物质财富、技术力量、科学知识作为生命追求的目标，对为什么活着、怎样活着等生命本身带有的实质性问题缺乏深刻的思考。不少大学生对生命感到彷徨、消沉，陷入了前所未有的困境，对生命的存在产生怀疑甚至轻易放弃。因此，生命教育要帮助大学生认识生命的意义。因为只有正确地认识了自己生命的意义，人才能更好地认识生命、珍爱生命。当他面对激烈的竞争、巨大的压力以及人生中的种种失落与痛苦时，才能正确而客观地面对困难，迎接挑战。反之，则容易造成个人的挫败感，一旦遇到困难，就可能选择向困难低头，甚至放弃自己的生命。

四、当代大学生生命教育体系的建构

当代大学生的生命教育，应该朝着理论化、系统化的方向发展，在当前阶段，大学生生命教育体系要涵盖目标、内容、实践、危机干预等方面，并相互关联，形成体系。

（一）大学生生命教育目标体系的建构

大学生生命教育的目标应引导主体在认识生命、理解生命、欣赏生命、尊重生命、珍惜生命的过程中不断体会个体生命的价值和意义，所以，可以建构如下目标体系。

第一，针对自身教育的目标，通过开展生理教育、心理教育和生存技能教育等内容，引导大学生认识生命、珍惜生命，让他们真切感受到拥有生命的骄傲，进而协助学生发展个性潜能，建立自尊与自信。

第二，针对他人及社会的教育目标，通过开展伦理教育、道德教育等，引导大学生重视人与人之间的伦理关系，明白群己关系和社会公德的重要性，关心边缘人和社会弱势群体。

第三，针对自然的教育目标，通过生态环境教育、环保教育等内容，教导大学生尊重生命的多样性，了解大自然的节奏和规律，并形成亲近生命、关怀生命、维持自然生态环境的意识。

第四，针对理想信仰的教育目标。通过关于理想、信仰方面的教育，引导学生思考信仰、理想和人生之间的问题，明确自己的人生方向，设定自己的终极关怀，以宏观的视野把握人存在的意义和价值。

（二）大学生生命教育内容体系的建构

生命教育涵盖心理学、伦理学、社会学、哲学、生物学、医学等诸多学科的内容。大学生的生命教育是一项系统工程，通过认知、情感、实践三个层次的教育，传授给大学生必要的心理知识、伦理规范、交往技巧以及应对挫折的策略等，从而使学生珍惜生命，健康成长。

1. 开展生存意识教育

生存意识教育包括生命认知和安全教育，一方面通过学习生命知识，大学生要懂得尊重生命、珍爱生命，了解生命的意义与价值；另一方面加强大学生安全教育，使其注意自身安全，学习生存技能，让大学生具有安全意识，自觉地保护生命，防止意外事件的发生。

2. 开展幸福观教育

幸福观教育旨在拓展学生内在的生命世界，获得美好与幸福的体验，引导学生认识痛苦和苦难是生命的一部分，生命只有在战胜苦难中才会有乐趣，从而更加欣赏生命、珍惜生命，提升生命的意义和质量，正确地对待危机，增强抗挫折的承受能力。

3. 成功和挫折观教育

成功教育旨在充分开发学生的潜能，建立促进学生成功的激励机制和评价标准，帮助学生在已有基础上通过努力不断取得成功，进而用成功的愉悦体验激发他们的学习动机，提高其对自身价值的认识，树立自信心，培养良好的心理品质，不断扩展各方面的优势，争取更多的成功。挫折教育，则是培养大学生战胜挫折的能力和良好的社会适应能力，学习预防和干预心理危机的知识，积极预防和干预心理危机。

4. 责任观教育

学会感激，学会爱和给予爱，负起生命的责任。人活着必须承担起自己的责任。责任既有对人类的责任，对国家的责任，对家庭的责任，还有对自己的责任。承担责任是个人成熟的主要体现之一。

5. 生命价值与意义教育

人生观教育是生命教育的灵魂，正确的人生观对大学生的成长具有重要的指导作用，没有科学的人生观教育，生命教育就难以达到真正的目的。通过教育，应使大学生充分认识到，生命真正的价值并不仅仅是个体生命的存在，而是其所表现的生命价值。

（三）实践体系的建构

实践环节是提升大学生生命价值的关键环节，社会实践不仅是大学生了解社会、服务社会、巩固知识、增长才干、发展智能的重要途径，而且也是大学生体现自身价值、形成社会责任感的重要手段。通过各种形式的社会实践活动，如组织大学生到养老院、社会福利院、临终关怀医院、打工子弟学校以及贫困地区、地震灾区等地投身志愿者活动，为他人提供帮助，向社会奉献爱心，这不仅能够使大学生把所学的知识回馈社会，服务群众，更重要的是可以使大学生从中发现自身的价值，获取自尊感、成就感和生命的价值感，激发其对生活的积极情感和对社会的崇高责任感，形成积极、自信、乐观、进取的人生态度。

（四）心理危机干预体系的构建

心理危机干预是保障大学生生命安全的重要屏障。建立大学生心理危机的预防与干预机制是呵护每一个年轻生命、保障学生生命安全的重要举措。通过开展大学生心理危机的预防与干预工作，对个别有自杀倾向的学生或大学生进行心理普查，可以为学生提供预防自杀、拯救生命的系统知识，帮助学生及早识别自杀危机，掌握心理危机的发生规律，从而及时进行心理干预，有效挽救学生生命；做好日常心理筛查工作，关注心理危机易感人群，如学业困难的学生、违纪受处分的学生、有重大心理创伤的学生以及身体有严重疾病的学生，进行热爱生命、健康人格的单独或团体辅导；同时在日常工作中，选出一些重点关注人群，建立心理危机档案，制定心理干预及监控措施，为学生的生命安全筑起坚固的防护网。

因此，与其说人是教育的对象，不如说教育是人的生命不断向上发展的过程中的一个阶段；与其说人是教育的核心，不如说人的生命是教育的核心；与其说教育是对人的关注，不如说教育是对生命的关注。所以关注人的生命才是教育的真正意义所在。教育只有把人的自然生命、精神生命、社会生命、智慧生命有机地融合起来，以培养能够维持生命、认识生命、理解生命并能够提升生命的健全人格作为基本追求，才能充分发挥教育的功能并引导社会和个体的发展并走向光明。

第二节　校内外心理健康教育资源的有机整合

一、校内资源的整合：心理健康教育的根本准确把握校内资源

（一）准确把握校内资源

学校心理健康教育的顺利开展首先有赖于充分利用校内的各种资源。基本的校内资源包括校园文化资源和校园人力资源。

1. 校园文化资源及其开发

校园文化环境具有潜在而重要的心理健康教育价值，作为一种隐性课程，它不仅影响学生心理品质的形成，还直接关系到全体学生的心理健康。它包括物质环境和人文环境。

（1）校园物质环境的美化

校园物质文化属于校园文化的硬件，是看得见、摸得着的东西。完善的校园设施将为师生员工开展丰富多彩的寓教于文、寓教于乐的教育活动提供重要的阵地，使师生员工教有其所、学有其所、乐有其所，在求知、求美、求乐中受到潜移默化的启迪和教育。完善的设施、合理的布局、各具特色的建筑和场所，将使人心旷神怡、赏心悦目，促进人的身心健康发展。

苏联著名教育家苏霍姆林斯基曾经说过："学校的物质基础是对学生精神世界施加影响的手段。"学生每天都长时间活动在校园物质环境中，其所处环境的优劣必然使学生产生不同的心理反应，从而影响学生的心理品质和心理健康。

（2）校园精神环境的优化

与校园物质文化相比较，校园精神环境对学生心理健康的影响更直接、更重要，它包括学校的办学思想、校风学风、学校传统、人际关系、课堂心理环境以及规章制度、公约守则等，具有很强的感召力，它是一种动态文化，具有情境性、渗透性、暗示性、持久性等特点。因此，学校要从心理健康教育要求出发，创设良好的校园精神环境。一般而言，可以从以下几个方面进行优化。

第一，树立先进的教育理念。教育理念是关于"什么是教育"的思考，它是学校管理与发展的前提。一个良好的校园精神环境，必须建立在一个先进的学校教育理念上，这一理念以一种价值期望、理性目标和精神支持影响着学校全体成员。比如，与学生的快乐健康相比，学习成绩是第二位的，不能以牺牲快乐健康为代价换取学习成绩。

第二，形成健康向上的校风。校风是学校集体长期形成的价值上、言论上的共同倾

向，是一种无形的教育力量。国内大多数学者将校风定义为由教风、学风和工作作风的合体，如范丰慧、黄希庭认为校风是一个学校的人格，对外表现了学校的魅力和个性，体现了学校的哲学信念和目标要求；对内营造了学生生活、学习的教育环境和组织氛围，影响校内成员价值选择、思维方式、精神风貌、心理健康、道德情感、行为习惯等。良好的校风经过长时间积淀就会形成优良传统，这种传统是一种更高层次的教育资源。

第三，完善学校制度管理。没有规矩难成方圆。学校应该充分发展制度育人的功能，建立健全学校管理制度，形成学校管理网络，保证学校教育教学活动顺利进行，让师生行为有章可循。

第四，丰富校园文化生活。校园文化活动是学生的第二课堂，是一种深受学生喜爱的教育活动。学校应积极开展有利于师生心理健康的多样化活动，如校园读书节、科技节、艺术节、体育节、团体拓展、心理健康教育活动周等，通过各种比赛、训练、表演、游玩、竞选、展览、宣传等，丰富学生心理体验，促进学生的心理发展，把校园打造成学生精神生活的乐园。

第五，营造融洽的校园人际关系。校园人际关系是校园精神文化的重要组成部分，融洽的人际关系是良好校风形成的基础，是学校育人必不可少的条件，它对师生形成良好个性、健康人格具有十分重要的作用。和谐的人际关系使人感到情绪放松、心情愉快，有利于师生充分发挥主观能动性，激发潜能。同时能够增强团体团结协作，产生凝聚力，有利于学校组织职能和教育功能的有效发挥。而不和谐的人际关系会对人的情绪产生消极影响，产生心理矛盾、心理压力，挫伤学习和工作的主动性、积极性。学校中许多学生的心理障碍就是由人际关系引起的。因此，除了在心理健康辅导课中给予人际关系方面的辅导外，学校还应通过多种渠道，如讲座、团体辅导等帮助学生学会处理和形成良好的人际关系。

2. 校园人力资源及其开发

学校人力资源是心理健康教育的主要资源，它包括教师资源、学生资源等。这些资源的和谐作用，将给学校形成良好的人力资源系统。

（1）专业心理教师是最重要的资源

学校心理健康教育是一门特殊的学科和专业性的工作，专业心理老师是经过规范、严格训练的，具备了专门知识技能和综合素质，是学校心理健康教育工作的主力军，是学校心理健康教育的最重要的资源。学校必须高度关注专业心理教师的心理健康状况，维护他们的心理健康，充分挖掘他们的专业优势，争取最大限度地体现他们在学校心理健康教育中的巨大价值。

（2）人人都是学生心理保健教师

目前我国部分学校普遍缺少专业或专职的心理教师，在这种情况下，需要让所有教师、工作人员甚至是临时工在学校工作中都承担属于自己应尽的那一份职责，让他们扮演起“心理保健教师”的角色，为促进学生心理素质的提高发挥应有作用，形成人人参与心理健康教育的积极氛围。此外，在学校心理健康教育中，教师的人格被认为是巨大的教育资源，教师通过各种渠道将其已有的人格特质传递给学生，对学生心理健康产生潜移默化的影响。因此学校应组织各种学习活动，让每一位教职工都具有一定的心理健康教育意识，在工作实践中运用心理知识及教育方法，提高工作水平。

（3）学生本身就是宝贵的教育资源

除教师团体外，学校内还有一个重要的人力资源团体——学生。同伴关系对学生的心理健康的影响是巨大的，营造一个良好的同伴群体关系对学生的心理健康将起着不可忽视的作用。首先我们可以建立学生社团。如在全校范围内招募不同主题的团体心理训练成员，在团体训练过程中，培养学生良好心理素质、行为习惯和健康人格。而这些社团并不是游离于学校之外的，他们在与其伙伴的交往互动过程中能产生积极的影响，对其他同学的心理素质、行为习惯等也能起到应有的感染作用。此外，学生的非正式群体也应引起我们的重视，对于不同类型的非正式学生群体，我们要给予不同的引导：对于正面型非正式群体与正式学生群体的目标一致，应引导他们发展自己感兴趣的活动，并多带动周围的同学；消极型非正式群体的往往影响教学活动的正常开展，但没有形成破坏性，对于这类群体首先要进行了解，可以根据群体的性质有意地安排他们参加学校团体活动；对于破坏型非正式群体，可以进行个体教育。

3. 校园网络资源及其开发

2018 年 7 月 4 日，中共教育部党组印发了《高等学校学生心理健康教育指导纲要》，要求创新宣传方式，主动占领网络心理健康教育新阵地，建设好融思想性、知识性、趣味性、服务性于一体的心理健康教育网站、网页和新媒体平台，广泛运用门户网站、微信、微博、手机客户端等媒介，宣传心理健康知识，倡导健康生活方式，提高心理保健能力。随着互联网技术的发展，“互联网 +”传统行业的创新实践获得了前所未有的发展。“互联网 +”大学生心理健康教育工作适应新时代发展和当今大学生的心理特点，它方便、快捷、高效、实用和超越时空的优势得到广泛认可，构建“互联网 + 大学生心理健康教育”网络平台，实现“互联网 + 大学生心理健康教育”的 2.0 技术，并努力向“互联网 + 大学生心理健康教育”的 3.0 技术转变，探索当前大学生心理健康教育的工作路径，发挥互联网优势，为大学生的心理素质提升和人格发展提供新的方式和方法。

（1）建设智慧育心心理健康教育工作掌上系统

第一，“互联网 + 掌上心理系统”功能设计。七大功能模块：测评管理、咨询管理、活动管理、心理健康教育、异常危情管控、心理科研、心理健康档案。

第二，“互联网 + 掌上心理系统”的使用便捷高效。具有以下特性。消息即时性：发送咨询通知、活动通知、资讯通知、测评通知时，每一个通知都能精准定位给需要的学生，能让每一个学生都知晓。测评便捷性：让学生可以随时随地测评，并且能在咨询前、咨询中、咨询后随时做测评。咨询预约的高效性：通过系统将预约方式整合为两个模块，一是线上预约，二是通过平台预约线下，两种方式整合到一起避免烦琐操作。咨询的便捷性：咨询时间相对宽松自由，可以随时随地进行，咨询者可以在任何时间地点将自己的心理困扰以及个人成长发展困惑等需求问题，用文字自由透彻地表达出来。咨询师可以自行排班，学生可以自主选择喜欢的心理咨询师，咨询师也可以反向选择是否接待来访者或是转介。档案查询便捷性：通过综合档案查询，可以直接快速地查看到学生的个人信息以及咨询、活动、互动、测评的所有信息。

（2）充分运用新媒体技术开展心理健康教育工作

心理课程学习、心理讲座、面对面心理咨询和开展心理活动等传统的心理健康教育方式已不能满足新时代背景下大学生对心理健康知识的需求。“互联网＋心理健康教育”方式突破了时空限制，迎合了学生的心理特点，扩大了心理健康教育对象的覆盖面，呼应了心理健康教育面向全体学生，以全体学生的心理素质提升为根本任务的理念。通过完备的心理健康教育掌上系统、心理网站、心理中心微信公众号等互联网平台，传播心理健康理念，普及心理健康知识，使得学生无论身处任何角落都能接受到心理健康教育；“互联网＋心理健康教育”模式迎合了学生的心理特点，当前，大学生每天都在使用手机，他们愿意接受来自各种新媒体平台推出的具有新颖性、图文并茂的心理知识信息，而且这些信息量大，可选择性强；“互联网＋心理健康教育”模式给学生提供了便利和私密的空间，学生可以随时随地预约咨询或者与老师互动，同时，为不愿接受面对面咨询，希望保护个人隐私的同学提供了一种重要方式；“互联网＋心理健康教育”模式提供了各种各样的交流空间，如：在线匿名交流互动、心理求助、心理信箱、BBS、在线心理测评等，为学生提供了必要的发泄空间，更重要的是为学校心理健康教育工作者提供了发现危机的途径，能更准确地把握学生的心理动态；运用“互联网＋心理健康教育”模式开展心理活动，把活动的报名、过程、结果呈现均通过网络平台发布和推广，使得活动的覆盖面和活动的效果大大提高；“互联网＋心理健康教育”模式提供了非常好的档案管理和信息查询功能，学生在网络系统所做的心理测评、参与的活动、咨询的情况、浏览的信息、发表的评论和发出的求助信息等均能形成大数据，对全面把握学生的心理动态提供了重要的途径。

（3）建设适合互联网传播模式的心理健康教育资源

“互联网＋心理健康教育”模式的主体对象是大学生，心理健康教育的方式和提供的心理健康教育资源就应该符合学生的心理需求和发展需要，充分尊重学生主体地位，关注学生主体感受，变被动接受为主动接受。这些资源都要有利于学生获得心理健康知识，养成心理健康意识，掌握自我调适的基本技能，还要符合学生的接受方式。在普及教育的心理健康课程中，高水平慕课作为“互联网＋心理健康教育”开放式教育形态，通过视频课程、直播课程、线下互动等混合式教学形式，调动学生自主参与意识，增强情感体验，必将成为有效的实践化路径；通识心理健康教育课程的推进有利于学生的多样化选择，也有利于学生利用课余时间，更符合每个人的实际需求，针对性和实效性强；网络平台推送的心理健康知识和相关信息要根据学生的心理特点和实际需求来设计，充分利用短视频、音频等手段增加吸引力，同时，推送文字信息时尽量图文并茂，甚至可以用漫画的形式来呈现，以此来提升关注度和阅读量；把大学生可能会涉及的心理相关知识制作成5分钟的短视频或者5分钟的音频，收集和制作大量的具有新颖性的心理知识图文库，接入心理健康教育系统，在网络系统中专门设置心理课堂、心理阅读等栏目。

（4）构建一支“互联网+心理健康教育”工作队伍

“互联网+心理健康教育”工作离不开一支懂互联网技术的心理健康教育工作队伍。首先，要构建学校心理中心、学院心理辅导站、辅导员、朋辈心理咨询员、班级心理委员、宿舍心理信息员六级心理健康教育工作队伍，在“互联网+心理健康教育”工作中各级工作队伍明确职责和工作任务，并形成既互相联系又层级清晰的工作格局；其次，建设一支懂新媒体技术的学生骨干队伍，在专业老师的指导下，拍摄制作音、视频节目，设计制作推送图文并茂的心理健康知识信息；再次，加强“互联网+心理健康教育”工作队伍的培训与指导，建立一支新型的懂互联网技术的心理健康教育工作者队伍，这支队伍不仅要懂心理健康教育的基本理论、专业技能，还要熟练掌握互联网技术，能熟悉互联网的语言和沟通交流方式。

（5）培养大学生使用“互联网+”心理平台的黏性

“互联网+”心理平台建立起来后，如何让学生愿意使用，培养学生的使用习惯和黏性是关键。一是“互联网+”心理平台最好是手机端的，能满足学生随时随地获取需要的信息和帮助；二是“互联网+”心理平台的使用要便捷和顺畅，信息经常更新，所提供的内容符合学生的实际心理需要；三是新生心理测试通过“互联网+”心理平台进行，同时，测试的内容可以多样化，学生可以根据自己的需求随时测试并获得测试结果；四是通过经常性的心理活动开展，培养学生的使用习惯，尤其是开展一些适合大家参与的网上活动；五是在“互联网+”心理平台建立一些自我调整、自我疗愈的内容及能够体验的一些心理小技巧等；六是建立一定的激励机制，如参与活动的奖励机制，参与活动加学分的机制等。

（二）科学整合校内资源

1. 为什么要资源整合

（1）教育效果最优化的需要

影响学生心理健康的因素是多种多样的，显然不是单纯地开设心理健康辅导课程或者建立一个心理咨询室所能完成的，因此，形成、维护和促进学生心理健康的途径也应该是多渠道、全方位的。校园环境资源、人力资源等本身蕴含着十分丰富的显性的或隐性的心理健康教育资源，有效地整合利用这些教育资源，学校发展性心理健康教育就拥有了最持久、最可靠的依托，教育效果才会更加优化。

（2）学生心理和谐的需要

学生是学校心理健康教育的对象，也是心理健康教育的主体。心理健康教育的目标就是提高学生的心理健康水平，培养他们良好的心理品质。但学生心理变化是微妙的，对他们的辅导稍纵即逝，只有对学生随时随地施以“随风潜入夜，润物细无声”式的心理影响，才能真正促进学生心理和谐发展，达到助人、自助的目的。因此，整合心理健康教育校内资源，就是要实现心理健康教育贯穿于学校日常教育教学活动之中，融入学校环境之中。

（3）教师心理和谐的需要

教师心理健康状况直接影响学生的心理健康，是学校心理健康教育成败的关键。但是教师的心理健康问题是普遍存在的，尽管绝大多数是潜在的问题，但它们都需要得到心理健康的援助和支持。整合学校内心理健康教育资源，不但有助于学生的心理发展，也有助于维护教师心理健康，形成自助能力，促进人格完善，实现专业发展。

2. 怎样做好资源整合

（1）学校领导具有科学的心理健康教育的意识

要实现资源的整合，首先要求学校领导要具备科学的心理健康教育的意识：一是要认识到现代学校教育的重要特征就是以人为本，教育的目的就是为了培养健全的人、促进人的全面发展，而人的发展不仅是智力的发展，更重要的是拥有健康的心理品质；二是要认识到心理健康教育是素质教育的重要内容，心理素质是各项素质的基础和核心；三是要认识到心理健康教育是促进学生全面发展的必要条件。正如苏霍姆林斯基所说：“没有心理上的修养，体力的、道德的、审美的修养就不可想象实现。”通过心理健康教育，让学生保持积极健康的心理状态和心理品质，德、智、体、美各方面的教育才可能和谐进行，才可能为学生的终身发展奠基。

（2）建设一支专兼职合理结合的心理教师队伍

开展心理健康教育，师资队伍是关键。学校应该创新师资培养模式，研训结合，促进专兼职心理教师业务水平的提高，打造出一支心理健康教育骨干队伍。

首先，面向全体教师，开展心理健康教育通识培训。可以采取教师全员受训、考核、颁证等一系列措施，让学校教师学习心理健康的基本常识、心理健康教育与辅导的基本理论、心理危机干预技术和教师压力应对等内容。

其次，面向班主任，开展班级心理辅导培训。班主任是班级工作的组织者和实施者，是影响学生心理健康的重要角色，是学生心理健康教育的中坚力量。通过培训，整合班主任队伍，帮助他们树立学生心理健康教育重要性的观念，营造积极向上的班级心理氛围，在班级管理、班级活动中渗透心理健康教育，是学校实施心理健康教育的有效途径。

最后，面向心理教师，开展教师心理健康辅导。对于学校来说，教师心理辅导关键在于良好心理环境的创设。学校要努力营造一个良好的组织气氛，实现以人为本的管理机制、让教师参事议事、改善工作条件、制定科学的考核评价标准，等等。还要设置或依托专门的教师心理辅导机构，坚持教育性与人文性相结合，辅导方法多样化，维护他们的心理健康，实现人格的自我完善。通过教师心理健康辅导，整合教师队伍力量，提高心理健康教育工作水平。

（3）积极开展有利师生心理健康的多样化活动

体验是现代教育十分重视的原则，心理体验的内化离不开环境的感染熏陶。学校应有目的、有计划地举办活泼新颖的科技节、读书节、艺术节、体育节等，组织各类社团活动让学生身临其境，尽情表达思维成果和感情，获得切身体会，加深教学情境在身心结构中内化积淀的程度。让师生之间、学生之间在活动中交流情感，拉近心理距离，更有利于教育。

其一，训练活动。组织学生进行心理拓展训练。心理拓展训练的本质是一种体验式培训，通过拓展训练让未成年人在活动中亲自参与，从而获得个人体验和感悟，团队成员共同之间互相交流，分享个人体验，提升自我认识。比如“解手链”“扫雷”“一圈圈到底”等活动，使孩子们在面对困难和问题时，学会倾听，学会合作，也清楚地感受到自己的心理状态，学会解决问题的方法，增强克服困难的信心和勇气。

其二，比赛活动。主要指诸如演讲、辩论、运动会、学科知识竞赛等具有评比学生才艺和检测学生心理素质功能的活动。学生通过参与竞争，看到自身优势，养成自尊、自信、自制等心理品质，更体会到在集体生活中团结协作、友爱互助的重要性，也可以让个别妄自尊大的学生，正确评价自己。

其三，求实活动。即“实话实说”和开展调查采访活动。实话实说，就是要求学生彼此真诚相待，不虚假，不伪装，克服心理障碍，以做到既能正确认识、评价社会生活中的人和事，也能客观认识评价自己。而开展调查采访，旨在接触本土风情，乡土文化，追踪新闻热点，透视社会本质，使学生在真实体验中积淀个人感受，培养务实求真、直面人生的心理品质。

其四，表演活动。比如适合学生的校园心理剧，具有参与性、自创性、体验性、直观性、启发性和回味性的特点，根据不同时期心理辅导重点，及时了解学生的心理需求和新变化，针对心理热点问题，组织学生编排心理剧，将青少年面临的心理问题通过表演的方式展示出来，让其表达出自己的内心感受，从中培养、提高洞察力，借此走出困境，实现自我整合和人际关系和谐。

其五，游玩活动。学校积极组织学生开展游戏，观看影视，外出旅游等活动。可以开展猜灯谜、拍卖会、跳蚤书市、春游秋游、夏令营冬令营等活动，充分利用校园网络或校外影视单位的支持观看优秀影片，借以开阔学生的视野，增长见闻，调动认知积极性，减轻心理压力，感受自然美、生活美、艺术美，从而培养鉴赏力和创造力。

其六，仿效活动。青少年具有求知欲强、富于幻想、善模仿、可塑性大的特点，他们易受来自各方面人物思想观点的影响，以他人的人格行为作为自己仿效的模式，然后以其特定的方式在自己身上再现出来。为此，鼓励学生在一定时期内推出先进典型、模范代表，让他们自己去创造性地模仿学习。这对提升学生素质，净化心灵，也很有实效。

二、校外资源的整合：心理健康教育的支撑

（一）全面了解校外资源

1. 家庭环境资源及其开发

家庭是孩子生活的第一个环境、成长的“摇篮”，学生的心理是否健康发展，需要良好的家庭教育和必要的家庭心理辅导。家庭环境从其内涵来看，包括家庭居室、物质条件、家庭结构等客观因素和家庭成员之间的态度、期望、情感等主观因素。家庭环境中影响学生心理健康的主要资源有以下几个方面。

（1）居住条件与物质条件

居住条件的好坏，对于孩子的学习和休息的质量不无关系，也影响着孩子的身心健康。值得注意的是，给孩子一个属于他们自己的小天地，这对于从小培养孩子的独立人格有积极意义，但却也可能给孩子带来伙伴交往减少的问题。

孩子的成长发育有赖于一定的物质条件，大多数家长都不会吝惜，宁可自己省吃俭用，也要倾力为孩子投资。但是，凡事都有一个度。不能事事都依着孩子，更不能刺激孩子不合理的物质欲望。殊不知，强烈的物质欲望可能引发出一系列的心理问题。

（2）家庭结构与氛围

家庭的成员结构是影响孩子心理健康的一个重要因素，有研究发现：小家庭里的父母溺爱型、忽视型比大家庭多，而大家庭里的父母理智型、严格型比小家庭多。

家庭氛围既与上述结构因素有着不可分割的联系，又有自身独特的内涵，是最重要的家庭心理环境。法国思想家卢梭《爱弥儿·论教育》中对此有过一段精辟的论述：“只要父母之间没有亲热的感情，只要一家人的聚会不再感到生活的甜蜜，不良的道德就势必来填补这些空缺了。”因此，夫妻之间的互敬互爱能使孩子沐浴在父母创设的家庭的温暖与幸福之中。健康向上的家风是家庭氛围的关键所在，它们的作用巨大而深刻。

（3）家长教养方式与心理素质

父母的教养方式不同，会造成不同的家庭教育气氛，对孩子的性格产生不同影响。比如，民主型家庭的孩子较易形成自信、诚实、忍耐、安定感、独立性等性格特征，专制型家庭的孩子较易形成粗暴、执拗或盲从、怯懦等性格特征，溺爱型的家庭则容易养成孩子自私、任性、傲慢和依赖等性格特征。

家长的心理素质与孩子的心理状况密切相关，它直接影响着孩子心理的发展。在父母性格良好、情绪稳定、氛围和谐的家庭中的孩子大多心理积极健康。

2. 社区环境资源及其开发

社区环境对人的影响带有一定的自发性、偶然性，这些影响有积极的因素，也有消极的因素。青少年由于缺乏明确的信念以及辨别是非的能力，加之好奇心、模仿性强，更易受到外界的影响。因此，良好的社区环境，才能确保青少年健康地成长。

由于学生一半以上的时间在学校以外度过，因而很多的心理问题来源于家庭和社会，所以单靠学校的力量开展心理健康教育是不够的，除了要对家庭教育进行指导，还要争取社会力量的支持，充分利用科研机构、医疗机构、社区等社会资源，开展多形式、多渠道的心理辅导，使各方面的影响形成最大合力。

（1）文化环境

心理健康教育与文化环境是紧密联系的，文化的发展水平制约着心理健康教育内容的选择，心理健康教育也具有传递文化的功能。因此，必须充分挖掘社区的文化资源，组织召集社会热心人士，在社区内开展丰富多彩的文化活动，如运动会、敬老节、邻里节等；建设一支来源多样、素质较高、责任心强、懂得教育规律的社区兼职心理健康教育辅导员队伍，在社区文化生活中渗透心理健康教育知识宣传、心理咨询与辅导、心理拓展训练等，营造积极的社区文化氛围；由居委会、村委会举办社区学校、四点钟学校，组织青少年开展各种融入心理健康教育的业余活动。

（2）经济环境

心理健康教育的发展和变化也是由社会经济和物质生产力的发展水平所决定的，心理健康教育要把青少年培养成什么样的人受到社会生产力和经济发展水平制约。现代社会，物质生产领域对劳动者素质的要求提高了，必须具备较好的心理素质，于是学校心理健康教育培养目标也有了新的高度。随着社会的发展，城区的不断扩大，一些农村地区成为工业集中区，农村实行了“村改居”，居民的生活富裕了，文化素质、思想素质也逐步提高，对于心理健康教育的需求也越来越大了。

（3）政治环境

把学生培养成什么样的人，这是由一定社会的政治制度决定的。我国心理健康教育的目标是提高全体学生的心理素质，培养他们积极乐观、健康向上的心理品质，充分开发他们的心理潜能，促进学生身心和谐可持续发展，为他们健康成长和幸福生活奠定基础。在科学日渐社会化、社会日益科学化的今天，只有整合社会各部门的资源，对心理健康教育进行投资，培养和提高人的心理承受力，发挥人的心理潜能，才能为经济和社会发展培养后备人才，为社会主义现代化建设服务。

（二）有效地整合校外资源

1. 整合资源的原因分析

（1）应对社会转型的需要

中共中央、国务院在《关于进一步加强和改进未成年人思想道德建设的若干意见》中指出："要建立健全学校、家庭、社会相结合的未成年人思想道德教育体系，使学校教育、家庭教育和社会教育相互配合，相互促进。"加强和改进未成年人思想道德建设，实际上是如何培养出适应新的社会环境，能够应对各种挑战的社会主义现代化建设者和接班人。在当前社会转型期间，人的行为方式、生活方式、价值体系都会发生明显的变化。单纯的学校教育已不能满足孩子成长的需要，家庭教育和社区教育以它的特殊性和不可替代性，已成为青少年思想道德教育和心理健康教育的载体之一，正发挥着越来越重要的作用，为学校心理健康教育的实施提供了有力的支持性资源。

（2）建设和谐社会的需要

社会主义和谐社会，是中国共产党提出的一种社会发展战略目标，指的是一种和睦、融洽并且各阶层齐心协力的社会状态。在和谐社会的要素中，心理和谐是最重要的。中共中央《关于构建社会主义和谐社会若干重大问题的决定》中指出："注重促进人的心理和谐，加强人文关怀和心理疏导，引导人们正确对待自己、他人和社会，正确对待困难、挫折和荣誉。加强心理健康教育和保健，健全心理咨询网络，塑造自尊自信、理性平和、积极向上的社会心态。"而和谐社会的三个空间指的是自我关系、个人与他人关系以及个人与社会关系。

整合心理健康教育的校外资源，有助于实现个人的自我和谐、人与环境的和谐、家庭内部的和谐、邻里之间的和谐，有利于建立人际和睦关系、友好型社会。

2. 资源整合的发展策略

（1）普及心理教育的新观念

心理健康教育校外资源的整合首先有一个新观念的确立问题，主要包括以下三个方面。

第一，心理和谐的新概念。心理和谐是人的一种积极、向上、健康的人生态度和生存状态，在这种状态下，人的生命充满活力，内心体验积极，社会适应好，潜能得以发挥。培养一个心理健康的学生，离不开学生生活、学习中的心理环境，包括和谐的学校、家庭、社区……整合心理健康教育的有益资源，通过家长学校、社区与学校共建、建立社区心理健康教育辅导站，等等，开展一系列的活动，以实践体验为主，普及心理健康教育知识。

第二，新型的家庭伦理关系。随着社会的发展，家庭结构发生了新的变化，独生子女增多，建设新型的家庭伦理关系，就是建设民主、和睦、亲善的家庭人伦关系的道德。即一家人关系民主和谐，父母身为表率，尊老爱幼，关注孩子的内心世界，不只是看重孩子的学习成绩，主动与孩子沟通，了解孩子的内心需求，及时帮助孩子释放不良情绪；孩子尊敬父母，体贴父母的辛劳，主动承担自己应尽的义务，为父母分忧解难。

第三，新型的公民社会关系。公民社会的结构性要素主要包括私人领域、社会组织、公共领域、社会运动等。而其中的社会组织是公民社会承担公共治理和公共服务的重要力量，是公民社会的基础和主体，是公民社会的核心要素。新型的公民社会关系，就是所有的公民在社区里都是主人公，为了共同的目标，即建设美好的社区而努力。不管是学校、家庭、还是社区，都有权利和义务为青少年的健康人格的形成做出努力。

（2）家庭教育资源的整合

家庭对学生心理健康的影响是持久而深远的，家庭心理辅导是心理健康教育的重要力量和强有力的支持系统。就学生而言，校园中的心理问题，其根源往往在家庭！人们常说每一个问题学生，其背后总会有一个问题家庭。因此，心理健康教育必须实现家校互动，家长必须掌握一些关于家庭心理环境建设和子女心理保健方面的知识和技能。

（3）社区教育资源的整合

社区是学生成长、感受社会生活、发展社会性的一个站点。学生良好的心理素质离不开社区的支持，学校心理健康教育的实施更离不开与社区的互动。不良的社区环境，可以毒化灵魂、诱发邪念、引诱犯罪。这方面的整合有以下几个要点。

其一，营造积极的社区心理氛围。形成良好的社会风尚、健康文明的风俗习惯、和睦的邻里关系以及家属、朋友间的亲情和友情等，使学生在积极健康的社区环境中受到潜移默化的影响，树立正确的价值观。

其二，发挥校外教育基地和社会文化设施的作用。首先要充分发挥科技馆、图书馆、博物馆等爱国主义教育基地和素质教育基地以及社会文化设施的作用，多让学生参加社会实践活动，把心理健康教育融于其中，使学生在实践中了解和认识社会，提高社会适应能力。其次，发挥好计算机互联网、广播、电视、报刊等媒介的作用，进行心理健康教育的宣传和报道，为心理健康教育营造适当的文化心理氛围。

其三，发挥科研院所、医院的社会心理健康服务组织的作用。学校可以聘请附近高校、教育研究院所、医院的心理专家或心理医生为校外心理辅导员，定期为学生作心理健康讲座，并针对学生中存在的问题开展团体辅导和个别咨询。同时，学校还应向学生介绍有关心理健康服务机构，提供地址或咨询电话，鼓励学生主动寻求心理健康服务。

第三节　积极心理学视野下的大学生心理健康教育创新

一、积极心理学的视野

积极心理学是21世纪一种新的理论观点，2000年，塞里格曼（Seligeman）在《积极心理学导论》一文中正式提出“积极心理学”这一概念。他指出，21世纪，心理学研究要转变传统的以干预和解决人的心理障碍和心理疾病为主的病理学方向，而把注意力转向对于人的积极潜能和积极力量的研究和利用。美国著名心理学家谢尔顿（Kennon Sheldon）

和劳拉金（Laura King）将积极心理学定义为：“积极心理学是利用比较完善的实验方法和测量手段，致力于研究普通人的力量、潜能和美德等积极方面的一门科学。”当今积极心理学的研究，主要集中在三个方面：主观层面上的积极情绪体验、个人层面上的积极人格特质和群体层面上的积极组织系统。

（一）积极的情绪体验

积极情绪（positive emotion）是指当个体需要得到满足后的愉悦感和快乐感等主观体验。密歇根大学的弗雷德里克森（Fredrickson）提出了第一个清晰的理论框架，即扩展—构建的积极情绪理论（broaden－and－build），他认为各种具体的积极情绪如高兴、兴趣、满足感、自豪感和爱等，表面看来不同，但均能扩展个人瞬间的知—行（thought－action）能力，由此反复积累的结果能增进个人资源和心理成长，促进幸福感的提升。积极心理学用实验的方式验证了积极的情绪状态可以扩展人们的注意范围和思维及行动范畴，能够帮助人们建构出沉浸式的个人自主自愿，从而使人们的行为更具有灵活性和创造性。

（二）积极的人格特质

积极的人格特质，即积极的个性特点，它是积极心理学得以建立的前提和基础。积极心理学提倡研究积极人格特质，认为积极潜能与积极人格能够彼此促进，对个体潜能的挖掘与强化有助于塑造积极的人格特质，积极的人格特质则能帮助人们采取更为有效的应对策略，以更有效地处理生活中的各种压力。

对积极人格特质的研究主要体现在研究产生积极人格的根源与生理机制方面，大多围绕以塞里格曼为核心的“价值在行动”（Value In Action）这个项目展开。主要以“积极人格特质”（Character Strengths）为核心词对人类的积极人格特质（Character Strengths）和美德（Virtues）进行研究，把人类的积极人格分为6种核心美德：智慧（获取和适应信息，来致力于追求美好生活的积极特质）、勇气（个体在面临困难时，在意志力量的驱使下达到目标的积极特质）、仁爱（表现出在处理人际关系方面的积极特质）、公正（社会层面的，表现个体与集体之间的互动关系的积极特质）、节制（调节个体行为活动以保护自己的积极特质）和卓越（促使个体参与到大的环境中去，实现自我价值的积极特质）；围绕6种核心美德把人类的美德（Virtues）和优点（Strengths）分为24种积极人格特质，如图7－1所示。

图1　6 种核心美德和 24 种积极人格特质分布图

（三）积极的组织系统和环境

积极个性品质和积极情绪体验的形成都需要有良好的氛围，积极心理学提倡要有使人类幸福的环境条件。积极的组织系统一是要建构公民责任感和道德等大系统水平上的积极国家环境；二是要培养建立具有良好关系的社区、高效能的校园以及健康的家庭等的积极小系统。积极的组织系统和环境可以促进个体积极的人格特质形成，影响积极的情绪体验。

二、积极心理健康教育创新

传统的大学生心理健康认为，心理健康就是减少或消除、甚至是没有心理问题与疾病。这种以解决心理问题为导向的心理健康教育理念，容易造成教师过分关注学生的问题行为，注重对问题行为的预防和矫正。马斯洛认为："如果一个人只偏向了人性中的黑暗的一面：华生为代表的行为主义的、神经病患者、心理变态者、罪犯、越轨者和精神脆弱者……那么他对人类的信念势必越来越小。因此对畸形的、发育不全的、不成熟和不健康的人进行研究，就只能产生畸形的心理学和哲学。"积极心理学认为，心理健康教育应该运用积极的视角研究人类的行为，重点发掘和培养他们的积极品质，巩固与加强积极力量。

因此，在积极心理学的视野下，大学生积极心理健康教育提倡遵循"〇〇后"后大学生的心理发展及教育规律，充分发掘大学生自身的优势，加强潜能和积极因素的开发。注重关注大学生已有的积极心理，坚持积极取向的评价方式，强调大学生的自主性和主体。借助兴趣、快乐与挑战等积极体验来调动大学生的成长动力，激发大学生内在的激情，帮助他们发展综合技能。形成积极人格，大幅提升心理免疫力和抵抗力，最大限度地发挥潜能，增强大学生的幸福感。这种积极正向的心理健康教育目标才真正符合网络时代成长起来的“〇〇后”大学生的认知、情绪、人格等方面的心理需求和成长规律。

（一）始终坚持正面引导的积极性原则

大学生积极心理健康教育提倡要用开放和欣赏的眼光来看待每一个大学生，强调寻找他们身上的积极力量，用积极的视角重新发现和解读出现的心理问题。当前无处不在的网络确实给“〇〇后”大学生带来了一定的消极影响，但如果因为这些消极影响而把网络视为洪水猛兽，甚至提出要限制大学生上网，反而会得不偿失。从各个高校的心理普查结果和心理咨询中心接待的情况来看，大多数“〇〇后”学生的心理都是正常、健康、富有朝气、积极向上的，具有突出心理问题和明显心理症状的学生毕竟只是少数。因此，应该始终坚持正面引导的积极性原则，通过对“〇〇后”大学生的积极心理健康教育，关注他们的发展性目标，用积极的理念优化其心理素质，培养其健全人格，从而使大学生更有效地利用网络的积极作用，积极适应社会，积极应对问题，形成积极的生活态度。积极正面的引导才能真正促进“〇〇后”大学生的心理成熟、人格完善和稳定，帮助他们确定未来的发展目标。

（二）构建大学生积极心理健康教育的三层立体网络

传统心理健康教育的途径一般是以心理咨询、心理讲座心理健康教育课程等为主。而大学生积极心理健康教育则倡导全方位、全过程和全面渗透，以学校分管领导为统帅，以专业的大学生心理健康教师为骨干，以辅导员为载体，以大学生心理委员为朋辈助理，以积极向上的校园文化和社会环境为正能量氛围，由此形成一个大学生积极心理健康教育的互动多维的交叉立体网络。在具体的教育途径和方法上，要向多元化的方向发展，不仅强调知识和认知的接受与改变，而且更加强调情景性、参与性、互动性和体验性。在积极心理健康教育的内容上，孟万金教授曾列出增进开发心理潜能、完善积极人格、发挥智能优势和主观幸福感等14项核心内容。根据“〇〇后”大学生的心理特点，结合国外积极心理学理论发展和国内学者的理论实践探索，课题组提出，“〇〇后”大学生积极心理健康教育的内容概而言之至少包括三个层面：一是在个体层面上要培养“〇〇后”大学生乐观、坚定、自信、勇气、宽容、智慧等积极的人格特质；二是在主观层面上要强化“〇〇后”大学生愉快、幸福、满意、希望等积极的心理体验；三是在群体的层面上要强调促进“〇〇后”大学生的利他行为、美德、恋爱责任和社会责任感等方面积极的组织环境系统的完善。

（三）开设积极心理学课程

国外已有不少国家成功开设了积极心理健康教育的课程。2006年，本·沙哈尔博士开设的积极心理学幸福课成为哈佛大学最受欢迎的选修课，听课人数超过了多年来一直独占鳌头的经济学。这门课程创下了哈佛大学听课人数最多、最受欢迎的课程纪录。国外课程的成功开设给国内的积极心理健康教学课程带来启示和信心。当然，我国的大学生积极心理健康教育课程起步较晚，课程教材还有待编订，教学设计有待开发，课程形式有待创新。但在一些有心理专业背景的高校，可先结合团体心理训练，开设以幸福体验为主题的系列课程，增加学生的积极体验，引导“〇〇后”大学生获得信心、希望和幸福感。

（四）利用网络平台，拉近与大学生的心理距离

一方面，网络的应用，可以提高大学生积极心理健康教育的效果与效率。如建立心理咨询服务和健康教育网站，帮助学生解决学习、成长、恋爱、就业等方面的疑惑，同时结合学生的学习和成才的需求，介绍学习方法，进行就业指导等，从而更有效率地做好积极心理知识的普及。另一方面，通过网络即时工具加强与“〇〇后”大学生交流，可以在深层次上了解大学生的真实想法和需求。课题组访谈发现，那些表面上看起来内向的大学生，如果关注他们的空间、微博等，却能发现他们充满激情的、完全不同的另一面。因此，运用网络的方法拉近与“〇〇后”大学生的心理距离，可以让老师、辅导员与他们在同一个平台上互动平等对话，从而开辟一个更广阔的接触平台。

参考文献

[1] 白燕．积极心理学视阈下的大学生心理健康教育研究．北京：北京化工大学，2013.

[2] 崔诣晨．大学生心理健康：理论、案例、自测．南京：东南大学出版社，2015.

[3] 岑国桢．行为矫正原理、方法与应用．上海：上海教育出版社，2013.

[4] 蔡丽玲．互联网产业成发展新经济重要力量．电信快报，2020（10）.

[5] 陈国皎．山西高校大学生心理健康问题研究．太原：山西财经大学，2014.

[6] 杜高明．咨询心理学．成都：四川大学出版社，2013.

[7] 郭洁．心理健康教育活动提高大学生积极心理资本的实验研究．呼和浩特：内蒙古师范大学，2015.

[8] 国林青，陈慧，黄君，姚乐琪，孔琳．新型冠状病毒肺炎疫情下不同孕期妇女心理健康状况及影响因素分析．中国妇幼健康研究，2020（7）.

[9] 冯峻，李玉明．大学生健康教育．成都：四川大学出版社，2015.

[10] 高宝营．大学生心理学（第3版）．西安：西北工业大学出版社，2013.

[11] 高新战，肖绍俊．大学生职业生涯规划与就业创业导论．长春：吉林大学出版社，2013.

[12] 郭晋武，谭晓东．大学生健康——心理卫生与行为健康篇（下）．武汉：武汉大学出版社，2005.

[13] 郭卫珍．民办高校大学生心理健康状况及其影响因素研究．衡阳：南华大学，2012.

[14] 韩森．我国大学生心理健康教育问题研究．河南科技，2010（8）.

[15] 刘珍．民办高校大学生心理健康问题与对策研究．长沙：湖南师范大学，2012.

[16] 李良杰．书院制背景下大学生心理健康教育现状分析及对策研究——以西安某高校为例．济南：山东大学，2015.

[17] 李娟，杨洁．大学生恋爱消费行为的调查与研究．山西青年，2018（13）.

[18] 李霓，兰小彬，付洪涛．大学生心理健康教育．长春：东北师范大学出版社，2015.

[19] 路杨．当代大学生生命教育．武汉：武汉大学出版社，2014.

[20] 林崇德．学校心理健康教育读本．北京：教育科学出版社，2012.

[21] 骆琴．心理健康教育在高校思想政治教育中的应用性研究．南京：南京师范大学，2013.

[22] 雷鸣．心理健康教育心理学的构建：内涵，研究对象与学科体系．四川理工学院学报：社会科学版，2014（3）.

[23] 马眸眸．新形势下中国大学生心理健康教育研究——以河南科技大学为例．郑州：河南科技大学，2012.

[24] 莫莉秋．网络环境下大学生心理健康以及教育对策的研究．西宁：青海师范大学，2016.

[25] 孙美苏，吕理然．当代大学生的消费现状分析．决策与信息，2016（18）.

[26] 田勇．学会给自己减压．兰州：敦煌文艺出版社，2014.

[27] 魏青，曾莉．大学生心理健康教育．成都：西南交通大学出版社，2016.

[28] 汪元宏．大学生心理健康教育新编．南京：南京大学出版社，2012.

[29] 邬劲青，涂威．高职生心理健康教育．北京：北京理工大学出版社，2014.

[30] 王寅枚，何聪，童腮军．大学生心理健康发展的现状及教育启示．现代教育科学，2018（2）.

[31] 王寅，王进喜．健康养生新概念．太原：山西科学技术出版社，2014.

[32] 伍爱莲等．大学生健康生活．武汉：华中科技大学出版社，2011.

[33] 王鑫强，谢倩，张大均，刘明矾．心理健康双因素模型在大学生及其心理素质中的有效性研究．心理科学，2016（39）.

[34] 王强．沈阳市某大学大学生心理健康状况及影响因素分析．长春：吉林大学，2014.

[35] 徐丽．我国高校心理咨询与心理健康教育的制度化途径探索．上海：华东理工大学，2013.

[36] 夏雯雯．我国高校大学生心理健康教育途径研究．青岛：青岛大学，2012.

[37] 俞国良，侯瑞鹤．论学校心理健康服务及其体系建设．教育研究，2015（8）.

[38] 杨素华，孙新红．大学生积极心理培养．济南：山东人民出版社，2014.

[39] 于风笛．积极心理学视域下大学生心理健康教育对策研究．沈阳：沈阳航空航天大学，2015.

[40] 张玉杰．心理健康教育在大学生思想政治教育中的功能及实现．石家庄：河北师范大学，2018.

[41] 张元洪．大学生心理健康教程．西安：西安电子科技大学出版社，2015.

[42] 张玉香．心理健康教育对大学生职业生涯规划的价值研究．上海：上海师范大

学，2015.

［43］张小平，邵雅利．网络时代下的“90后”大学生心理特征及教育创新．重庆邮电大学学报（社会科学版），2014（2）．

［44］赵玲玲．心理健康教育课程对大学生压力管理能力开发的研究．桂林：广西师范大学，2015.

［45］郑春燕．基于心理资本理论的大学生心理健康状况研究．武汉：武汉理工大学，2014.

［46］张小悦．积极心理学视域下大学生心理健康教育研究．锦州：渤海大学，2018.

［47］赵崇莲．广东省高校心理健康服务体系构建研究．重庆：西南大学，2011.

［48］周婷．高职学生心理健康的现状与干预措施——基于江西九江市高职院校的调查．上海：华中师范大学，2013.